XINSHIDAI
JIAOYU
CONGSHU

MING
XIAOZHANG
XILIE

新时代教育丛书

名校长系列

创造成长的天空

辛军锋 ◎ 著

北京出版集团
北京教育出版社

图书在版编目（CIP）数据

创造成长的天空 ／ 辛军锋著. －－北京：北京教育
出版社，2022.8
（新时代教育丛书．名校长系列）
ISBN 978-7-5704-4750-3

Ⅰ．①创… Ⅱ．①辛… Ⅲ．①教育研究 Ⅳ.
①G40-03

中国版本图书馆 CIP 数据核字（2022）第 162322 号

新时代教育丛书·名校长系列

创造成长的天空

辛军锋　著

*

北 京 出 版 集 团
北京教育出版社　出版
（北京北三环中路 6 号）
邮政编码：100120
网址：www.bph.com.cn
京版北教文化传媒股份有限公司总发行
全 国 各 地 书 店 经 销
河北宝昌佳彩印刷有限公司印刷
*

720 mm×1 000 mm　16 开本　18 印张　275 千字
2022 年 8 月第 1 版　2022 年 8 月第 1 次印刷
ISBN 978-7-5704-4750-3
定价：68.00 元

办好新时代教育

随着社会现代发展进程的推进，尤其是改革开放以来，中国教育事业加速发展，中国已建成世界最大规模的教育体系，教育总体发展水平进入世界中上行列，中国教育发展进入新时代，中国基础教育改革进入实质性的根本转型时期，处在一个走自主创新道路的关键转折点。

新时代呼唤新的教育。习近平总书记在全国教育大会上强调："立足基本国情，遵循教育规律，坚持改革创新。"面向未来的教育才有未来，新时代的教育，重在破解传统、旧有范式。基于此，面对新时代教育，与教育工作相关的所有主体都需要从思想和行动上做出努力和改变，并围绕主体价值、文化情境、智慧情怀、系统生态等关键词全面开展教育活动。

首先，新时代教育强调主体价值。

"教育同国家命运紧密相连"，点明了教育在国家建设和民族复兴中的地位和作用，强调了教育改革发展的价值取向，为我们今天准确把握办学的总体方向和人才培养的根本目标提供了思想遵循。

教育现代化的终极价值判断标准是人的发展，是人的解放和主体性的跃升。自古以来，中国的教育传统既强调教育的人文性，也强调教育的社会性，相应地，在人才培养目标上既强调完善自我，也强调服务社会和国家，更强调在服务社会和国家中达到自我的充分实现。新时代更要坚守教育本质，重视教育的价值观建设，坚持以社会主义核心价值观为引领，回答好"培养什么人、怎样培养人、为谁培养人"这些根本问题，从而培养有历史责任感、志存高远的时代新人。

其次，新时代教育强调文化情境。

学校不仅是传播知识、文化、智慧的地方，更是生产知识、文化、智慧的场所。学校无文化，则办学无活力。学校是文化传承的主阵地，学生文化、教师文化、课程文化、网络文化和制度文化等现代学校文化建设，引领了学校的发展，呈现了学校办学气质。

更重要的是，文化创设情境。"为学生一生发展奠基"，统整科学与人文，优化学生生存环境，借由"境中思""境中做""境中学"，实现学生主动学习与发展、个性化成长及德育渗透。

增进文化认同，是学校管理者的重要使命。政策制定者、执行者和教育管理者，一定要从为国家和民族培养优秀人才的角度关爱引导师生，让每位教育工作者深刻认识到"教育"二字蕴含的国家使命，真正将为国家和民族培养人才、培养爱国奉献的人才这一价值追求切实贯穿于办学育人全过程，一代一代坚持下去。

再次，新时代教育强调智慧情怀。

国之兴衰，系于教育。教育兴衰，系于教师。教育同国家的前途命运紧密相连。这当中，智慧型教师和教育家尤其为新时代教育所期待。他们目光远，不局限于学校和学生眼前的发展，而是着眼于未来；他们站位高，回归教育的本体，努力把握并尊重敬畏教育的共识、规律；他们姿态低，默默耕耘，淡泊明志，宁静致远；他们步伐实，总能紧紧围绕学生、教学、课程、教师发展等思考自己的职责和使命。

总而言之，教育家顺应时代潮流，立足现实，展望未来。在把握办学方向、把握时代脉搏的基础上，他们勇立潮头，担当时代先锋，他们对历史和未来负责，超越现实、超越时空、超越功利，用教育的力量塑造未来，解放学生的个性、想象力和创造力，共同推动和引领中国基础教育改革和创新，愿意为共同探索中国未来教育之道而做出巨大的努力。

最后，新时代教育强调系统生态。

观古今，知兴替，明得失。关于未来的认识是选择性的，未来"未"来，新时代的教育人需要根据某种线索去把握超出现在的想象并做出价值选择。这种价值选择的关键还在于，教育人真切明晰，未来学校是面向未来的学校，是为未来做准备的。教育中的新与旧、过去与未来，不是对立的，而是连续的，从而能够让教育者基于教育的本质和规律守正创新，坚守立德树人的初心。

各级各类学校之间是相互依赖的，单一的学校不能构建成一个完整教育系统，唯有每个学校都致力于体现自身的教育特性，努力实现自己所承担的教育任务，发挥出自己的教育作用，才能共同构成一个完整的教育系统。加强基础教育改革设计的整体性、系统性和长期性，把"办好每一所学校"作为基础教育改革发展的主要目标，是共同构建良性的教育生态，发挥整个教育系统功能的最优选择。

在这种情境下，"新时代教育丛书"的策划出版具备极强的现实意义。丛书通过考察和认识各地名校教育实践，寻找新时代教育的实践样本，清晰梳理了新时代教育中名校、名校长、名师、名班主任等的发展脉络，记录了新时代教育正在逐渐从被动依附性转向自主引导性，并在与现代技术的融合中彰显出其对于经济和社会生活的主导价值。

丛书提供了不同类型、不同地区的中小学名校、名校长及名师、名班主任在探索、构建新时代教育过程中鲜活的实践案例及创新理念。从中，可以看到有深厚历史积淀的传统名校，也可看到新时代教育发展浪潮中的新兴学校，其中有对外开放探索中国本土化教育的小学，也有站在教育改革潮头的中学；还可以看到开拓创新引领时代风气之先的名校校长、专注各自领域的优秀教师，以及新时代教育变革下的全国各地不同的班主任的德育之思。

更难能可贵的是，丛书不仅包括一般情境下的"案例"，也包括了特殊情境下的思考，不同系列注重了从"现象"到"本质"的过程，进而升华到方法论。丛书的每一本著作既是独立完整、自成体系的，也是相互呼应的，剖析问题深入透彻，对策和建议切实可行，弥补了教育理论和学校实践之间的差距，搭起了一座供全国教育研究者、学校管理者了解新时代教育及未来学校落地实践的桥梁。

未来学校不是对今天学校的推倒重来，而是对今天学校的逐步变革。这不仅仅是对学生提出的挑战，更是对学校发展建设提出的挑战。我们始终强调，理论不能彼此代替、相互移植，中国基础教育的改革与发展，必须靠中国的教育学家和广大教育工作者来研究和解释，从而构建立于世界之林的新时代中国基础教育的改革和发展的当代形态，实现理论创新和方法创新。

期待丛书能给更多的中小学校以启发，给教育工作者以有益的思考，供他们参考借鉴，帮助他们寻找到新时代教育的钥匙，进而在新时代教育的理论指导和教育改革实践带动下，因地制宜、因校制宜地落实到新时代教育工作中，引领学校新样态发展，助力更多学校在新时代背景、新教育形势下落地生花，实现特色、优质与转型发展，快速提升基础教育水平，推动教育改革发展，实现立德树人的根本任务，办好人民满意的教育。

新时代教育丛书编委会

2021 年 1 月

校长是学校精神的引领者

我与辛军锋校长结识于 2015 年，当时他入选教育部"校长国培计划"中小学名校长领航班，成为人大附中培养基地的学员。从 2015 年 5 月人大附中调研组去西安市育才中学（辛军锋时任该校校长）调研，到他后来多次参加人大附中培养基地安排的各种培训活动，我与辛军锋逐渐熟悉起来。这个生长在关中大地、秦岭脚下的农民的儿子身上有一种热情朴质、外憨内秀的气质。作为校长，他那种有激情、有理念、讷于言而敏于行的特点，都给我留下很深的印象。

据我了解，从 1998 年 30 岁做副校长、2002 年 34 岁做校长至今，辛军锋先后担任过 4 所学校的校长。这些学校，各有各的"情况"，但在他的管理下，都步入了良性发展轨道，且各有各的风采和亮点，这也是多年校长生涯中最让他自豪的事情。通常情况下，调换频繁、任期短的校长，是不太容易做出成绩的，但辛军锋不一样。如果说他有什么"秘诀"的话，我想注重学校精神的塑造也许是其中非常重要的因素。

辛军锋认为，要改变一所学校，首先要改变学校的精神，精神站起来了，一切才会改变。纵观他十几年来在塑造学校精神方面的实践探索，我想以下几点可以给我们启示。

一是传承与创新相结合提炼学校精神。古人云"美成在久",尽管辛军锋所到的几所学校在他就任之初都遇到了发展瓶颈,但他上任后并没有"另起炉灶",推翻重来,而是深入挖掘学校的历史、传统,对学校长期积淀下来的精神财富予以总结、梳理并继承、提升,再赋予它新的时代精神、新的办学目标,进而确立学校的精神文化和办学特色。譬如,他提出把地处市中心、有西安人文传统的西安市第三十中学办成"最西安"的中学;将"红色文化""延安精神"作为育才中学精神的核心,从红色文化中汲取营养,做到坚守与创新的统一。

二是依托丰富、科学的课程体系提升学校精神。塑造学校精神不是一句空洞的口号,应该渗透在教育教学的每一个环节,而课程则是其中的重中之重。从某种意义上说,一个学生的成长史,就是其对学校课程的体验史。据我了解,他在第三十中学开设了富有地域文化特色的"秦腔""面食文化""关中民俗艺术""西安旅行英语"等校本课程;在育才中学,他发动师生共同参与校史课程建设,发起"延安寻根"研学活动,通过校本课程建设彰显学校的精神传承,构建了多元开放的红色文化课程体系。

三是精心设计校园环境以彰显学校精神。一所学校的校园环境是一种无声的语言,传递了一所学校的思想文化、价值追求,对师生具有潜移默化的熏染教育作用。辛军锋深谙这个道理,他在西安市第三十中学时,努力将其打造成具有鲜明地域元素的古色古香的"闹市中的安静书斋",使学校成为师生眷恋的读书净地、精神家园;他以红色文化为核心,为育才中学确立了"红色文化滋养师生成长,艺体特长促进学校发展"的发展策略,提出"育才育人,成人成材"的办学理念和办学愿景,整体规划育才中学的教学区、活动区,精心营造"快乐学生,幸福教师,和谐校园"的环境氛围。

四是以家国情怀涵养学校精神。辛军锋校长不仅是个求真务实、身体力行的实干家，作为名校长领航班成员，他身上还体现着一个优秀校长的教育追求和家国情怀。作为校长，他没把眼睛死盯在提高分数、获取奖项上，而是下大功夫塑造学校精神、提高师生幸福感、增强学校文化"内驱力"。作为领航校长，他不仅带着自己的学校向前奔跑，还领着校长工作室成员一起奔跑：他深入调研，帮助校情各异的成员校找准定位，提炼学校精神；通过多途径合作交流，强化校长学员专业功底，帮助其更新教育理念，提高管理能力；输送优秀人才到成员校常驻帮扶，选派优秀教师送教下乡；接收成员校干部教师来校挂职锻炼；与成员校共同推行"家国教育"德育体系，唤起学生的进取精神和家国情怀。这种增强内生动力的"造血式"帮扶，为成员校逐步提升"精气神"提供了强有力的支撑。

古人云：天有三宝日月星，人有三宝精气神。学校作为育人的摇篮，也应该有"精气神"。它反映了一所学校的精神长相，折射出一所学校的价值追求，决定着一所学校的教育样态，是学校发展的软实力。塑造提升学校的"精气神"，关键在校长。

辛军锋说，"教育是为人生的，不仅是受教育者未来的人生，还有孩子们的现实人生"，"学校是学生教师学习工作的地方，应该成为师生共同的精神家园"。所以，无论在哪里，他都把塑造引领学校、师生的精气神视为校长的责任，视作学校发展的根本，并一直为此不懈努力。

"好校长永远在路上"，这是辛军锋校长说的，我深以为然。他还年轻，大有作为，祝愿他一步一个脚印，走向更高更远的前方。

刘彭芝

2018 年 3 月 23 日

辛军锋："种"心于校，钟情于师生

"有人喜欢远行海边去看日出，有人喜欢爬上高山去赏日落，而我喜欢在学校看日出日落。清晨，看着三三两两的学生披着霞光来上学，我仿佛看到了希望与未来……就这样走过一所所学校，看着一个个孩子，没有波澜壮阔，没有惊天动地，这就是生活，这就是教育。"

辛军锋和学生以跑步迎接新学期

这是西安高级中学校长辛军锋的教育散文，捕捉着他心中的教育光影。出生在秦岭脚下的他，深谙叶圣陶先生所说的"教育是农业，而不是工业"的深刻内涵，将心"种"在他走过的一所所学校里，在教育实践中，生发出与学校发展相契合的教育智慧。

新校长？辛校长！

从 2002 年到现在，他已经当了 4 次新"辛校长"。

"这次，我又成了一位姓'辛'的新校长。"辛军锋的话中透着幽默。2016 年 7 月，他又一次被委以重任，担任西安高级中学校长。

在教育同行看来，辛军锋的几次调动都有点儿传奇的味道：他走过的几所学校各有各的"困惑"，各有各的"苦恼"，但在他转任时，每一所学校都有了发展的内驱力，各有各的亮点。

有人问他成功的秘诀是什么，辛军锋笑呵呵地说："哪有什么秘诀啊，一段段用心的日子，一群群有情的孩子，这就是教育。'心'种在哪里，智慧就会长在哪里。"

2002 年，34 岁的辛军锋，一所农村初中学校副校长，被调到位于城乡接合部的西安市第四十六中学担任校长。当时，这所学校由于生源流失严重，发展不被看好。他到任时，学校仅有 300 多名学生，高中招生指标有 180 个，每年却只招进来几十人；20 世纪 50 年代建的校园已破败陈旧，学校操场还是当年的泥土地，一刮风就尘土飞扬。由于学校缺乏"精气神"，辛军锋感觉，师生就像沙漠上的卷柏，风一吹就走。

尽管如此，辛军锋却执着地把"心"种在了这里。经过一番调研后，他以整顿校风为抓手，着力改变学校形象，同时积极发展特长教育，在高中办起了管乐特长班。2013 年高考，学校高三特长班的十几名学生均被大学录取。这对当时已经多年一本升学率为零、二本升学率为个位数的第四十六中学来说，"像是破天荒的大事儿"，也让教师、学生和家长看到了希望。

与此同时，辛军锋办起了"自强班"，招生对象为品学兼优的贫困生，实行学费、住宿费全免，积极进行课堂改革，带动了学校校风和学风的整体改变。当他转调去第三十中学时，第四十六中学已经成为一所环境优美、教育教学设施先进的现代化校园，因管乐、美术特长生成绩优秀，学校也成为高校生源基地。在第四十六中学的办学经历，也让辛军锋意识到，学校的发展其实和学生的培育异曲同工，都需要挖掘自身的个性和生长点。这也是辛校长能够很快脱掉"新校长"帽子的秘诀所在。

精神站起来后，一切才会改变

辛军锋每到一所学校，关注的第一件事就是寻找学校发展的"精气神"。他很认同"改变一个学校要改变它的校园精神，改变一个教师要改变他的价值追求，改变一个学生要改变他的人生目标"的观点。他认为，对于学校来说，软件比硬件更难补齐，"只有精神站起来了，一切才会改变"。

当西安市第三十中学校长时，他常常进教室听课，在办公室与教师促膝长谈。他发现，学校并不缺少优秀教师，缺少的是"心气儿"，而凝聚"心气儿"则需要一个共同的目标。在"精品化、高品位、有特色"目标的指引下，他把学校办成了闹市中的"静书斋"，在师生看来是一所"最有温度"的学校。

第三十中学地处西安市中心，地标性建筑钟楼、鼓楼近在咫尺，清晨日暮，钟鸣鼓韵萦绕着这座"闹市中的静书斋"。在辛军锋的带领下，学校充分利用周边资源，形成了颇具西安特色的校本课程，如"印象西安""西安旅游英语""关中民俗艺术"等。与此同时，丰富多彩的具有地方特色和学校特色的秦腔爱好者社团、面食文化社团等社团活动也开展起来。

"学生的个性发展是目标，教师的专业发展是条件，学校的特色形成是结果。"辛军锋认为，文化精神站起来了，改变也随之开始了：教师有了归属感，学校教学质量稳步提高，中考录取分数线逐年提高；学生有了自豪感，多元培养让每个学生都获得了长足的发展。他说："改变，其实更多的是一种回归，回归教育本质，回归以学生为核心，回归因材施教。改变一所学校应该从改变课堂开始。"

2013 年到西安市育才中学担任校长后，辛军锋给学校"提气"的特色做法，也让这所被誉为"红色摇篮"的三秦名校，走出了"平台期"的困境。在他的带领下，学校以红色文化为核心，整体规划出校园教学区、活动区，建起了特立园、育才亭、成长大道等；将红色文化教育与校本课程开发结合起来，开发了具有学校特色的"红色摇篮""圣地摇篮"等校本教材，形成了红色文化教育的校本课程体系。

"有什么样的学校就应该有什么样的课程，有什么样的课程就培养什么样的人才。"2016 年 7 月，当辛军锋告别育才中学时，他欣喜地看到，在他和团队的共同努力下，红色精神已成为师生们眷恋的精神。

寻根历史，探索老校新航向

2016 年 7 月，辛军锋接下了西安高级中学校长的接力棒。与西安深厚的历史文化底蕴相映衬，西安高级中学的历史可追溯到清光绪年间。但此时的西安高级中学面临着百年老校的发展内驱力不足的问题，同时，由于北迁，学校处于"二次创业"的阶段。

面对这样的新西安高级中学，面对教师、学生、家长及社会的期待，已有多年校长工作经验的辛军锋感觉肩上沉甸甸的。该将学校引向什么方向？带着这样的思考，他一方面从与老校友、老教师的访谈中发掘学校历史、追本溯源；另一方面，不断从教育著作中汲取思想智慧，寻找适合西安高级中学的持续发展的新动力之源。

在继续秉承"养德以正气，崇文以化人"校训基础上，辛军锋将学校教育从以知识为中心转向以素养为中心，并结合学校实际，开始了一系列探索实践，比如积极研发以核心素养为核心的选修课程，开发大学先修课程，不断进行课程优化整合；依据区域特色和实际，为学生创设全新学习空间；构建体验式的学校环境和课程体系，并建设历史模式展室、地理数字展室、生物园、地理园、碑林等部室，实现课程育人、环境育人、实践育人、文化育人相结合。

此外，辛军锋还为学校画下了"一校两部三校区"的格局图，将学校优质教育资源辐射到更多区域。担任西安高级中学校长之前，他通过自己主持的名校长工作室进行了一系列帮扶工作，以"影子校长"培训计划、实地调研"问诊"、资源共享等形式带动了一批薄弱学校办学水平的提高。

辛军锋说，校长的教育理想决定了一所学校能够走多远。站在新起点的他，在教育探索之路上，再次迈开了步伐。

（本文由"校长国培计划"中小学名校长领航班中国人民大学附属中学培养基地提供）

目 录 / CONTENTS

第 一 辑

挖掘学校历史，提炼学校精神

树因根深而挺拔，人靠精神而立世，校因精神而勃兴。一所学校要想生存和持续发展，靠的就是学校精神。

学校精神是学校在历史的传承和发展中形成的。学校精神一旦形成，就会形成一种特殊的"气场"，身处其中的师生，便在言谈举止中自然地呈现出这种精神的气韵，它就像一面鲜艳的旗帜将全体师生凝聚成一体，它就像一声嘹亮的号角把全体师生集结在一起。它对于增强学校的向心力、凝聚力和战斗力，具有重大而深远的影响，也是维护学校健康稳定，促进学校可持续发展的一种强大内驱力。一路走来，我深深地体会到：精神塑造乃教育管理之灵魂，文化引领乃学校发展之根本。我认为，对于学校来说，软件比硬件更难补齐，只有精神站起来了，一切才会改变。

一所学校的精神从何而来？我认为，它应该是结合学校的历史、传统、风格、特色和水准，经过认真总结、精心培育、积极宣传并由一代又一代师生身体力行而自觉形成的一种认识。我先后任职过4所学校的校长，每次上任后并没有"另起炉灶"，推翻重来，而是深入挖掘学校的历史、传统，对学校长期积淀下来的精神财富予以总结、梳理并继承、提升，同时赋予它新的时代特色、新的历史使命，进而以此确立学校的精神文化和办学特色。

第一章　立根守正，探究学校精神之源

第一节　学校精神的基本内涵

毛主席曾说过："人是要有一点精神的。"所谓精神，是指人类思想具体而又抽象的一种思维活动，它支配着人体本能，引领着实际行动。很多时候，事情最后的直观结果实则是精神活动的产物。精神作为一种动力源，它是一种无形的资产；作为一种规范力量，又具体可感。人生天地间，与动物、草木的根本区别在于人是有思想，有感情，有精神追求的。俗话说："人非草木，孰能无情?"西方哲学家帕斯卡尔也有一句名言："人只不过是一根苇草，是自然界最脆弱的东西，但他是一根能思想的苇草。"正是因为能思考，这根"苇草"才有了更为广泛的精神内涵，才超越了一般的生存意义。在人类文明的历史长河中，对精神世界的不断探索与追求，汇成了一股浩瀚澎湃、绵延不绝的源泉，推动着人类的文明和社会的发展，所以精神是人不可或缺的。

人有了精神，在重任面前，才能学会担当，不会退缩。同样，一所学校也要有一种学校精神。学校是靠精神站立的，靠精神站立起来的学校是充满力量的。当精神站立起来时，所有的努力都变成自觉、自动和自发。无论是教师还是学生，每个人都会尽其所能，倾其所有。古往今来，真正意义上的名校，几乎无一例外地构建了属于自己的"精神"：著名的"黄埔精神"，即亲爱精诚、团结合作、卫国爱民、不怕牺牲，表现为爱国爱民的使命感、国家统一的整体观、自强不息的奋斗观、匹夫有责的责任感；延安"抗大精神"，其核心是为崇高理想英勇奋斗的精神，这也是毛泽东构建的延安精神的主线与灵魂……

所谓学校精神，就是学校全体成员在长期的教育教学实践中积淀起来的共同的情感、认知和意志中体现出来的共同氛围、行为以及价值观，是学校品格的凝练和神韵的描述。它反映了一所学校的精神长相，彰显了一所学校的文化特性，决定着一所学校的教育样态，是学校发展的软实力。学校的精神统领着学校的办学思想，决定了学校的办学理念、办学目标和办学策略，决定着学校的校风、学风和教风，归根到底决定并制约着学校文化系统的取向和性质。学校精神是学校办学传统与办学经验的文化积淀，它植根于学校悠久的历史进程与深厚的校园文化内涵之中，是全体师生员工认同的一种群体意识，是学校的一种"教育场"，是学校的"精气神"。它赋予学校特有的个性魅力，是学校群体凝聚力、向心力和战斗力的"核动力"。

一所精神爽、风气正的学校，犹如一座春风化雨的熔炉。一个学校如果有井然有序的教学环境，团结紧张、严肃活泼的校风校纪，优美整洁、文明礼貌的校园环境，严谨刻苦、锲而不舍、孜孜不倦的学习氛围，对教师和学生的成长进步，无疑会产生有力的促进作用，而这种软性的、无形的促进作用，是学校各项硬性规章制度所无法企及的。因为规章制度强调的多是消极抑制的方面，所要做的多是"抑恶"；而学校精神的促进作用，则会使师生产生积极向上的力量，更多的是在"扬善"，会形成对学校所有成员具有巨大感染力的积极氛围，对一切与学校精神相反的错误倾向、心理与行为问题，具有无形而实在的抵制作用。

2002 年，我被任命为西安市第四十六中学校长兼党支部书记，开始走上全面管理学校的岗位。迄今为止，我先后担任过 4 所学校的校长。在我离任时，每一所学校都发生了改变，进入稳步发展阶段，且呈现出各自鲜明的办学特色和亮点。究其根本原因，就在于一点——注重学校精神塑造，提升学校精气神。我认为，"精气神"是学校之根，只有精神站起来了，一切才会改变。原教育部中学校长培训中心主任陈玉琨教授在《一流学校的建设》中也曾讲到："改变一个学校，就要改变这个学校的校园精神。"因此，每到一所学校，我所关注的第一件事就是寻找学校发展的"精气神"。

然而，在教育领域也存在着这样一种现象：有的学校因领导班子有所调整，或者教育政策发生了改变，教学质量也随之下降。其实质就是没有形成强大的学校精神。一所学校如果没有精神，就会变成一个毫无生命的楼房和建筑物的集合。有学者在痛斥某些学校生命与精神的种种缺失时写道：

稍微留意一下你就会发现，那里绿化带的标牌上的文字也许粗浅到了俗不可耐或生硬到让人倒抽一口凉气的地步；那里的广播高音喇叭，也许根本就没有播放过巴赫、贝多芬、柴可夫斯基的作品及《梁祝》《二泉映月》等；那里的各种文体竞技活动，仍然停留在表面的轰轰烈烈乃至"为的就是应景""玩的就是心跳""比的就是恶搞"的层面；那里的校史长廊，永远多的是"物品""官品"的粗放、陈列，而少有"文品""人品"的灵动放送，甚至只有简单的"校长支书轮换年表"。在这样的校园里，你找不到"北大副校长季羡林帮入学学生守护行李"之类的珍闻逸事……在这样的校园里，各种庸俗的短信或小道消息会在教职工手机上广为传递，各种"彩色"小品会不断在办公室上演，各种产自官场或无聊市民之中的荤话会不断从老师嘴里吐出……

学校精神是深藏于地底下的根。只有"根"立得稳，扎得深，学校才能有"任凭风吹雨打，我自岿然不动"的强大生命力。正因如此，越来越多的学校把培育学校精神作为学校管理的突破口和着力点，并着手探索学校精神的具体操作模式，以期将学校管理推向特色管理、高效管理和无痕管理。

第二节　学校精神的角色结构

任何精神都要有一定主体，学校精神也不例外。学校精神的主体就是学校成员，包括校长、教师、职工与学生，这样就构成了学校精神的不同角色。学校精神的不同角色具有一定的相互关系与结合方式，这就是学校精神的角色结构。

一、校长精神

培养良好的校风和学校精神，领导是关键。陶行知先生说，校长是一个学校的灵魂，要想评论一个学校，先要评论它的校长。校长精神就是把握办学规律，忠于学校与教育，追求卓越，创造性地实现办学目标。

第一，校长精神表现为办学目的性与效益性的统一。人的实践活动是有意识、有目的的。教育作为人类的实践活动之一，其目的是通过教育来促进学生的全面发展，维护学生的素质和谐，带动社会不断进步。校长在治校的过程中，要有自己的办学目标。校长是能够提出学校发展愿景、目标的设计师，是能够打造精英教师团队的精神领袖，是应该追求卓越办学成就的领跑人。

第二，校长精神表现为办学客观性与科学性的结合。教育有着自身的规律，遵循教育的发展规律，要从办学的客观性入手。一是要符合社会的客观需要。教育的重要价值之一就是满足社会的客观需要，在满足社会需要中，教育就可能得到社会的支持与承认，就可能得到更大的发展。二是学校的客观基础。一所学校在历史发展中形成的文化与传统深深地影响着学校未来的发展，校长要善于继承其精华部分，并根据时代的要求，寻找新的生长点，以把学校推向新的阶段。三是办学的客观条件。学校办学是需要一定的条件支持的，校长要在生源条件、师资队伍、设施设备、地理位置乃至政策扶持上寻找支持。学校的发展要在对宏观、中观环境的剖析以及局部教育市场的分析中把握学校发展的优势、劣势、危机和机遇。四是教育的客观规律。教育的客观规律主要有学生身心发展规律，组织、协调、领导、评价等过程中的规律。

第三，校长精神表现为办学的规范性与伦理性的融合。自古以来，教育就是一项与社会道德密切相关的工作，校长所具有的社会道德是校长履行行政领导职责的基础与前提，具有社会道德观的校长才会具有道德的权威，因此，校长不要忘记修身养性。校长的道德应该在校长的专业生涯中不断得以巩固和提高。校长在提高自己的修养为师生树立良好的榜样的同时，也要巧妙地纠正师生不正确的行为，不要让他们觉得这类行为可以被接受。校长在学校的管理过程中要全面提高师生的精神追求，注重校园精神的塑造与学校师生价值的提高，让教职工更加具有幸福感、成就感、自豪感，要做到以人为本，注重人文关怀。这样，才能让学校更和谐。校长要处理好自身利益与群众利益的关系。有"舍"才有"得"，校长正是由于在权利、私欲等方面的"舍"，才会有学校师生的民主追求、理解与尊重他人、办学效益等方面的"得"。

第四，校长精神表现为办学和谐性与创造性的整合。早在1850年，德国著名哲学家鲍姆加通就提出，人的精神追求领域包括三大方面，即对真的追求，对善的执着，对美的向往。其中，校长的"美"要求校长使学校的各部分之间、各部分与整体之间恰到好处地协调一致，超越自我，办理想教育。校长要学会欣赏他人的长处，这样，就有可能在别人的基础上做出新的成绩，使自己得到更快的发展。创造就是对办学特色的追求。校长在办学的过程要追求美、创造美，也唯有如此，才能培养出具有创造性的个体，促进学生的全面发展，实现理想教育，形成不断创新、不断超越的校园环境。

二、教师精神

名师在学校历史发展中占有重要的地位。哈佛大学前校长科南特曾讲过这样一句话："一个学校要站得住，教师一定要出名。"教师精神作为学校精神的重要组成部分，在学校的精神文化的形成过程中起着重要的作用。

教师精神首先体现为中华民族精神。教师精神是中华民族精神的有机组成部分。教师是中华文化和民族精神很重要的继承者、实践者、传承者与发展者。他们一方面接受中华民族精神的熏陶，另一方面把中华民族精神内化为自己的学识、品格，并影响受教育者。长期以来，以教师为主体的中国文化人一直被誉为中国社会的精神支柱，在中国的传统文化中，教师既担负"传道、授业、解惑"的责任，又具有学高身正的气节，更具有正人先正己的信念。

教师精神还体现为追求卓越的精神。人是要有些精神的，对于教师来说，最重要的精神就是追求卓越的精神。教师对卓越的追求会变成他工作与生活的精神动力，而这种精神动力在很大程度上决定了个人的发展与事业能够达到的高度。教师"追求卓越"的人生期待应当而且只能与我国教育事业的发展结合起来。教师这一职业具有社会价值与个人价值，其社会价值在于教师是社会文明的传承者、人民群众行动的榜样、学生的人生导师，其个人价值表现为教师这一职业是实现个人抱负与理想的途径。这些可以说是教师人生价值的主要部分，因而教师要具有坚实的专业基础，精通自己所任学科的专业知识，还要具有专业技能。

教师精神还体现为敬业精神。敬业精神表现在他们对自己专业的忠诚上。所谓专业忠诚就是教师的工作要对得起教师这一岗位，说到底就是要既教书又育人，促进学生的发展与进步。此外，教师要不断地提高自己的专业知识与专业能力。陶行知先生在谈及这个问题时指出，"教员最重要的精神，是求事业能力的长进"，要使我们的教材教法一天长进一天。

教师精神还体现为求真精神。求真精神要求教师投身于教育教学研究，不断地探究教育教学的规律，成为一个研究者。这也是教师专业发展的一项重要内容。一是要敏而好学，通过师生的平等交往来发展自己。教师要建立师生学习的共同体，作为学习共同体中的首席，教师要在促进学生发展与进步的过程中发展与提高自己。二是学而时习之，通过理性认识与分析来丰富自己。教师要对所学的专业知识与技能及时地温习，将所学的专业知识与技能应用到教育教学实践中去，同时要在不断总结教育教学经验中提高自己。简单来说，教师的求真精神是在教育教学实践中提高与发展，教师的提高很大程度上取决于本人的"每事问"以及对教育教学实践的反思。

教师精神还体现为爱生精神。爱生精神就是要尊重与关爱每一个学生，与学生建立民主和谐的师生关系。民主和谐的师生关系能为学校精神的形成、延续和发展营造良好的氛围。学校精神正是在这样的氛围中通过教师传递给学生的，而学生也正是在这样的氛围中不断地给这一精神增添新的内容，注入新的血液。

三、学生精神

学生不但要接受学校精神的熏陶，而且要传承学校精神，更要在传承的过程中为学校精神添光彩。这样，学生的思想、言论有时就会影响学校的决策、措施，他们的行为有时就会影响教职员工的行为。也正是学生那富有创造性、开拓性的思想和行动使学校精神不断丰富、不断完善，从而具有更强的时代性。

学生精神表现为科学精神。科学精神是由尊重客观事实、追求真理的精神，创新精神，怀疑与批判的精神等精神特质构成的。有了科学精神，就有了正视事实的勇气，也就具有了直面人生的勇气。可见，科学精神体现着学生的理性力量。

学生精神表现为人文精神。人文精神是将哲学、历史、文学、艺术等学科中所含有的人文教育的知识内容理解为人的精神力量的过程，人文精神有助于涵养学生精神，丰富学生情感，提高学生道德品质。

学生精神表现为百折不回的精神。在新的形势下，学生的百折不回的精神一是表现在理想信念上，要不断追求。学生的理想信念是指向未来的，应该是充满诗意的，甚至是充满浪漫色彩的。理想信念能充分调动学生的感知、想象、情感、理解等各种心理要素，能陶冶学生的心灵、情感和价值观念。在这样的过程中，同学之间的相互支持与鼓励，对信念的树立以及理想的实现有着重要意义。二是表现在面对困难的态度上，要挑战自我，决不言退。人总会遇到这样或那样的困难，这也是生命的一个组成部分，要把这种经历看作一种体验，看作对生命探寻的过程。三是表现在勤奋好学上，要瞄准未来，全面提高。学生要充分发挥主体能动性，激活自己的想象力、直观能力、体验能力和感悟力去感受、去理解知识，使知识的学习不再仅仅是知识获取的过程，而是成为知、情、意等都获得发展的过程。只有这样，学习才不再仅仅是知识的阶梯，更是观念塑造和人格陶冶的途径。

校长精神、教师精神和学生精神，构成了学校精神。其中，校长精神是个别性、独特性、根本性的精神，反映了学校普遍的、本质的需要。校长精神对教师精神与学生精神起着主导作用。

首先，校长精神决定着教师精神与学生精神的形成。学校精神是学校办学特色的体现。一些校长往往对学校精神的理解和重视不够，从而导致学校的建设与发展没有特色，学校的发展变得举步维艰，办学目标难以实现，教师精神与学生精神也就无从谈起。学校精神的培养，需要学校人的相互配合，需要调动学校各方面的积极性。校长对师生的影响巨大，教师与学生往往是用校长的实际行动来判断其所讲的道理和价值。从这个意义上讲，培养学校精神，校长是关键。教师精神与学生精神往往是校长精神在实践中的具体体现。当然，教师与学生也会从自己工作环境、个性与实际出发，形成自己的精神，但始终离不开校长精神的指导与规约。

其次，校长精神决定着教师精神与学生精神的性质。校长精神是占主导地位的精神，它是一定的学校利益和要求的根本反映。与校长精神相一致的教师精神与学生精神，才能存在与发展。

最后，校长精神决定着教师精神与学生精神的作用。教师精神与学生精神作用的大小，取决于与校长精神的性质与方向相一致的程度。与校长精神相一致，教师精神与学生精神发挥的作用就越大；反之，作用就小，甚至不能发挥作用。

教师精神是一种群体性的精神。第一，教师精神是学校精神的重要组成部分，教师精神丰富着校长精神的元素。校长要善于发现和挖掘教师群体中的精神元素，通过这些精神元素不断完善自己的精神元素，这样，才能通过教师任务的完成来实现学校的办学目标以及自己的使命。教师要以学生为主，校长就要以教师为主，以教师的发展促进学校的发展，以学校的发展带动教师发展的实现。校长要完善自己的精神元素，关键是发现教师的幸福之源，满足教师最高层次的需求。教师的幸福源于教师在工作所产生的快乐。第二，教师精神对学生精神起着促进作用。师生关系的融洽、人文环境的和谐，有利于促进学生发展与成长。在很大的程度上，学生精神取决于教师精神，好的教师精神定能滋养出好的学生精神。

学生精神也是一种群体精神。一是学生精神是校长精神与教师精神的反映。"皮之不存，毛将焉附"，离开了学生的活动，校长精神与教师精神也就失去了存在的基础。校长精神与教师精神建设是否有成效，就要看它们对学生精神建设的影响程度如何。因此，学校精神的建设要充分发挥学生精神在其中所起的作用。二是学生精神是学生生活世界的回归。学生生活世界的回归，就是要让学生精神所展现出来的成果成为学校精神生活的中心。生活世界的本质，并不在于课程学习或是日常生活，而在于学生的主体精神——也就是所谓内在的生活形式，而不是外在的生活形式。学生是学校教育的主体，任何一种学校精神文化产品的传授、改造或创造，都离不开主体所发挥的作用。因此，要让学生以精神主体的姿态出现在学校的教育教学中，出现在课堂中，出现在学校日常中，出现在知识学习中，使学生精神的发挥成为一种生命的体验，这样，才能真正地使学生精神落到实处。

第三节　学校精神的发展价值

学校的发展是学校人的发展，学校的发展也是在学校人的基础上的发展，而学校人的发展又促进了学校的更好发展。学校精神就是学校发展的指路灯塔，教育要唤醒人的潜质与能力，就要靠学校精神的指引。学校精神对人的发展的追寻、对学校发展的引领是其发展价值所在。

一、对人的发展的追寻

学校是培养人的场所，是帮助学校人实现自身发展的地方。学校精神具有追寻学校人发展的价值，追问着学校以及学校人发展的无限可能性。正是在学校这样的环境下，学校人学会了学习的方法，学会了关心他人，养成了积极向上的精神，提高了多方面的教学与学习技能。正因为如此，学校精神能够满足学校人对学校精神的基本需要，从而促进学校人的全面发展与成长。

（一）引领学校人的发展方向

学校精神具有内在的超越性，具有创造的积极性，对学校人的发展具有引领价值。人的发展，人的成长，不仅需要内在动力的推动，还需要外在动力的引领。在学校，学校人就需要学校精神力量的推动。

学校精神对学校人的引领，主要体现在对后天发展的定位上。概括地讲，就是要"发展有效交际技能，提高分析能力，加强解决问题的能力，发展做出主要判断的能力，提高社会交往的能力，理解人与环境的关系，发展认识和理解当今世界的能力，发展对艺术和人文学科知识的理解能力和感受能力"。学校精神对学校人的引领作用是一种有目的的活动，培养什么样的人，决定着学校人发展的方向。

学校精神对学校人的引领体现在它是一种团队精神。学校精神一旦形成，就会展现强大的凝聚力，这种凝聚力表现在鼓舞学校人的士气上，表现在学校人的精神认同感和归宿感上，表现在学校人的强烈的义务感和责任感上。在这种精神的感召下，学校人能够团结战斗，从而出色地完成自身的教育教学任务和学习任务。

学校精神对学校人的引领体现在它对学校人的熏陶上。学校精神制约着学校人的心理定势，而这种心理定势在学校精神的制约下，就使得学校人一致的态度和共同的行为方式在不知不觉中形成。学校精神能够使一代代具有不同经历、经历不同时代、拥有不同个性的学校人都能从中受到启迪，获得陶冶，并做到铭志不忘，乃至受益终身。学校精神的发展价值也正是在这种熏陶中引领学校人获得感受，在这种熏陶中让学校人体验情感，在这种熏陶中使学校人收获相互理解，在这种熏陶中帮助学校人生成智慧，在这种熏陶中使学校人积淀文化，从而使学校人实现自身的精神世界的生成与成长。

(二) 提供学校人的发展动力

人的发展是生命的发展，从这个意义上讲，人的发展过程就是生命发展持续不断的过程。人的发展受先天因素和后天因素的影响。学校精神能够产生精神的驱动力，这种精神的驱动力正是从学校人主体的内部推动其前进的。这样，学校精神就成为促进学校人个体发展的强大精神力量。当学校人个体在学校精神的作用下形成精神的驱动力时，学校精神就具有推动学校人成长与发展的内在价值。可见，学校精神能够为学校人提供发展的动力。

学校精神为学校人提供发展的动力体现在它所创设的精神氛围之中。学校精神表现得越突出，学校人就越是能够体验到这种精神氛围。它既存在于学校的布局中，学校的一草一木中，学校的一砖一瓦中，又存在于学校人的一言一行中。这种精神的氛围恰如"随风潜入夜，润物细无声"的春雨一般，无处不透着一种精神的力量，一种精神的魅力。它进入学校人的心田，激发学校人的强烈的进取心；它滋润着学校人的心坎，影响着学校人行为方式的选择、人生观的确立以及价值观的形成；它是学校人的心理和行为的强大的内驱力，让学校所有的工作都在"桃李无言，下自成蹊"中实现悄然突破；它是对学校规章制度的超越，对一切与学校精神相反的错误倾向、心理与行为问题具有无形但实在的抵制作用。

学校精神为学校人提供发展的动力体现在人的理想追求之中。在学校精神为学校人提供发展的动力中，人生的理想追求显得尤为突出。梦想是对未来的追求，人们要想进入理想的殿堂，靠的是锲而不舍的精神接力。下一代人的梦想除了自己构筑之外，显然还需要上一代和我们这一代人来构筑，教育正是在构筑着这种梦想，正是以真、善、美的气韵以及它们在学校人之间的相互濡染、相互传递来构筑着这种梦想，并将其化为学校人热情与执着的人生。这就是人生的理想追求与志向的远大，恰恰是这些决定着人的发展水平、人的成长以及成就。学校精神就是让身边的人以及身边的事变成震撼人心、鼓舞人心、启发人心的校园人物与校园故事，使它们如涓涓溪水流淌在校园之中，如春风化雨滋润着师生心田。因此，学校人的发展需要对理想的追求，这种对理想的追求就是一种内在的、自觉的驱动力，就是人的主体性的增强，学校精神能够满足这种需要，从而为学校人的发展提供动力。

（三）弘扬学校人的个性发展

个性自由和充分地发展是人的全面发展的基础，扮演着重要的角色。可以说，有了人的个性发展，才可能有人的全面发展。

学校精神是能够弘扬学校人的个性发展的。"发展个性就是发展多样性，发展丰富性，发展创造性。与众不同不一定是创造，不与众不同一定不是创造，不发展个性，就是不发展创造性。"可见，人的身上具有巨大的创造力，个性发展就是个性创造力的发展。只有创新精神才能推动人的创造力的发展。现代教育是重视个性发展的教育，创造性人才的培养，当然更加需要教师发挥创造性能力。学校人如果仍然墨守成规，就难以胜任这一工作，也就无法成为研究者与创造者。

学校精神具有内在的超越性，因此，学校精神也是历史的，是随着历史的变迁而不断变化的，是不断发展与重构的。正如陈玉琨教授所言，当教育超越了知识传递这一唯一的功能的时候，教师的工作就是要实现文化的融合、精神的建构。要做到教育对知识传授的超越，需要的是学校人的创新精神。它可以帮助学校人克服因循守旧的保守思想，帮助学校人构建良好的创新氛围，学校精神实现了"文化的融合、精神的构建"，就会有力地推动学校人创造力的开发，也就能促进学校人的个性发展。

二、对学校发展的引领

学校精神具有驱动学校发展的力量，学校的正确发展需要学校精神的激励、鼓励与引领。学校精神对于学校发展的价值就在于它是学校的内在的超越，就在于学校人对学校精神的传承与创新。

（一）学校的发展离不开学校精神的传承

"学校的传统和仪式随着时间的前进而发展，使得学校中人们的价值观和信仰具体化，而且对建立和维持行为规范有巨大影响。"组织文化是在一代又一代人的不懈探索与追求中形成的。学校精神作为学校文化的核心又何尝不是如此，因为学校历史的独特性，学校精神就随着学校发展的历史不断走向未来。"创造需要智慧，更需要继承。创造总是在继承前人成果基础上进行的。"学校要发展，就需要对历史的继承。学校精神是在对历史的传承中形成的，学校的发展过程就是对学校精神传承的过程，因此，学校的发展离不开学校精神的传承。

天津南开中学的发展就较好地与学校精神的传承结合起来。早在南开中学建校 14 周年的时候，也就是在 1918 年，南开人就在自己的校歌中高声地唱出了属于自己的学校精神："渤海之滨，白河之津，巍巍我南开精神。汲汲骎骎，月异日新，发煌我前途无垠。美哉大仁，智勇真纯，以铸以陶，文质彬彬。"而张伯苓校长在 1934 年南开中学建校 30 周年时提出的"允公允能，日新月异"八字校训则反映了南开精神的核心内容与南开的办学目的。在这种背景下，南开精神的核心内容就界定为"爱国、救国"，南开的办学目的就诠释为"痛矫时弊、育才救国"，集中地表现了南开人的爱国与救国的思想与抱负。

自中华人民共和国成立以来，南开人一直在坚定地传承与弘扬着这种南开精神。在新的形势下，南开人为了实现把南开办成"具有中国特色的世界名校"的理想，把南开精神诠释为"爱国、乐群、敬业、崇尚科学、追求卓越"，以此规范南开人的人生价值追求，这就是当代南开中学以传承为基础的当代南开精神。正是对南开精神的传承与弘扬，使南开中学获得了空前的发展。因此，学校精神的传承是学校精神引领学校发展的一个重要表现。

（二）学校的发展离不开学校精神的创新

迈克尔·富兰认为，重视组织文化将使组织结构的重构更加有效，组织结构变革和文化变革之间存在着相互依赖的关系。学校精神使学校组织显示出独特的凝聚力和别具特色的整体氛围，因此，学校精神绝不是拷贝出来的，而是一代又一代学校人在不懈的研究和探索中创造出来的，学校人之所以珍视学校精神，是因为它是属于自己的，是独特的。传统是过去，但并非静止的过去；传统是历史延伸，但需要有选择追求卓越地向现实、向前的延伸。学校的发展就是在传统与现实冲突交汇中的发展，是在对抗、融合、超越中的发展。这样，学校的发展需要创新学校精神，继承优良传统，发展优良传统，并改变某些不适应的传统，这是当前学校发展过程中不可或缺的任务之一。

天津南开中学为了打造当代南开中学的学校精神，确立了"以德立教，严谨治学，师生为本，推陈出新"的治校方略，形成了"整体高素养"教育理念。"整体高素养"包括体态、体能、性情、现实能力、潜在能力和思想品德六个方面的内容。其中思想品德对一个人的发展起着导向、动力和保证的作用。"从思想品德的具体内容来看，它应当包括信仰、公德和法纪三个层面。"法纪是最基本的，公德处在法纪的上层，信仰是最高层次。可见，一个人只有在形成信仰的时候，才有可能成为所在领域中的领军人物、拔尖人才。南开中学学校精神的打造主要从两个方面来进行：一是在岗的人有意识地使学校精神文化有可持续性，二是后人有意识地延续学校精神。这样，南开人在学校的发展中，就较好地实现了学校精神的继承与创新。因此，学校精神的创新是学校精神引领学校发展的又一重要表现。

第二章　聚气提神，培育学校精神之树

第一节　传承创新，塑造学校精神

随着学校的不断发展，学校精神的价值日渐突出，这需要我们进行深入、有效的凝聚与提炼，并把这种精神力量转化为学校教育教学工作的强大动力，这样才能促进学校与学校人的发展。提炼学校精神，需要回答"学校精神从何而来""学校精神是如何形成的"，需要确立学校精神提炼的主体，需要探究学校精神提炼的路径，并按照相应的要求凝练出学校精神。只有这样，才能充分地实现学校精神的价值。

学校精神不是自发形成的，也不是管理者主观臆想、闭门造车的产物。它的形成既是历史的传承，又是时代精神的具体体现。学校精神是一所学校历史上一代代校长承传下来的育人导向，是一代代教师和学生的业绩、思想和风范的结晶，是学校教职员工和学生共同努力、长期积淀而成的稳定的、共同追求的理想和信念。学校精神其实早已存在，因而，校长不需要创设"学校精神"，要做的是"寻根"——寻找、挖掘、思辨和提炼。学校精神建设主要集中在以下五个方面：

第一，校长要成为学校精神的灵魂。学校精神要体现校长的办学思想、育人理想，校长要把学校精神作为学校教育的理想追求，促进学校师生员工对学校精神的认同，并将其化为学校师生员工的统一行动。

第二，要挖掘学校的办学传统，在学校优秀的传统文化中凝练学校精神。

学校精神的培育既是学校办学历史的传承，又具有鲜明的时代特征，因此，要充分利用学校的传统历史以及学校发展所形成的教育资源和机遇来培育学校精神。

第三，培育学校精神，需要有校园文化做基础。学校精神的培育要有载体，要把学校精神化为学校的精神财富，要贴近教师教育教学实践和学生的学习生活。要处理好校园文化与地方优秀文化传统的关系，寻找两者的最佳结合点，在学校文化的重塑中凝练学校精神。

第四，紧扣办学特色，让学校精神充满生命活力。要让学校人认识到学校精神具有可持续性，是学校办学特色的具体体现，在弘扬学校精神中丰富办学特色，在学校办学特色创建中丰富学校精神，使学校精神成为学校发展的脊梁。

第五，在教育教学活动中培育学校精神。培育学校精神，需要有学校教育教学活动做载体，根据学科特点，让学校精神更加自然化、常态化。

从学校精神凝练的主体看，既有学校领导，又有教师、学生，还有教育行政部门领导、教育专家、社区代表和学生家长。其中，选拔校长是学校培育和塑造学校精神的核心。

一代教育大家陶行知先生曾经说过："校长是一个学校的灵魂。学校的好坏和校长最有关系，一个好校长就是一所好学校。"在学校精神建设过程中，校长处于举足轻重的位置。一所新学校的精神文化究竟可以形成怎样的特质，一所老学校的精神文化如何在传承的基础上创新，这需要一个提炼的过程，而在此过程中，校长就要扮演好提炼者的角色。作为学校的"掌舵人"，同时也是学校精神的传承者、提炼者、示范者、传播者、激励者和坚守者，校长的人格魅力、远见卓识、学术造诣、教育理想、管理才能、智慧火花等，都决定着学校精神的取向及学校价值的提高。

提炼学校精神，首先要依靠广大教职员工和学生家长，让他们用敏锐的眼睛去发现学校现有个体中呈现出的正能量和需要的正能量，然后将大家的发现和意见汇总在一起，进行适当提炼，再通过投票等方式进行选择，使学校的精神特质能体现民意、尊重民意。其次校长要有一种科学严谨的态度，要发掘校内外智力资源，凝聚众人的智慧去诠释学校的特质文化，还可以通过教育科研的方式，让学校精神文化的表述更规范、更严谨、更有张力。

学校精神从什么地方来？每所学校的学校精神，我认为它不是某一个人凭空带来的，也不是一成不变的，而是集思广益、用心提炼出来的。从凝练的途径上看，学校精神是在学校历史叙述中凝练的，是在学校当时流行的故事中凝练的，等等。

提炼学校精神应当从学校的历史出发，构建、塑造学校精神更离不开学校的独特历史。一方面，创造需要智慧，更需要继承。创造总是在继承前人成果基础上进行的。学校精神是在对历史的传承中形成的，学校的发展过程就是传承学校精神的过程。另一方面，学校精神是每个学校在自己特定的文化背景上酝酿出来的，具有鲜明的个性特征。一所学校肯定有它自己的独特性，有自己独特的历史、独特的环境、独特的人群……表达学校精神就是要突出学校特有的、有自己个性的东西，没有个性就没有生命力。因此，校长应结合本地区的发展需要、本校的实际情况、学生的发展需要等因素进行系统全面的思考，综合考虑学校的具体使命与发展前途。

在提炼学校精神时，应当收集学校各个历史阶段具有代表性的、有意义的故事。可以组织一些亲历学校发展的人，特别是历任校长或退休教师，请他们讲述学校发展过程中的典型事件；也可以组织一些已经毕业的学生，让他们谈谈在学校的难忘经历、对他们影响最大的人与事等；还可以从学校的文献中寻找学校发展中的重大事件，以及各种规章制度等。总之，要从历史的角度追踪学校文化发展的历程，挖掘学校精神的源泉。

在坚守的同时，也需要创新。文化不是一朝一夕能创建的，而是历史积淀下来的，既有其积极的一面，也有其消极的一面。学校精神自然应当表达学校的先进文化，主要体现在：第一，导向性。学校精神要能引领学校的发展，为学校的整体工作指明方向。第二，精神性。学校精神要具有精神感召力，要成为积极影响全体师生行动的有意识或无意识的力量。第三，时代性。学校精神既要继承传统中的精华，也要根据社会、时代的发展要求不断创新。唯有在传承中创新，在创新中传承，多层面联动，才能进行全面的学校精神建设。

以我所走过的几所学校来看，它们都有着一定的历史积淀。所以，在每一个阵地，我都力图革新和改变。但在发掘、提炼学校精神时，我从未想过"另起炉灶"，推翻重来，而是深入挖掘学校的历史和传统，对长期积淀下来的精神财富予以总结、梳理并继承、提升，同时赋予它新的时代特色、新的历史使命，进而确立学校的精神文化和办学特色。比如，我通过传承与创新相结合的方式提炼出西安市第三十中学的"精气神"，将学校打造成了"最西安"的中学；依托丰富、科学的课程体系提升学校精神，使老一辈革命家创办的西安市育才中学跳动着"红色文化"和"延安精神"的灵魂；在西安高级中学任职时，在秉承"养德以正气，崇文以化人"的校训的基础上，我提出了"将学校教育从知识中心转向素养中心，让校园活起来"的工作思路，精心设计学校的校园环境以彰显西高精神，努力做到留住根，守住魂。

总的来说，学校精神凝练的过程实际上是学校精神建设的过程。学校精神建设是一项永无止境的系统工程，涉及学校教育教学的方方面面。其建设过程必须遵循反映历史、体现现实、引领未来、概括特色等原则。学校精神的凝练过程实质上是扬弃、优化的过程，更是构建、重塑的过程，其关键步骤包括解读、评估、提炼、表达等重要环节，尤其是提炼环节。提炼出来的学校精神不是一个口号、一个概念，也不是一项教育政策，更不是一种教育模式，而是学校历史的积淀，学校现状的提升，学校特质的表达，以及实现全校师生共同愿景的一整套教育教学思想体系的结晶。

第二节　挖掘特色，建"最西安"学校

在学校发展过程中，许多突出人物涌现出来，他们可能是学校的创办者，或者是对学校发展起到关键作用的人物，亦可能是对学校产生重大积极影响的教师或学生等。对这些对学校发展、师生成长产生过重大影响的人物进行深入挖掘和分析，提炼出某种精神，以丰富学校的办学理念、使命、价值观等，使之成为全校师生共同的理念价值追求。

2008 年 8 月，我通过西安市教育局党委组织的直属学校校长公开竞聘，成为西安市第三十中学的新校长。西安市第三十中学位于城市中心，是西安市教育局直属中学和西安基础教育的窗口单位。这所学校虽不是重点学校，但有着良好的根基，曾有很多艺术大家求学于此。著名作家商子雍先生曾寄语："此乃宝地也，长安'龙脉'咫尺相望，巍巍钟楼近在身旁；桃李芬芳矣，艺术大师求学之处，株株幼苗茁壮成长。"带着抱负，带着磨砺自己、挑战自己的初心，从上任伊始，我就致力于改变学校的面貌，立志要把学校建设成"最西安"的学校。

西安市第三十中学有着悠久的办学历史和优良的办学传统，其前身为创建于 1941 年 9 月的西安圣潞学校，校址位于西安市西新街，建校前为教会所在地。1941 年 9 月原通县私立潞河中学（现北京市潞河中学）因华北抗战，由时任校长陈昌祐带领师生迁陕办学，抗战胜利后潞河中学返回通县潞河中学原址，留陕教职工继续在西安办学，校长陈昌祐先生的办学思想也留存了下来。

陈昌祐先生是潞河中学的第一任校长，他就任校长后所做的第一件事就是宣布废除学校章程中关于学校是教会学校的规定，取消了必修的宗教课程，结束了潞河中学教会学校的历史。受蔡元培等人进步教育思想的影响，他提出，学校的办学宗旨应为"造就健全人格，培植升学和职业知识"，并且定下了"人格教育"的校训和"爱国、乐群、自律、修身"的校风。在 1928 年毕业班训词中他特别强调："若问现在国家根本的大问题是什么，不是别的，还是'人格'问题，此事已渐为国内一般人所公认。"陈昌祐校长倡导的"人格教育"内容十分广泛，所谓培植健全人格，必须"三育全备"，即智、德、体全面发展。

陈昌祐校长在办学实践中，尽其所能积极倡导"平民教育"，"工读"即是陈校长任期中实施的重要措施。1928 年他在"本校今后之计划"中写道："贫苦子弟万不能为中学生，以至念书的都是富家子弟，学校也就渐渐地成了贵族式的学校，以贵族式的学校造就贵族式的学生，怎能盼望教育的普及呢？""工读也就是补助寒家子弟现下的唯一办法。"并提出学生工读自助的形式，"除每年所用的助生费外，提倡学生劳动，使寒家子弟做工以自给。校内凡学生所能的工作，概由学生充任，学校照章给以工资，庶几本校有志向学的寒家子弟不致有辍学之忧。"陈昌祐校长办学思想中的"倡勤劳、尚简朴",作为潞河中学的办学传统影响了几代潞河学子,并成为当时中国具有代表性的教育流派,在华北乃至全国产生广泛的影响。1934年,当时的河北省主席、著名抗日将领于学忠为学校年刊题字"成德达才"。

学校精神是学校文化植根历史、体现现实、引领未来的集中表现。因此培育学校精神必须立足学校实际,继承学校优良传统,体现时代发展要求。上任后,我决心从传承中寻求创新。一方面,从学校的发展史入手,深挖学校近70年的丰富校史资源。同时拜访了历届的诸多校友,凝聚校友的力量,从而更深刻地了解学校的光辉历程和辉煌成就。另一方面,随着高中阶段教育的普及,如何进一步培养社会需要的人才,坚定不移地走多样化、特色化、优质化发展之路,对每所普通高中学校都提出了更高的要求。在这一背景下,我根据形势发展,结合学校当时的实际情况,重新进行了学校发展目标定位,明确了西安市第三十中学的发展新思路——提高学校核心竞争力,走特色教育之路。通过分析校情,我们明晰了建设"精品化、高品位、有特色"的一流特色学校的办学目标,提出了"立德树人,和谐发展"的教育理念,提出了"重点加特色"的办学模式和"优秀加特长"的培养模式,以及培养具有"西安精神、中国灵魂、国际视野"的现代中学生、努力建设"最西安"的学校的办学理念;在坚持科学的教育发展观基础上,成功提炼出"崇德、明志、积学、躬行"八字校训,形成了"知礼、和谐、求是、进取"的校风、"敬业、爱生、博学、善导"的教风和"守纪、尊师、勤奋、善思"的学风,并积极创造"和谐校园、幸福老师、快乐学生"的育人环境。这些思路为学校发展明确了新方向,提供了新动力。

一、办学理念:立德树人,和谐发展

办学理念是学校办学的理性思考,是学校的精神和价值追求,是学校发展的灵魂。上任后,经过孜孜不倦的探索,结合教育实践和办学经验,在传承优良传统的基础上,我总结提炼出了西安市第三十中学"立德树人,和谐发展"的办学理念。这与陈昌祐校长的"人格教育"、于学忠先生的"成德达才"一脉相承。

育人为本是教育工作的根本要求，"立德树人"这一理念的形成，是在建设和谐社会的大背景下，基于西安市第三十中学学生的实际提出的。全面实施素质教育，核心就是培养什么人，怎样培养人。在人才培养的方向上，学校坚持把社会主义核心价值观融入教育教学各环节之中，育人为本，德育为先，把立德树人作为教育的根本任务，培养德智体美劳全面发展的社会主义建设者和接班人。具体到教育实践中，就是让学生在学会做人的基础上，学会求知、学会健体、学会审美、学会生存。

"和谐发展"是人类未来教育的最高理念，即人的身心、人与社会、人与自然的和谐发展。只有和谐，学校才能不断创新、发展，才能培养出具有创新精神和实践能力的人才。和谐发展包括两层含义：对个体学生而言，在德智体美劳和心理人格等各个方面都得到发展；对于学生群体而言，是在满足学生个性特长发展基础上的共同进步。学校的一切教育教学活动，都要着眼于全体学生，同时要把促进教师的可持续发展作为提高办学质量的根本保证。在对西安市第三十中学的历史进行回顾之后以及和历届校友的接触和了解中，我深深感到，西安市第三十中学能走出许许多多各类人才绝非偶然，它培养的历届学子热爱学校、热爱艺术、热爱生活，这是他们做人做事的成功，也是我们教育的成功，更是学生与老师、家庭与学校和谐发展的结果。把立德树人与和谐发展有机结合，既体现了学校教育理念的主要内容，也代表了西安市第三十中学校园文化的核心特征。

二、办学定位：精品化、高品位、有特色

根据学校办学条件和师资情况，我们将办学目标定位为创办"精品化、高品位、有特色"的一流特色学校。

一是"精品化"，就是在秉承优良传统的基础上，做到建筑设施精美、精致、精彩，办学规模精小，教学和管理人员精干、精心，教育教学管理精细，办学效果精湛。尽管地处闹市，但要处理好"闹"与"静"的关系，追求闹而不闹、闹而幽静，把西安市第三十中学打造成具有丰富西安元素、古色古香的

"闹市中的静书斋"，使学校成为师生眷恋的精神家园。

二是"高品位"，主要指学校的文化品位高，包括管理文化、教师文化、学生文化及课程文化。充分利用周边优越的人文环境，提高学校的文化品位，塑造视野开阔、兴趣广泛、关注社会的高素养、高品位的教师和具有"西安精神、中国灵魂、国际视野"的现代中学生。

三是"有特色"，即从"以人为本、以学生为本"的原则出发，考虑到每一个学生的发展。显然，只围绕高考不能促进学校更好发展，应根据学校生源现状，在"特色"上做文章，进一步挖掘学校教育特色，走多样化发展、特色化办学的道路。西安市第三十中学应坚持以艺术特长教育为引领，构建特色课程体系，加强特色教育资源建设，使通过艺术特长进入高校的学生成为主体，充分展现学校培养的艺术教育特色，将艺术教育做强、做优，培养更多从普通中学走出去的艺术家，培养出更多的"偏才""怪才""鬼才"，真正办一流特色学校，成为市直学校的教育"窗口"。

2010 年 7 月 29 日，《国家中长期教育改革和发展规划纲要（2010—2020年)》正式发布。其中，第五章第十三条"推动普通高中多样化发展"中明确提出："促进办学体制多样化，扩大优质资源。""鼓励普通高中办出特色。"但是，在"中考""高考"的高利害性选拔面前，普通中学犹如"戴着镣铐的舞者"，如何形成特色、如何发展特色，成为难点。

在我看来，要形成学校特色，必须从学校的实际出发，再结合当地的社会环境、自然环境，以及历史文化等传统条件，客观地分析学校在长期的办学过程中形成的某些"优势"或"强项"，利用这些强项，并发挥学校原有的教育优势，逐渐形成学校相对稳定的个性特色。然后按照学校特色，选择和确定办学理念，形成办学策略，探索相关教育要素的结构优化，促进学校教育工作的整体优化。

需要注意的是，非重点中学绝不能盲目效仿重点中学，必须以党的全面发展的教育方针为依据，确定自己的办学思想和办学目标，走出一条符合自己实际的办学新路子。因为从生源、校舍、经费、设备、师资等方面看，非重点中学相比于重点中学有些"先天不足"，所以如果效仿重点中学去追求高升学率，那无疑是"东施效颦"，只会走进办学的"死胡同"。中学教育要做升学和就业两种准备，不仅要向大学输送人才，更担负着培养合格公民的重任。随着社会分工越来越细，所需人才也各式各样，学校的责任就是为学生铺路，给他们提供最适合成长的土壤和雨露，非重点中学同样可以成为师生的星光大道。

我相信，如果非重点中学能够根据自身实际，规划出一套有特色的办学方案，并创造性地付诸实践，在办学中形成自己独特风格，展现自己的个性风貌，那么，非重点中学这块教育园地，必将万紫千红，美不胜收。

学校办学特色的意义不仅仅局限于学生升学方面，更重要的是使学生在做人、生活、劳动就业等方面汲取营养和力量，并获得成功，使学生们都能以收获者的姿态走出学校，这对社会和家庭都具有重要意义。

三、办学模式："优秀加特长" + "重点加特色"

西安市第三十中学地处钟楼脚下，位于省市政府间之要道，其重要性不言而喻，它是西安教育的窗口，自然不能忽视社会赋予它的这一使命。学校应该贯彻党的教育方针，遵守教育政策法规，廉洁从教，依法治校，推进教育教学改革走在全市前列。而校长作为学校发展规划最重要的推手，要将学校发展愿景与现实发展目标有机地结合起来，并增强学校管理改革的连贯性，让学校在合理规划中获得可持续发展。基于此，我根据学校实际和发展需求，不断探索，不断创新，最终确定了学校独具特色的办学模式，即坚持"优秀加特长"和"重点加特色"两条腿走路。

要培养"优秀加特长"的学生，首先要培养"合格加特长"的学生。西安市第三十中学"立德树人"的办学理念开宗明义：要成才先成人，合格首先是做人的合格。因此我们必须全面贯彻党的教育方针，全面推进素质教育，在学问合格与做人合格的关系上首先重视做人的合格，把全体学生培养成爱国的、具有社会公德和文明行为习惯的、遵纪守法的好公民，教学生做合格的中学生，做大写的人。当西安市第三十中学的学生在红灯亮起来时在禁行线上整齐停下来的时候，在公交车上给老弱病残孕乘客让座的时候，当每一位来学校的客人都能听到西安市第三十中学学生亲切的问候的时候，我们才可以自豪地说，我们的特长就是做人的特长。

要实现"重点加特色"的办学模式，首先要完成"规范加特色"的办学目标。在依法治国的大背景下，规范办学是教育事业顺利发展的保证，也是广大人民群众的期盼，更是学校可持续发展的前提。树立教育的良好形象，首先应该规范办学行为。作为陕西省依法治校示范校，西安市第三十中学理应成为规范办学的榜样。社会对基础教育的需求，根本在于能够为不同发展潜质的孩子提供适合其发展的教育。适合的教育，才是好的教育。"为学生的终身发展奠基，发现学生潜质，挖掘学生潜能"是西安市第三十中学的追求，因此学校应坚持艺术教育传统，积极适应社会需求，推进学科结构调整，为学生特长发展创造机会、搭建平台、营造氛围、提供帮助，在特色中追求教育质量，在发展中实现办学目标，获得社会各界的赞誉。我们只有遵循教育规律，遵守教育法规，廉洁从教，依法治校，才能无愧为示范，从而走向新的成功。

四、教育理想：快乐学生、幸福老师、和谐校园

"让学生快乐成长，将来成为幸福人"这一理念是基于素质教育的深刻反思，是贯彻素质教育的核心思想和理念，也是贯彻新课程的核心思想和理念，是"以学生发展为本"，着眼于学生发展的全面性、充分性和可持续性，着眼于为学生的终身学习和终身发展奠定基础的重新定位，为每个学生潜能的开发、健康个性的发展、适应未来社会发展变化所必需的终身学习能力的初步形成奠基，逐步代替枯燥单一的文化知识学习。

教育追求什么？一种"流行"的说法是："为了孩子的一切，一切为了孩子。""让学生快乐成长，将来成为幸福的人"实质就是要让学生的学习过程是快乐的，结果是幸福的。因为受教育应当是一种享受，不仅要使孩子们的明天幸福，也要使他们在今天就享受幸福和快乐，今天幸福明天才会更幸福，这才是教育的本意和真意，才是教育的一种追求。今天的幸福是什么呢？快乐是一种幸福，但是快乐来自辛勤的劳动，快乐必须用刻苦去换取、去支撑；轻松也是一种幸福，但不是不思进取，而是把课程内容内化后的充实；自由也是一种幸福，但是游戏是有规则的，学习是有规范的。所以这个理念是要让学生在

"快乐而刻苦、轻松而充实、自由而严格"的环境中成长，在这样的教育过程中成长。在学习中感受快乐，只有快乐的孩子，才愿意与他人交流，才更有自信心，也更有创造力，今后在社会中才能更好地与人沟通合作，创造财富。

西安市第三十中学的学生应该是健康的、阳光的、快乐的，这就要求我们"以学生发展为本"。学校开设了众多的选修课程，开展了丰富的教学活动，着眼于学生全面、可持续发展，着眼于学生的终身学习和终身发展，着眼于学生隐性潜能的开发、健康个性的发展。我们把减负落实到教育全过程，开足开好规定课程，给学生留下了解社会、深入思考、动手实践、健身娱乐的时间，培养学生的兴趣和爱好，促进学生生动活泼学习、健康快乐成长，让学生在"快乐而刻苦、轻松而充实、自由而严格"的环境中成长，在学习中感受快乐。我们的学生在课堂上踊跃发言，在课间开心欢笑，进校门面带微笑，出校门欢快地和老师告别。这样的学生才会拥有更成功的人生。

幸福是一种体验，是一种高级的、愉悦的情感体验。教师的幸福是对教育中生存状态的一种精神享受。有自己的教育理想和信念，是一种幸福；有自己清晰而成熟的教育教学理念，是一种幸福；有自己的有魅力的教育教学艺术，是一种幸福。教师的幸福写在学生认真的作业本上，教师的幸福呈现在学生满意的答卷上，教师的幸福表现在家长充满谢意的脸上。学生的毕业证和入学通知书是教师的幸福，教师节学生送来的温馨贺卡和手工鲜花是教师的幸福，满天下的"桃李"打来祝福问候的电话是教师的幸福……

教师的幸福源于培育优秀的学生，通过学生的点滴进步、精彩发言、幽默动作、创造性的作品、荣誉称号等来感受和审视自己的成长和发展，并为此感动，感受成长的幸福，为成长努力，享受追求的幸福。

在西安市第三十中学的管理过程中，我们对教师合理安排，满足其正当需要，推行聘任制，实行责任制，建立激励机制。处处为教师着想，为教师的发展创造条件，让教师获得幸福感。幸福的教师才能教育出快乐的学生，快乐的学生才是教育的成功。

学校是学生和老师快乐学习、工作的地方，校园文化建设应该着力营造和谐校园，体现人文关怀。坚持"以人为本"，促进人的全面发展，是构建和谐校园的本质要求。从理念上看，和谐校园是一个符合人性规律与教育规律的生态系统，这一系统应当具有科学、民主、人文、开放四大特征。

科学是和谐校园之基石。所谓"科学"，指遵循学生身心发展的规律实施教育教学，使校园生活有张有弛、丰富多彩、生动活泼。民主是和谐校园之根本。所谓"民主"，指校园内所有人的关系都应当是平等的、互相尊重的，尤其是师生关系。人文是和谐校园之灵魂。教育的真谛是人文关怀、心灵沟通、生命互动、精神感召。所谓"人文"指的是学校文化的核心价值取向。开放是和谐校园之源泉。现代教育关注社会生活的变革，反映现代科技的发展，打破单一的课程观、禁锢的教材观、机械的学习观，实现课内与课外、校内与校外以及学校与家庭、社区的有机结合与多维互动。在这一过程中，师生的创造愿望得到尊重，创造活力得到激发，创造活动得到支持，创造才能得到发展，创造成果得到肯定。

和谐校园建设的宗旨，是为青少年的生命成长提供最适宜的土壤。所谓生命成长，最根本的是个体精神世界的丰富、思想的成熟以及人性与人格的发展。因而，和谐校园建设的核心是调整校园内外的各种关系和活动，使之成为师生身心健康协调发展的教育生态系统。和谐教育中的学生体验着校园生活的发展愉悦，和谐教育中的教师感受着职业的幸福感与成就感，学校真正成为师生的精神家园。

"和谐校园"建设的终极关怀是什么？应当是学生的幸福体验，让孩子通过自身的努力体验成长的快乐。成绩好不一定和谐，但幸福毫无疑问是一种和谐，我们决不能以发展压倒幸福，因成绩牺牲快乐。和谐校园应当十分关注学生的校园生活幸福体验：有没有遇到令人敬佩的教师，有没有结成促膝谈心的朋友，有没有参加乐此不疲的活动项目，有没有找到废寝忘食的书……"和谐校园"建设力求让每一个学生在学习生活中获得巅峰体验，在交往生活中获得归属体验，在休闲生活中获得审美体验。和谐教育最终要实现学生的和谐发展，即可持续发展，"和谐校园"的建成最终要让学生体验生命的精彩。

学校不是学生争分、教师争利的地方，而是学生快乐学习、教师幸福工作的乐园。我们着力营造和谐校园，体现人文关怀，形成了"干群互敬，师生互动，教师互助，学生互学"的良好人际关系，增强了学校的凝聚力和向心力，使师生感到学校的可爱，从而由衷地产生一种"爱我学校、美我学校、我为学校增光彩"的情感，为学校办学质量再上新台阶提供持久的动力。

任何类型的学校都可能是一流的，关键是能否从实际出发，找准自己的位置。其实，西安市第三十中学原有的办学特色和办学条件已经使它具备了一流学校的基础，只要尊重教育的客观规律就一定能够从必然中获得自由，实现"优秀加特长""重点加特色"的办学目标，办成一流的特色学校。精神站起来了，改变也随之开始了：得益于全校师生的共同努力，学校的设施设备建设水平有了更大进步；学校各项管理工作更加精细和高效；老师有了归属感，学校教学质量稳步提高，中考录取分数线逐年提升；学生有了自豪感，多元培养让每个学生都获得了满意的发展。2013 年，我离开西安市第三十中学时，学校已成为西安市教育局直属学校一个靓丽的"窗口"，先后获得了"陕西省艺术教育示范学校""省级标准化高中""陕西省文明校园"等多项荣誉。

离开后，我时常在想：这所处于闹市中的"静书斋"，成为"快乐学生、幸福老师、和谐校园"这一教育理想的最好诠释。师生共享纯净、幸福、完整的校园生活，这里必会成为一处让学生毕业多年以后都刻骨铭心、时时怀想的精神家园。如今，走进西安市第三十中学，你能感受到中华民族 5000 年的文明，西安 3000 年古都发展，现代化中国的辉煌成就……

第三节　继承传统，让精神站立起来

2013 年，我受西安市教育局党委任命，到西安市育才中学担任校长一职。西安市育才中学是一所有着革命基因、红色文化的学校，具有深厚的红色文化教育底蕴，被誉为"红色摇篮，三秦名校"。七十多年漫漫征途，育才精神滋养着一代代育才人，七十多载寒来暑往，育才遍洒桃李芬芳。这里走出了原国务院副总理马凯、第十届全国人大常委会副委员长李铁映、国家体育总局首任局长伍绍祖、原武警部队副司令员霍毅中将等。

红色精神是育才人代代守护的信仰，它是育才中学的"根"，更是育才中学的"魂"。到育才中学后，我开始思考：育才中学有着独特的红色根基，应该让这一珍贵的"魂"成为办学思想的核心，应该让这所位处西安、具有独一无二的红色文化基因的学校，在新时代发挥它应有的作用和价值，要让红色精神在这所校园中"站立"起来，让自力更生、艰苦奋斗的精神和追求卓越、争创一流的勇气为学校"凝神、提气"。

一、红色文化的重要意义和时代价值

文化是民族生存和发展的重要力量，是一个国家和民族的灵魂，更是凝聚民族精神的纽带。红色文化根植于5000多年来的中华优秀传统文化，孕育于近代以来180多年的苦难与辉煌，锤炼于中国共产党成立百年的历史，熔铸于中华人民共和国成立70多年的历史，发展于改革开放40多年的历史，一直迈向新时代并不断走向未来，是社会主义核心价值体系的文化基础和重要组成部分。

红色文化特指中国共产党领导中国工农红军和革命群众在革命战争年代形成的革命文化及革命精神。本质上，红色文化就是革命文化。红色文化是革命思想在文化领域的集中体现，是长期革命斗争的产物，是中华民族宝贵的精神财富之一。中原大地处处镌刻着红色记忆。

韩玲的《红色文化的价值意蕴》中指出："红色文化中洋溢着凛然正气和昂扬激情，蕴含着中国人民的政治理想、爱国情怀、思想观念和道德诉求，体现着勇于奉献、敢于牺牲、百折不挠等崇高品质，不仅凝聚着珍贵的历史记忆，并且已经积淀为民族宝贵的精神财富。红色文化在当代的兴起恰恰表达了当下人们的一种文化认同：不管时代如何变化，人们心底对真善美的向往是一致的，对积极向上的精神追求是一致的。建设红色文化，能够满足人们的精神文化需求，化解一些人的精神困境。"可见，红色文化的价值首先是一种民族认同与国家认同。

丁凤云的《红色文化：推进核心价值观教育的有效载体》中也提到："红色文化是中国特色社会主义先进文化的重要体现。红色文化从区域文化到全国文化、从边缘文化到主流文化的发展历程，与 20 世纪以来中国革命、建设的历程相吻合。红色文化的精神内核是红色精神。红色精神包含了社会主义、共产主义价值目标的各类精神形态，体现了民族精神的一般性质，同时也反映了时代精神的精华，是当代中国的民族精神和时代精神。"这一论述，肯定了红色文化作为践行社会主义核心价值观重要思想来源的现实意义。

近年来，随着中国"红色文化热"的兴起，德育视角下的中国红色文化研究取得了一系列的研究成果。赣南师范大学教授程东旺曾在《红色文化与心灵洗礼——论"红色文化"的育人功能与实现机制》中提到，为了有效实现"红色文化"的强大育人功能，要科学整合红色文化资源，建立红色文化的传播机制，构建"三位一体"的育人范式。蔡红梅、龙迎伟认为"红色文化"对未成年人的思想道德教育起着非常重要的作用，其《论"红色文化"与未成年人思想道德教育》就提出"我们应该利用、挖掘和发展这种'红色文化'，促进未成年人思想道德素质的提升"。

延安是我国著名红色城市，张诚在《用延安精神培育四有新人》中提到："党用延安精神培养了数以万计的革命干部和建设人才，现如今……仍然要求我们用延安精神把青年一代培养成有理想、有道德、有文化、有纪律的社会主义事业的建设者和接班人。"程东旺、黄伟良在《"红色文化"的价值形态与德育功能探析》中认为："大力弘扬'红色文化'，不仅是对民族文化的再审视，更重要的是挖掘'红色文化'的内在价值，发扬'红色文化'的德育功能，为培育人才及建构和谐社会提供精神支持。"

二、以红色精神统领学校发展

西安市育才中学是中国共产党最早创办的学校之一，有光荣而深厚的革命历史传统。1937 年大批干部上前线作战，子女留在后方无人照管，为了照顾这些孩子的学习和生活，党中央决定创办一所收留干部子弟和烈士遗孤的学校。1937 年 3 月 1 日，徐特立同志提议在鲁迅师范学校附设干部子弟小学班，得到中华苏维埃政府批准，学生生活享受供给制。1938 年 1 月 15 日，陕甘宁边区政府在延安创办了延安干部子弟学校，鲁迅师范学校附设干部子弟小学班的学生全部转入该校。1938年4月，边区教育厅决定将延安干部子弟学校与延安完小合并，更名为"延安鲁迅小学"，属边区教育厅直属学校。

1938年8、9月，由于日本飞机经常侵扰延安，延安鲁迅小学并入边区中学，成为边区中学小学部。1939年2月，小学部搬到安塞白家坪单独建校并改名为"陕甘宁边区战时儿童保育院小学部"，简称"延安保小"。1946年冬，胡宗南准备进攻延安，"延安保小"奉命与"抗小"合并为"延安一保小"。1948年，陕甘宁边区又在杨家岭建立了第二保育小学。

1949年5月西安解放，年底学校奉命搬迁西安。一、二保小合并，一部分留在延安（即现在的延安育才学校），一部分迁入西安，迁至城南兴国寺（原兴国中学旧址）。1952年学校正式搬至育才中学现址，兴善寺东街11号，由西北局正式命名为"西北保育小学"，直属西北局军政委员会教育部。1954年8月25日，西北局机关撤销后，学校于1955年11月17日交西安市教育局，改名为"西安市第一保小"。1972年1月1日起，学校改名为"西安市三十七中学"，行政领导属西安市教育局。

西安市育才中学旧照

1983年12月1日，学校正式改称西安市育才中学。至此，当年的"一保小"南迁西安成为现在的西安育才中学，"二保小"留在延安成为延安育才小学。东渡华北师生并入华北育才小学，迁入北京后成为北京育才学校。就这样，当年"保小"，今日"育才"，在延安、西安、北京三地同时存在，呼应发展。

经过抗日战争、解放战争、中华人民共和国成立和改革开放，育才中学从延安保小发展到西安市育才中学。学校的发展史就是学校精神的成长史。育才中学的发展历程和办学思想的形成，是党的教育思想的探索和实践，也是新中国教育的雏形。在育才中学的长期发展过程中，老一辈教育家的教育思想不但为陕甘宁边区的教育打下了坚实的基础，也为新中国成立后党的教育方针的制定和执行提供了理论和实践的依据。他们在当时就提出：我们有没有认识清楚为谁而教？要教出什么样的人？我们在教谁？怎样去教他们？这些问题其实一直贯穿于党的教育事业发展的全过程，围绕的就是"培养什么人""怎样培养人"的育人核心命题。

延安时期的教育思想为我们有效解决这些问题提供了丰富的理论和实践材料。延安保小的宝贵教育经验有：理想、信念、爱国主义教育深入人心；教育为人民服务，为革命战争服务，为无产阶级政治服务；狠抓人格品行的教育；育人教书并举，德才兼备；强调教育和生产劳动相结合；贯彻民主治校的理念；等等。

《庄子·人间世》语："美成在久，恶成不及改，可不慎与！"宝贵的精神财富，需要一代代人的坚守和传承，才能闪光，育人化人。保小的学生高晓明在纪念梁金生校长座谈会上的发言稿《革命家的教育思想代代相传　哺育我们茁壮成长》让我印象深刻。

老一辈革命教育家的教育思想不但为陕甘宁边区的教育打下了坚实的基础，也为中华人民共和国成立后党的教育方针的制定和执行提供了实践和理论的依据。中华人民共和国成立后我党确立了"教育为无产阶级政治服务，教育与生产劳动相结合，培养有社会主义觉悟，有文化，德、智、体全面发展的社会主义劳动者"的教育方针。该教育方针的确定不是无根无据的，它是陕甘宁边区教育思想的发展、完善和理论化。六十年来，在这个方针的指导下，陕甘宁边区培养出一代又一代的革命事业接班人，我就是其中的受益者。我8岁进保小，12岁毕业，1953年以优异的成绩考入了陕西省第一中学。在中学的六年中，年年都被评为"三好生"，初中毕业直接保送了高中，1959年又考入了北京的重点大学，毕业后做了一名人民教师。无产阶级教育思想奠定了我的人生观、价值观，要求我树立做一个普通劳动者、全心全意回报祖国和人民的观念，要求我德、智、体全面发展，具备爱祖国、爱事业、爱同学、善待同志的品格和坚韧不拔、认真好学的品德。

我深深感到：老一辈教育家的教育思想是代代相传的，源远流长的，它以一条长长的红丝带紧系着革命接班人的纯洁心灵，给他们沃土、阳光、雨露，浇灌他们茁壮成长，经过十几年的辛勤耕耘，把他们培养成对祖国、对人民、对未来真正有贡献的栋梁之材。这也是老一辈教育家的伟大之处，贡献之处。陕甘宁边区革命教育思想永垂不朽！

这是内心的独白！这是学校精神的熏染。因此，我认为，育才师生要好好继承和发扬保小精神。传承和发扬这些思想文化是学校育人的责任。然而，在新时代的背景下，孩子们距离革命烈士所处的时代越来越远，对红色文化的感情多停留在书本上。所以，坚守的同时需要创新，需要让传统的红色文化落进新时代的土壤，然后生根发芽，也就是进行新时代的创新。

循着延安精神和延安保育小学精神，近年来，我们深入挖掘并传承学校的光辉历史，弘扬红色文化，穿透教育本质，致力于学校精神文化的建设与提升。与此同时，我和领导班子在全校教师中开展"我是育才人，我为育才思"建议征集活动，调研内容涵盖"育才中学的最大优势是什么""育才中学如何才能更好地发展""育才精神是什么"。广大教师坦诚直言，献计献策，逐步达成了共识。西安市育才中学凝成了"责任、使命、担当"的新校训，将毛泽东同志的题词"为教育中华民族的新后代的努力"作为学校的育人目标，以"育才育人，成人成材"为办学理念，以"红色文化延安精神滋养师生成长，素质教育艺体特长促进学校发展"为办学策略和途径，以"艰苦奋斗，自强不息，爱岗敬业，团结协作"为育才精神，树立了"高质量，有特色，争一流，创名校"的办学目标，确立了"快乐学生，幸福教师，和谐校园"的发展愿景。

这些办学思想已成为育才人坚守的教育信念和价值取向，成为育才中学发展的精神财富和实践智慧，并在引领与辐射中彰显力量。通过几年的努力，育才中学已形成渠道多样、体系完整的红色文化传承模式，红色精神已成为这所学校的"魂"，育才中学已成为师生们眷恋的精神家园。

（一）校训：责任、使命、担当

校训是一校之魂，是学校历史和文化的积淀，是学校精神和灵魂的象征，是学校办学宗旨的集中体现，也是师生员工在工作、学习、生活中不断完善自我的座右铭，是成功人生的奠基石。作为一把标尺，一种行为准则，一种精神追求，校训对于激励师生员工弘扬传统，开拓创新，奋发向上，增强荣誉感、责任感和使命感，具有特别重要的意义。校训是学校工作的内容之一，也是学校德育的一种载体，校训是校园文化建设的重要组成部分。上任后，我结合学校发展实际，将原有的校训"勤奋、守纪、求实、创新"进行了升级，形成了西安市育才中学的新校训——"责任、使命、担当"。对我来说，这六个字早已镌入生命。

责任，育才中学的老师和团队有责任为同学们创造良好的环境。我们改造校园校舍，建设艺术体育楼是责任；建立现代化的实验室，建立地理教室、历史教室是责任；对教师进行培训，培养全国优秀教师、特级教师和省级教学能手是责任；进行课堂教学改革也是责任。学校应该对同学们负责并承担相应的责任。

使命，就是伟大的任务，重要的任务，庄严的任务。育才中学的使命是什么呢？我们的使命就是延安石上毛主席的题词，也是我们的育人目标：为教育中华民族的新后代而努力。育才中学的学生要做中华民族的新后代。70多年前，一批学子在学校的前身延安保育小学努力学习，不负使命。他们后来成为新中国的缔造者，在国家政治经济各方面做出了很大的贡献，取得了很大的成就。30多年前，在西安市三十七中学，同样有一大批学生成为改革开放的中坚力量，为祖国的腾飞做出了贡献。新时代下，育才中学的学生们必须要牢记自己的使命——为实现中华民族伟大复兴的中国梦而努力奋斗。

担当，就是要负起责任。作为学生，首先要有好的身体，没有健康的身体，如何担负起努力学习、建设祖国的责任和使命？努力学习、珍视自己、尊重他人等等，都是有担当的体现。作为教师，要有承担责任的勇气。教师是"人类灵魂的工程师"，肩上责任重大——一头挑着同学们的命运，一头挑着祖国的未来。走出校门，就要肩负学校荣辱；走进学校，就要深知责任重大。

（二）办学理念：育才育人，成人成材

办学理念是指随时代进步而变化的、影响和决定学校整体发展的、反映教育本质要求的、来源于办学实践又作用于办学实践的理性认识和价值追求，是学校自主建构起来的学校教育哲学。从一定意义上可以说，办学理念蕴含着学校的办学方向、育人目标、策略途径、社会责任以及校长对理想学校模式的系统构想，是学校各项工作的精神支柱。办学理念一旦被学校教师认同，就能形成全体教师理想和行为的共同愿景，就能唤起学校发展的巨大潜能。

《中共中央关于制定国民经济和社会发展第十三个五年规划的建议》明确指出要落实立德树人根本任务。我们为每个学生提供适合的教育，培养造就数以亿计的高素质劳动者、数以千万计的专门人才和一大批拔尖创新人才，培养一代又一代德智体美劳全面发展的社会主义建设者和接班人。我上任之时，西安市育才中学正处于发展的瓶颈期，急需通过办学理念的指引和实践提高办学水平。基于此，我们坚持以继承传统优秀文化为中心不动摇，通过传承徐特立先生的教育思想，发扬延安保小的教育方针，继承陕甘宁边区的教育宗旨，全面贯彻党的教育方针，在教育实践过程中不断探索。2014 年，我们确立了育才中学"育才育人，成人成材"的新办学理念。

徐特立校长说："教书不仅是传授知识，更重要的是教人，教育后一代成长为具有共产主义思想品质的人。"我们确立的办学理念是"育才育人，成人成材"，就是育才中学要把"育人"放在首位，立德树人。要"成材"先"成人"，学生要成为什么样的人？成为"中华民族的新后代"。这就是我们的育人目标。"十三五"规划里强调，要培养具有"社会责任感，创新精神，实践能力"的人。我们所说的"中华民族的新后代"，就是要按照徐特立校长在延安强调的，使学生成为爱祖国、爱和平、爱民主、爱科学、爱劳动、爱集体的人。怎样培养"中华民族的新后代"？我们要通过以"红色文化延安精神"为主题的德育实践、"育才育人"的课程体系建设、"成人成材"的课堂教学改革、为每位学生搭建成功平台的活动课程化探索、实现育人目标的师资队伍建设和优化内外部环境来实现。

从这一层面看，"育才育人，成人成材"的办学理念很好地继承了育才中学长期发展留下的宝贵精神财富，坚持了党和国家的育人方向，较好地回答了"培养什么人"和"怎样培养人"的根本性问题，符合教育发展规律和育才中学实际。

（三）**育才精神：艰苦奋斗，自强不息，爱岗敬业，团结协作**

从建校至今，育才中学一直坚持以红色文化为基点，用红色文化和延安精神滋养师生成长。育才中学红色文化的核心是延安精神、保小精神和育才精神。延安精神是中国共产党和中华民族的宝贵精神财富，它对中国历史发展进程产生了巨大和深远的影响。延安精神的主要内容是：实事求是、理论联系实际的精神，全心全意为人民服务的精神，自力更生艰苦奋斗的精神。延安精神是延安红色文化的精华和灵魂。

以延安精神为源头，学校在建立发展的过程中形成了"延安保小精神"：以真为美、以善为美、以淳朴为美的独立的人格，对党对人民忠心耿耿，为革命为真理可以赴汤蹈火，为人豪爽耿直，襟怀坦荡，不图名不图利，不计较个人得失，与人为善，助人为乐，对坏人坏事疾恶如仇。

在继承、发扬延安精神和延安保小精神的基础上，育才中学形成了"艰苦奋斗，自强不息，爱岗敬业，团结协作"的育才精神。

（四）**办学策略和途径：红色文化延安精神滋养师生成长，素质教育艺体特长促进学校发展**

"红色文化、延安精神"是育才中学的旗帜，"素质教育、艺体特长"是育才中学的追求。

育才中学拥有丰富的红色文化史料和多种教育资源，具有深厚的红色教育底蕴，红色文化传统特色鲜明。因此我认为，在办学策略和途径中，应该借助丰富的红色文化资源，坚持以"红色"为主线，深化延安精神、延安保小精神传承，不断丰富和充实育才精神，通过继承和发展学校历史变迁中遗留下来的宝贵精神财富，从红色文化中汲取营养，从延安精神中寻找支撑，并以这样的精神意识形态来影响师生的世界观、人生观、价值观，增强自身的历史使命感和对国家及民族的责任感。2013 年，我提出了"红色文化延安精神滋养师生成长，素质教育艺体特长促进学校发展"的办学策略和途径。

《中国教育改革和发展纲要》指出，中小学要由"应试教育"转向全面提高国民素质的轨道，面向全体学生，全面提高学生的思想道德、文化科学、劳动技能和身体心理素质，促进学生生动活泼地发展，办出各自的特色。这就指明了基础教育的办学方向和培养目标，要创办特色学校，面向全体学生，全面提高学生素质。培养高素质学生是现代教育的重要目标，要实现这一目标就必须坚持科学发展观，走常规教育教学与艺体特色教育相结合的办学道路，注重对学生人文精神的塑造和对学生个性的培养，注重因材施教，在全面了解学生个性的基础上充分开发他们的潜能。这可以指导我们通过多种教育途径，使每个学生在德、智、体、美、劳诸方面达到合格标准，并形成各自的优势和特长，各得其所，各展才华。

"素质教育"是对全体学生全面发展的整体教育，是对全体学生最基本的标准要求，也是发展学生特长的基础。学生必须在德智体美劳等诸多方面打下良好的基础，达到"合格"标准，并且力争优秀。"艺体特长"是对全体学生差别发展的个性教育，也是全体学生在"合格"基础上的个性发展，注意培养每个学生的兴趣爱好，鼓励他们在某一方面冒尖，形成优势、学有所长。因此，以素质教育推动特色发展，以特色发展带动课程建设是我们的重要办学策略和途径，将进一步激发学生智慧的火花，促进学生综合素质的提高。

在育才中学，把具有艺术潜质的学生送入高等学府是我们的尊严，让每个学生的潜能得到发挥是我们的底线。我们的艺术教育不仅要把艺术特长生送入高等院校，还要让每位学生拥有一项艺术特长，更要使全体师生具有欣赏美、创造美的素养。因此，我们的校园不仅仅是校园，更是净化心灵、陶冶情操、充满诗情画意的空间，我们既培养了兴趣，陶冶了情操，又开阔了视野，锻炼了能力，培养了团队精神，增强了集体荣誉感。所有这些，为我们的学生成长，为培养新时代合格中学生奠定了坚实的基础。

我们在这里学习数理化、政史地，我们在这里唱歌、跳舞、跑步、绘画。我们的同学笑容灿烂，健康向上，我们的学生在各级运动会上捷报频传，我们的管乐团享誉三秦，我们的莘莘学子走向祖国四方。

（五）办学目标：高质量，有特色，争一流，创名校

育才中学是西安市教育局直属的完全中学，为了在日趋激烈的办学竞争中促使学校健康和谐地发展，提升学校发展的内在品质，占据学校发展的制高点，

我们确定了"高质量，有特色，争一流，创名校"的办学目标。

高质量，就是要达到高水平的教育质量、教学质量、教师质量、管理质量和文化氛围，取得校、师、生高水平的发展。

有特色，就是要结合学校的区位特点、历史传统、优势项目、社会需求等打造学校特色教育，创建学校品牌。从实际入手，深挖教育资源，更新教育理念，进一步彰显特色，使特色更特、优势更优，将特色变为学校的无形资产，使其成为核心竞争力，创新和丰富学校教育元素，使之在传承创新中形成立体特色文化，创造出适合学生发展的优质教育。

争一流，创名校，即无论从悠久发展历史、光荣革命传统、深厚教育底蕴方面看，还是从禀赋资源特点、优势特色教育、全面发展学生层面来看，育才中学都具有建设一流教育、成为三秦名校的基础和条件，因此更应该创建省级示范高中，跻身高水平中学行列。

（六）发展愿景：快乐学生，幸福教师，和谐校园

从西安市第三十中学来到西安市育才中学，我的教育理想并没有变，依然坚持"快乐学生，幸福教师，和谐校园"的教育愿景。

快乐学生，实质就是要让学生的学习过程是快乐的，结果是幸福的。受教育应当是一种享受，不仅要使孩子们的明天幸福，也要使他们在今天就享受幸福和快乐，今天快乐，明天才会幸福，这才是教育的本意，才是教育的追求。

教师的幸福是对教育中生存状态的一种精神享受。教师的幸福源于培育自己欣赏的学生，教师通过学生的点滴进步、精彩发言、幽默动作、创造性的作品以及学生得到的荣誉等来感受和审视自己的成长和发展，感受成长的幸福，享受追求的幸福。

构建和谐校园，体现人文关怀是我们的共识。学校应是师生共同成长的家园，应为师生的生命成长提供最适宜的土壤，要形成干群互敬、生生互学、师生互动、师师互助的环境和氛围，使教师幸福工作、幸福生活，使学生健康成长、快乐成长，使学校真正成为师生的精神家园。

经过"凝神、提气"，育才中学各方面都发生了可喜的变化，取得一个又一个成绩：教育教学质量显著提高，社会声誉与日俱增，"红色摇篮、三秦名校"

的名声更加响亮。2015 年，西安市育才中学被西安市教育局评为"德育工作先进集体"。更可喜的是，校园精神文明建设得到了省委省政府的高度肯定，学校被授予"陕西省文明校园"的光荣称号，这一切也都得益于师生对"责任、使命、担当"六字校训的坚守。全校师生在荣誉的鼓舞下"智者尽其谋，勇者竭其力，仁者播其惠，信者效其忠""天地人合一，你我他同心"。2016 年 4 月，学校顺利通过了陕西省普通高中示范学校市级评估验收。

与此同时，育才中学也吸引了很多兄弟学校前来学习、参观。我校部分领导、教师作为省市专家先后赴南京、榆林、汉中等地讲课、讲学、做报告。我们先后接待了全国"国培计划"教师和临潼区教师领导的影子培训、全省国培计划校长培训班和广东省第 37 期校长培训班的教师、内蒙古自治区教师和来交流听课的市内兄弟学校的教师。不仅如此，我们还接待了美国、韩国的教育同行交流访问，其中韩国光州市教育厅厅长在参观我校之后欣然题词"天下第一育才中学"。

育才中学的办学历史启示我们，教育就是促进人成长，是促进人发展的社会活动，是培养社会需要的合格的大写的人。每个人的生命是如此独特，每个人的生命发展是如此不同，真正的教育应该发现每个人的闪光点，让教育者和被教育者多感受激励，多一分希望，在体验成功中走向更大的成功。我相信：每所学校只要遵循教育规律，因地制宜，因材施教，就一定会为国家、为社会培养出更多的栋梁之材。

第四节　下校诊断，提振学校精气神

校长是学校的领头雁，校长的教育思想和理念决定着学校的发展方向，校长的教育智慧关系着学校的教育品质，校长的教育理想决定着学校能走多远。一所学校的成长离不开校长办学理念的优化。

2014 年 6 月，教育部开始实施"校长国培计划"卓越校长领航工程。根据培养计划，按照"整体规划、个性指导、训用结合、连续培养、协同创新"的思路，名校长领航班为参训校长建立集中培养基地、配备理论和实践导师、搭建思想和实践示范推广平台，通过基地引领研修、导师个性化指导、参训校长示范提升等方式，对参训校长进行有针对性的培养。与此同时，教育部在全国范围内成立"名校长工作室"，旨在培养高素质校长队伍，充分发挥"国培计划"在促进校长发展中的示范引领作用，引领区域乃至全国教育发展，提高教育思想引领能力。

2015年12月22日，"辛军锋校长工作室"在西安市育才中学授牌。作为教育部卓越校长领航工程首期领航班64名学员之一的我，同时作为工作室的主持人，开始了教育"引领"之路。我深感责任重大，为了让引领辐射发挥最大作用，我坚持"走出去，招进来"的工作策略。在陕西省中小学校长幼儿园园长培训中心的"牵线"下，在自愿的前提下，吸收了陕西省西安市蓝田县汤峪镇高堡初级中学、西安市蓝田县文姬中学、安康市紫阳中学、延安市黄陵县田庄中学、安康市宁陕中学、商洛市柞水县营盘中学6所学校作为成员校，共同组建工作室。

辛军锋校长工作室授牌仪式

我在工作室授牌仪式上发言

随后，《教育部关于进一步加强中小学校长培训工作的意见》（教师〔2013〕11 号）和《中小学名校长领航班培养管理办法》（校国培办〔2014〕号）相继出台，根据自主申报和组织择优的原则，工作室重新遴选出 8 位有培养潜质和一定影响力的中学正职校长，共同作为"辛军锋名校长工作室"的主体成员，同时聘请了陕西师范大学教育评价研究所常务副所长、硕士生导师刘天才和陕西省中小学校长幼儿园园长培训中心主任、硕士生导师梁朝阳为理论导师和实践导师，进一步完善了工作室架构。

一、引领工作室成员开展活动

工作室正式成立后，我与全体成员共同商讨，首先明确目标任务：

第一，领航中青年校长成长。根据陕西省"十三五"教育发展规划并结合工作室成员所在地市实际，分别制定《辛军锋名校长工作室工作计划》和《各成员校长培养方案》，帮助各成员校长共同研究学校发展，传授教育教学管理经验，指导各成员校长成长，通过实体工作室和网络工作室，积极开展网上研究、答疑活动。

第二，发挥示范引领作用。工作室每月开展一次教育教学研究活动，工作室主持人每年开设两次以上培训讲座或教育思想论坛，工作室成员每学期至少开设一次培训讲座或教育思想论坛，撰写两篇教育教学反思或案例并在区域内交流或公开发表；积极承担各级教育行政部门培训授课、送教下乡、"传帮带"等任务；每人至少与两名乡村中学校长结对帮扶；加强与其他名校长工作室之间的交流与协作。

第三，开展课题研究。围绕我省教育改革与发展重点任务，结合各自实际，积极开展课题研究，重点在深化课程改革、落实立德树人、学校管理与教师发展方面开展理论和实践研究，并形成一定数量和质量的有指导意义的科研成果。

第四，为教育发展建言献策。通过导师指导、名校长引领、成员合作交流等途径，不断强化个人专业功底，拓展专业视野，提高自己的思想境界、理论修养与管理水平，并结合研究成果和各地实际，积极向有关部门建言献策，为我省教育事业发展提供合理建议。

附：辛军锋名校长工作室基本情况

理论导师：刘天才（陕西师范大学教育评价研究所常务副所长、硕士生导师）

实践导师：梁朝阳（陕西省中小学校长幼儿园园长培训中心主任、硕士生导师）

主持人：辛军锋（西安高级中学）

成　员：兰爱平（陕西延安中学）

　　　　刘海涛（渭南市富平县富平中学）

　　　　党敏增（韩城市司马迁中学）

　　　　韦　旭（咸阳市乾县黉学门中学）

　　　　邓向龙（宝鸡市第一中学）

　　　　李毅君（西安市第五十七中学）

　　　　董文利（西安市长安区第六中学）

　　　　高雅锦（西安市东元路学校）

除引领工作室成员开展活动之外，由于各地区教育资源的差异依然存在，帮扶薄弱地区的学校自然也是校长工作室的重点工作之一。特别是在辐射带动方面，工作室充分发挥了大学区学区长校的作用，将办学理念和办学经验传授给学区内特立中学、同仁中学、博爱国际学校、师大锦园学校、西安市第十一中学等成员学校。

　　教育帮扶，当扶"精气神"。塑造、提升学校的"精气神"，是校长工作室"领航"的一个重要方向。工作室的成员学校有大城市的，也有城乡接合部的，更有边远农村的，每个学校都有特色，也都有局限性。辛军锋校长工作室团队进行过摸底走访和调查研究，提出了工作室的设想，计划从教学示范、教研培训、学校管理、学生发展、校园文化建设等方面共同打造，结合每一所学校的特点，帮助成员校寻找学校的"精气神"，去改善学校面貌。我认为，学校的核心竞争力，归根结底就是三个字：魂、人、根。有了"精气神"，一所薄弱校才能真正"脱贫"，实现可持续发展，永葆生机和活力。这个观点的形成与我自身的办学经历和实践探索密不可分。比如，我将地处市中心、依傍钟鼓楼的西安市第三十中学打造成了"最西安"的中学；使老一辈革命家创办的育才中学跳动着"红色文化""延安精神"的灵魂……这些成功的办学实践，为成员校校长提供了很好的研究范本，启迪他们在办学过程中创新变革、办出特色。

　　"精气神"的养成并非一蹴而就，它关乎学校工作的方方面面。我引领着成员校校长在这条道路上不断摸索，为办出更多有"精气神"、令人民满意的学校贡献力量：面对校情各异的成员校，深入调研，帮助寻找学校定位，提炼学校精神；多途径合作交流，不断强化成员校校长的专业功底，促其更新教育理念，提高他们塑造学校精神的能力；接收成员校的教师来校挂职锻炼，帮助他们在专业成长中自立、自信、自强……这些"造血式"的、增强学校内生动力的帮扶，都在为成员校"精气神"的逐步形成提供强有力的支撑。

　　这样的"下校诊断"活动对于工作室来说，不在少数。2015年以来，辛军锋校长工作室多次深入西安市临潼区临潼中学、咸阳市黉学门中学、西安市蓝田县洩湖中学等校开展送教下乡活动；与西安市中学、延安市黄陵县田庄中学等学校建立了对口支援关系，进行教学研讨交流，为学校代培青年教师；派出专题调研组，对工作室成员校安康市宁陕中学和商洛市柞水县营盘镇九年制学校进行实地调研，与校长们分享办学经验，不断传播新的教育思想、教育理念，提高他们的办学水平。

"下校诊断"活动

在我们的不断努力下，工作室在帮扶薄弱学校、提高其办学水平方面取得了一定的成果。2016 年课题一项：帮扶的西安博爱国际学校立项市级小课题 3 个，均已结题，区级课题结题 4 个；锦园中学申报并结题西安市"十二五"规划小课题 2 项，小课题共计结题 10 项，市级以上论文获奖 20 余人次，区级以上录像课获奖 4 节；西安市第十一中学参加国家级培训 1 人次，省级培训 60 余人次，市级培训 48 人次，区级培训 116 人次，校级培训 124 人次；浐灞欧亚中学校本课题顺利开展，全校共立项校本课题 17 项，参与人数超过 93%。

"经过辛军锋校长工作室各个成员校对口的传递和帮扶，学校的面貌发生了很大的变化，工作顺了，老师轻松了，学生活跃了，家长认可了，质量提高了!"五十七中校长李翊君曾说。

附：校内新闻一则

帮贫帮困，爱心接力

2015 年 8 月 31 日，周至县九峰乡永丰小学 8 名学生在美国利普家庭基金会外教陈启祥老师的带领下，来到西安市育才中学学习。

美国利普家庭基金会出资援建了周至县九峰乡永丰小学，每年还派外教在该校开展免费支教工作。此次 8 名学生到育才中学初一年级学习，是利普家庭基金会在援建小学的基础上，与具有良好条件的城市中学进行深度合作的成果。

学校团委接待了陈老师，并对 8 名学生的分班、食宿和今后的生活学习进行了细致入微的安排。这已经是育才中学连续 4 年接纳周至县永丰小学的学生，目前已累计接纳 30 名。这也是学校帮扶贫困地区教育事业，履行教育责任、使命、担当的一种体现。目前，2012 年接纳的第一批 5 名学生已经顺利毕业，并进入了高中学校继续求学。

（本文选自西安市育才中学新闻网站）

二、校长工作室的计划与安排

（1）各成员根据个人及学校实际，制订职业发展规划和学习计划，在主持人的指导下，完善发展目标、培养途径和方法。

（2）各成员确定个人研究项目，向主持人提交研究项目开题报告；参与主持人组织的项目开题活动；在主持人的指导下开展项目研究。

（3）工作室的课题研究方向：提高校长领导力实践研究，校长办学思想提炼及实践报告，促进教师专业发展的实践研究，德育课题研究，学校课程开发研究，特色学校和品牌学校研究，等等。

（4）开展校长办学思想研讨会，组织各成员进行个人成长经验分享，进行阶段性总结。

（5）开展"学校诊断与学校改进"理论培训，同时主持人对每位学员所在学校进行现场诊断与指导。

（6）继续承担各级教育行政部门的培训授课、送教下乡等工作，发挥示范辐射作用。

（7）阶段性总结，形成一定的研究成果。

以上的计划和安排，得到了全体成员的同意和认可。大家积极实践，朝着目标奋进。截至 2018 年，工作室已经基本完成任务，并通过验收。

这些年在不同学校当老师、当校长的日子里，风里雨里，春夏秋冬。每一所走过的学校都会涌现出一大批优秀教师、教学骨干，他们在各种比赛中获奖，年度考核优秀，取得了一项又一项的荣誉。各个学校在我管理期间的任何一个进步和改变都让我感到欣慰和幸福。但是我深知自己还有很大的进步空间，所以我要通过"领航工程"和"校长工作室"带来的学习机会，继续努力，认真制定个人研修方案，潜心研究教育理论，提高自己的校长专业水平，向教育家型校长迈进。有句话时时激励着我："一个人有了能量，不是为了满足私欲，而是为了承担更多的使命!"

工作室开展工作的这几年中,有很多感动的故事,也有很多人得到了成长。

感动小故事:近观眼前满是春,放眼远处春更浓

辛军锋工作室成员教师　鹿　华

没有惊天动地,没有气吞山河,没有令人羡慕的财富和权力,没有显赫一时的声名和荣誉,也没有悠闲自在的舒适和安逸,总是那么普普通通、平平常常,平常得近乎琐碎。这就是我们教师的生活写照。就在这平淡、琐碎中,就在我的身边,涌现出许多感人的好老师。

感动是什么?一个善意的微笑?一次爱心的援助?抑或是一场义无反顾的牺牲?感动的概念太广太广,我认为一个关切的眼神,一句鼓励的话语,一个不经意的行为都会使人感动。

作为辛军锋工作室的成员,在西安博爱国际学校交流任教期间,有一位老师最令我感动,最令我难以忘记。有一位老大哥,从宁夏退休返聘来到博爱学校,虽已过了退休年龄,但是风采依然不减当年。出于崇拜与由衷的钦佩之情,我们都亲切地称呼他"博爱大师"。今天,我就来说说我身边的这位好同事:高世文老师。他一直把对事业的热爱填满心胸,把对事业的责任填满脑海,在教育这片土地上耕耘、播种、收获。每天上班时,你都会看到他早已进入了工作状态,办公室已打扫好,热水已烧好;每天下班时,你会看到他仍然在认真地批改作业;每一堂课,你都能看到满满的一黑板板书,整整齐齐;每一本作业,你都能看到密密麻麻的教师评语;每一节课后,你都能看到结合实际的最真实、最有感悟的教学反思……

在高老师身上没有惊天动地的事件,但是他不经意的行为却令我十分感动。与高老师同一办公室同一年级的老师都会发现一件奇怪的事:每逢他要上课,都是上节课的下课铃声刚响他就走进教室,且节节如此。我们忍不住问他为什么要这么早到班,他说:"因为下课时教室里的学生并不多,方便学生问问题。有部分胆小的学生爱面子,有问题不敢当着全班同学的面问,课间老师在场问问题更随便些。这样既解决了学生的疑惑,也让我能有的放矢地随时调整自己的教学内容。"多么朴实的语言,多么细小的行为,这种不经意的行为,蕴含着

老师的纯美敬业之心，令我感动不已。

感动我的同事又岂止高老师一位，环顾四周，博爱校园内总是晃动着令人感动的身影：不辞辛苦的班主任，爱岗敬业的任课老师……他们都在用自己的行动感动着我，用自己的真诚打动着身边的每个人。

感动小故事：化作春泥更护花

博爱学校教师　姜美达

支教高级教师王丽娟，已经50多岁，是学校的中层干部，本来可以轻松地工作，一听说支教，马上放下手头的工作，毅然决然地来到我们这里。博爱学校远离市区，交通不便，还要和学生一样住校，一周才能回一次家。王老师不顾病痛，不顾牵挂，不顾劳累，只为博爱学生学有所成。

王老师一来就投入到了工作中，自己带领大家打扫教室、宿舍；每一天上班，我们都会看到她早已走进教学楼；深夜，我们经常会看到她的办公室亮着灯。特别是有一次教研活动，王老师一口气听了六节课，每节课都进行了精彩点评，大到课堂设计，小到板书书写，甚至学生发言后老师没有让学生及时坐下她都注意到了。集体教研活动结束后，她还和上课老师一一交流，甚至拿出自己的教学设计和老师交流。没有怨言，没有后悔，有的是耐心、爱心、希望。任何事情她都是亲力亲为，着实让我们每位博爱人感动。

我们的老师也是虚心学习，在得到同行的帮助后，连夜书写教学反思、教案设计，第二天中午利用休息时间，他们再次研讨交流。张倩倩老师、王娟丽老师在大学区组织的同课异构活动中荣获本学科一等奖，李燕老师在未央区组织的青年教师大赛中荣获二等奖。在王老师的帮助下，博爱学校在各项活动中取得了前所未有的成绩。王老师的到来，为博爱校园注入了新的活力和动力，她的奉献精神让我们博爱师生感动不已。

一名工作室成员的成长反思

乾县黉学门中学校长　韦　旭

成为教育部首届"卓越领航工程"陕西省名校长工作室的一名成员，确实是个人教育生涯中的一大幸事。面对教育改革与发展的新形势，在全面推进素质教育和大力推进课程改革的今天，我深感自己责任重大，同时也清醒地看到，自身各方面的能力和水平与当前学校发展的要求以及上级领导对自己的殷切期盼之间还有相当大的差距。为了能在五年的时间里更好地提升自己，使自己的教育管理水平、教学领导能力和科研创新能力都有长足的进步，使自己成为一名名副其实的学习型、研究型和创新型的名校长，把学校办成学生喜欢、家长放心、社会满意的学校，实现学校持续、快速、健康地发展，我进行了充分的自我反思并拟定了详细的发展规划：

一、自我现状分析

（一）自身优势

1. 具有较为丰富的基层管理经验和高尚的人格魅力

在二十几年的教育生涯中，我先后当过小学教师、教导主任、小学校长、初中校长、乡镇教委主任，自2005年9月份开始，步入高中校长行列。应当说，基础教育的各个学段我都经历过。从干部队伍建设到教师专业发展，从教育教学管理到课堂教学改革，从学校德育工作到学生的全面发展……我都积累了一定的经验，拥有了一定的驾驭全局的能力和依靠科研和创新引领学校发展的坚定信心。二十几年的教育实践，既磨炼了我的意志品质，也培养了我处变不惊、攻坚克难的能力，这为我在不同的工作岗位上顺利地、创造性地开展好各方面工作奠定了基础。二十几年来，不管在什么工作岗位上，我都能够以诚待人，以教师发展为本，以学生发展为本，真心实意地对待每一位教师和学生，言行举止上能成为广大师生的表率，是广大师生值得信赖的伙伴和朋友。

2. 善于学习，注重在实践中不断提升自我

几十年来，可以说我与书籍结下了不解之缘。工作之余，我不仅喜欢阅读古今中外教育名家及教育大师的书籍，也非常喜欢阅读教育教学理论方面的专著，因为这可以丰富教育理论素养，优化办学理念。同时我还特别注重学习反映全国各地名校办学特色的各种报刊。几十年来，我特别注重将理论学习与教育实践结合，边学习边实践，不断尝试用先进的理论和方法指导自己的教育实践，并在实践中不断地丰富自己的理论素养。我还撰写了大量的理论学习笔记，并把自己的学习收获和在实践中取得的成功经验及时地总结出来。最近几年，我有十多篇教育论文或经验总结在省级以上教育核心报刊上发表。

3. 追求教育理想，具有干事创业、追求卓越的精神和勇气

自走上三尺教育讲台的那天起，不管在什么工作岗位上，我都把教育工作当作一种事业来追求，任劳任怨，在平凡的工作岗位上做出了一些成绩。"要么不做，要做就要尽力做好!"这一直是我多年来的行事风格。在工作中，对于学校管理各个层面的工作，我都会精益求精；始终坚持用教育和科研引领学校的发展，不断探索学校特色发展之路。

(二) 自身不足

1. 对教育理论的学习显得杂乱无章，缺乏系统的、全面的教育教学理论知识

没有科学理论做指导的实践都是盲目的实践。多年来，尽管我非常重视对教育教学理论的学习，但由于缺乏周密的计划，理论学习显得杂乱无章，很难形成系统的全面的教育理论体系。同时，在学习中，我对理论的思考不够深入，理解得也不够透彻，而且不能将其中一些教育理论与教育实践有机地结合，不能很好地运用先进的教育理论指导学校各项教育教学活动。所有这些都在一定程度上制约着自身教育理论水平的全面提高，学校发展的后劲也因此受到一定的限制。

2. 教学领导力有待进一步增强

教学是学校的中心工作，高效能学校的校长通常把提高教学质量、促进学生发展作为学校管理工作的首要目标，因此校长的教学领导力自然应成为其核心领导力。长期以来，由于担任行政职务，我常常不能从日常繁杂的行政管理事务中抽出身来，深入课堂教学的时间相对较少，对学科教学研究得不够深入，因而指导教学的能力也就大打折扣，这样，我也就很难引领教师深入开展新课程改革和课堂教学改革。

二、总的发展目标

(1) 努力提升自身能力，真正使自己成为学习型、研究型和创新型名校长。

(2) 继续推进科研兴校战略，努力把学校办成区域内有一定特色的品牌学校和知名学校。

(3) 加强与群组学校的交流与合作，通过自身学校的发展带动群组学校共同

发展。

三、发展策略

1. 进一步提升自身的人格魅力，努力做全体教职工干事创业的楷模

学校的发展，需要校长的引领。而校长的一言一行、一举一动就是一种无声的语言，其高尚的人格魅力本身就是一种强大的精神力量。做一名深受广大师生爱戴的好校长，就要以诚待人，不虚假，不做作，不玩弄权术；就要以信取人，恪守信誉，言必信、行必果；就要以情动人，真心实意地对待教师和学生，关心他们的疾苦，了解他们的需求；就要以德昭人，胸怀宽广，作风清廉，把教育作为事业来追求；就要以能服人，具有驾驭全局的能力、凝聚人心的能力、开拓创新的能力；就要严于律己，以身作则，做全校师生行为的楷模。

这就要求自己在日常工作中，加强政治学习，不断提升自己的思想境界，养成良好的行为反思习惯，及时纠正自身工作中存在的不足，以自己的一身正气和人格魅力，来培育和造就一支作风正派、干事创业的干部和教师队伍，努力营造和谐、向上的教师团队。

2. 树立终身学习思想，着力提高自身的教育理论素养，丰富自己的工作实践经验

立足于当前教育改革与发展的新形势，结合个人工作阅历，要深入学习和研究教育哲学、教育管理、教学策略和涉及社会各领域的书籍，将各级各类教育刊物的学习与自身的工作实践密切结合，使理论学习与工作实践相统一。依托 2015 年参加陕西省第三期高中校长任职资格培训的丰厚资源条件、陕西省名校长团队资源及名校长工作室网络研修平台，积极与省内外各名校长加强联系，将自己的理论学习与全省甚至全国的名校长们的成功经验结合起来，力争使自己在较短的时间内博采众长，在教育理念、办学思想以及学校管理等方面快速提高，并逐步形成自身独具特色的管理理念和办学思想，努力使自己成为一名名副其实的专家型校长。

3. 关注每一位师生的发展，激发每一个成员的生命激情

学校管理就是管人，管人就要知人，知人必须知心，而要知心就一定要付出真心。因此，今后我将从真心对待每一位教工、每一位学生做起，重新认识

每一个个体在学校组织中的角色，激发每个个体的成长发展欲望，重新架构全校上下各个维度的沟通桥梁，从每个学生、每位教师的发展角度来思考，创设高效的人际交往平台，营造全体师生被承认、被尊重、被关注的积极生活环境，使教师真正感到工作是生活的一部分，使学生体会到学习是人生的一种乐趣，真正在实践中使广大教职员工及每位学生由"我被管理"转变为"我要管理"。我将按照"抓大权放小权"原则，打破以往僵化死板的管理形式，探索适合不同部门、不同层级甚至不同班级的有效管理模式，让要求严格化，使管理科学化，真正创设适合每一位师生的自由成长空间。

4. 开拓进取，努力做实施素质教育的先行者

作为名校长工程人选，我要坚持先进的教育思想，坚持科学的人才观与质量观，深入探索教书育人的规律，不断采取灵活高效的工作方法，在实践中探索，建立起一套科学的学校管理与育人机制，坚持"以先进的教育理念指导学校的发展，以科学的发展规划引领学校的发展，以规范的管理制度保障学校的发展，以扎实的教育科研支撑学校的发展"。

当前，我省实施素质教育尽管已取得了阶段性成果，但我们深知，素质教育的有效实施已经步入攻坚阶段，作为名校长工程人选，我要把实施素质教育、办人民群众真正满意的教育当作自己的第一要务。为此，今后我将在前期规范学校办学行为的基础上，继续牢牢抓住课程改革这个核心，把高中选课、走班教学放在突出位置，全面落实国家课程方案，加快教育教学模式改革，着力培养学生的创新精神与实践能力；认真制定具体可行的考核办法，努力形成有利于促进素质教育实施的教师评价管理机制，让素质教育理念深入到每位教师的头脑，落实到教师每一项具体的教学行为中，以高度的责任感和饱满的工作热情，全身心地投入到新课程的改革中去。

5. 解放思想，大胆创新，实现自身学校与群组学校的共同发展

作为名校长工程人选，必须勇于创新，乐于实践，以改革家的气度引领学校工作，创新工作思路，寻求学校发展的突破口。为此，我将在实践中解放思想，积极探索，大胆创新；重新审视学校的管理、育人、教学、评价机制，深入到教育教学实践中去，在实践中发现问题，解决问题；以学校教育教学改革

中的突出问题为研究课题，组织精兵强将，集中攻关；继续听取省内外教育专家和名校校长对学校发展及教育科研的针对性指导；创新教育理念，创新管理体制，创新办学模式，创新教学方法；加强对国家级、省级及地市级教育课题研究的领导，通过课题研究，更好地促进教师专业发展。我将在实现教师专业成长、学生素质全面提高和学校可持续发展的目标中，走出一条独具特色的教育教学改革创新之路。

加强与群组学校的交流与合作，围绕课程设计、课堂改革、制度文化、家校合作、教师发展、学生成长、校长提高等，不断进行探索，发现、研究、解决群组学校和教师个人发展中的问题，逐步帮助群组学校构建起新课程背景下适合教师和学生成长的学校基本架构，实现自身、学校与群组的共同发展。

第 二 辑

设计校园文化，彰显学校精神

一所学校可以有漂亮的建筑，先进的设备，勤奋的教师，但更重要的，不能缺少灵魂——校园文化。校园文化是学校教育的产物，是影响学生思想和行为的最直接环境。它通过学校的文化气氛、文化环境、多种文化活动以及大多数人共同的行为方式和学校的规章制度等各种文化因素的总和对学校内的成员，尤其是学生产生作用。校园文化能陶冶学生的情操，有利于学生的思想道德素质的提高；能凝聚人心，增强学校的凝聚力；能开发学生的非智力因素，促进其科学文化素质的发展等。

　　同时，校园文化是开放、整体、丰富多彩的，它的有效实践有利于促进学校精神的提升。一个学校，只有强化质量意识，精心打造校园文化，走内涵式特色发展之路，不断丰富和彰显学校精神，并高扬精神大旗，将其内化为全校师生的自觉行为，才能形成自己的办学特色，更好地提升学校办学品位，最终使学校屹立于时代发展的潮头。

　　更重要的是，建设校园文化不仅关系到青少年身心的健康和谐发展，还关系到国家和民族的命运。《中国教育改革和发展纲要》指出："建设健康的、生动的校园文化，树立良好的校风、学风，使学校成为建设社会主义精神文明的重要阵地。"因此，重视和加强校园文化建设，既是推进素质教育和创新教育的需要，也是构建和谐社会的必然要求。

第一章　润物无声，用文化铸魂育人

第一节　校园文化是学校发展之根

教育是国家富强、社会进步的基石，是提高国民素质、促进人的全面发展的根本途径。强国必先强教。教育用什么来培养人才？回答是：文化。

文化是教育之根。在某种意义上说，教育即文化，教育的本质是人与文化之间的双向建构。从古到今，文化是育人之本。早在《易经·贲卦》里就有"观乎人文，以化成天下"的说法。从教育的产生来看，文化是人类文明和社会发展到一定阶段的产物。从教育的过程来看，教育是利用文化对教育对象施加影响的过程，实质上是一个有目的、有计划的文化传授过程，我们平常所说的教书育人、管理育人和服务育人等，其实都是文化育人。从教育的环境来看，文化是一个包括物质、制度和精神的生态文化系统，它为人们提供了文化气息，营造了宁静心境，提供了成长和发展的动力。从教育的根本目的来看，文化能够帮助教育对象完成社会化，使其成为具有健全人格和独立意志的社会人。

学校是一种教育社区，它必然会形成自己的文化。这种文化，便是校园文化。校园文化是一所学校内部形成的独特的、能够为其全体成员认可和共同遵守的价值取向、行为准则、思维方式、思想作风的总和。它是一所学校特有的环境教育力量，是学生成长的潜课程，表现学校的独特风格和精神，是学校的灵魂所在。良好而浓郁的校园文化氛围在学校教育中所起的作用是无法估量的，是任何显性课程和规章制度都不能代替的。加强校园文化建设，对于增强学校的人文氛围，提升师生的精神境界，形成良好的校风，提高学校的管理品质和办学水平，有着不可替代的作用。

　　校园文化的育人功能是多方面的，涉及学生的思想道德、身体、心理和科学文化等方面的培养。良好的校园文化背景，使学生将社会规范内化于心、外化于行，成为有理想、有知识、有道德、有文化的高素质人才。校园文化蕴含了丰富的精神因素、道德风尚及传统习惯，对全体师生具有强大的感染力，潜移默化地影响着他们的价值选择、思维方式以及行为趋向。健康向上的良好的校园文化有利于引导、激励学生朝着健康的方向发展，有利于塑造他们健全的品格和人格，更有助于培养他们的综合素质，在知识经济时代的今天，这些是传统的课堂教学所不能完成的时代赋予的新任务。校园文化的育人功能研究是加强和改进学生思想政治教育的有效途径。

　　雅斯贝尔斯说得好："教育是人的灵魂的教育，而非理性知识的堆积。教育本身就意味着一棵树摇动另外一棵树，一朵云推动另一朵云，一个灵魂唤醒另一个灵魂。"真正的教育可以塑造学生的终极价值，使他们成为有灵魂、有信仰的人，而不只是热爱学习和具有特长的准职业者。所以，校园文化对学校教育非常重要。因此，学校要高度重视优秀的校园文化的建设，以优秀的校园文化的建设来带动教育现代化，从而为培养更多更优秀的高素质人才奠定基础，为社会、经济、文明的不断繁荣和发展做出应有的贡献。

第二节　校园文化的基本内涵

　　校园文化作为在学校教育基础上产生的一种特殊的文化，在学校出现时，它便作为一种独特的文化形态产生并存在于"文化世界"中了。从表现形式上，校园文化的内容可分为物质文化、精神文化、制度文化和行为文化四部分。物质文化包括校园的教学教研设施以及工作、学习、生活场所和校园环境，是校园文化的物质载体和基础；精神文化是校园文化的灵魂，包括学校的历史传统、人文精神和办学风格；制度文化是校园文化中部分观念文化层的具体化和规范化，是校园文化的行为规则，包括学校的教学、教研、校风、学风、生活模式和管理制度等；行为文化是多种精神文化传播的组织与设计，也称为"活文化"，是校园文化的主要体现者。

有学者做了这样形象的比喻："如果把和谐学校比作一棵参天大树，那么，优美和谐的环境和完善的硬件设施就是这棵大树的繁枝密叶，良好的行为文化是树的枝干，全面和规范的制度是树的茎脉，丰富的校园文化是树的深根，而学校精神则毋庸置疑是大树的灵魂所在。"

校园文化弥漫在学校的各个方面，贯穿于学校教育的整个过程中。我们所看到的校园中的一草一木、一亭一景，师生的一举一动，时时有文化，处处有文化。良好的、催人上进的校园文化犹如无声润物的春雨，有心护花的二月风，使学生自然而然地受到影响，这些影响具体表现为以下五点。

一、行为导向功能

校园文化的内容和形式及其所构成的文化氛围会影响学生的思想行为和生活方式。校园文化是一种客观的、实际的环境力量，起着制约和规范人的行为的作用。所以，人们的意识一旦形成，就会变成一股巨大的导向力量。教育心理学认为，青少年学生处于生理、心理急剧发育、变化的时期，思想活跃，易接受新鲜事物，易被环境影响，思想观点、政治态度、道德观念均有极大的不稳定性和模糊性。因此，面对社会开放形势下出现的各种现象和产生的社会文化信息，他们缺乏起码的辨别筛选能力，特别是易受到"从众"模仿等社会心理支配，导致思想上盲目，行动上盲从，甚至误入歧途。

良好的校园文化环境，会通过陶冶、凝聚内在的力量，给学生的成长提供优越的精神土壤；同时抑制潜滋暗长的不良心理、行为和习惯，使他们在校园文化的导向下，正确选择社会信息，接受先进思想，逐步健康地成长起来。

二、调适缓解功能

这里的调适缓解是指有计划、有目的地逐渐调整人的心理、行为，使其适应某种规范的要求。中学校园文化的调适缓解功能具体体现在心理调适和行为调适方面。

心理调适。青少年学生正处在"心理断乳"的成长期，具有种种的生理和心理弱点。他们在接触社会、体验人生的过程中难免感到不适应乃至困惑，发生社会和内心世界相冲突的事情。校园精神文化建设的存在能在一定程度上缓解这种现象。在校园这个特定的文化环境中，校园文化经过选择和提炼，可以作用于学生的思想观念、价值取向和行为方式，从而能缓解个体与社会的矛盾和冲突，促进学生在健康向上的气氛下逐步学习社会规范，学习人际交往技能和社会基本经验，调整培养学生的心理品格。

行为调适。中学生精力充沛，好冲动，接受力强，追求新奇和刺激，但自制力较弱。校园文化的行为调适缓解功能是指将违背常规的不正当的行为表现的宣泄形式转移到正当的健康的活动形式上来，我们通常采用体育活动、探险活动、竞赛活动等形式来满足学生对躁动性、冒险性和激烈性活动的需求，提供正当释放能量的机会与途径，也通过开展艺术节活动、科技活动等为有个性特长的学生提供展示自己个性的舞台，从而引导他们从不正当、不健康的行为方式转向健康、向上的行为方式。

三、扬弃选择功能

中学校园文化具有扬弃选择功能，具体表现在精神文化方面。因为校园文化是一所学校历史积淀的精华，是全体校园人的思想和价值取向的共识，它一旦在校园中确定，必然会对社会异质文化有较强烈的排斥作用。在一个活动丰富多彩、充满风范正气的校园里，消极文化、歪风邪气的市场就会萎缩。

在一个正气弘扬、治学规范的校园里，学习舞弊、不思进取的行为就会得到遏制。不可否认，在今天的中学校园里，确有一些中学生在对多元文化的判断和选择上，更倾向于虚无宿命等迷信文化、庸俗低级的有色文化，许多学生因此而无心向学，荒废学业，甚或辍学离校。如果我们加强中学校园文化建设，用优秀丰富的校园文化来充实他们的心灵，满足他们对各种文化的心理渴求，就能最大限度地防止学生在思想、行为上的堕落，从而有效抵制和排斥多种消极逆向文化对他们的侵蚀。

四、规范约束功能

优秀的校园文化对学生能产生巨大的规范约束功能，这种约束功能表现为"硬"约束和"软"约束两种形态。"硬"约束功能主要是通过既定的校园制度文化建设，硬性约束校园人的行为。如加强学生对《中学生守则》《中学生日常行为规范》的学习，检查其执行情况，健全多种班规校规，都能对中学生产生不同方面、不同程度的"硬"约束，从而规范他们的思想品质和言行。这里，我们更要强调的是"软"约束。通过创设良好的精神氛围，建设和谐优美的物质环境，开设内容丰富、形式多样的活动课程，等等，对学生跨时空、潜移默化地产生影响和教育作用，软性约束校园人的行为，使他们受到启发和感染，产生一种完善自我的内驱力，进而提高自己的思想道德品质、规范自己的行为表现。

五、凝聚释放功能

良好的校园文化环境使人身居校园，心感温暖。同学之间，团结友爱、互相鼓励、互相关怀；师生之间，学生尊敬师长，老师爱护学生。这种氛围使人心情舒畅，令人振奋，催人向上。走出校园，师生以身为这所学校的一员而自豪，并会为维护母校的声誉，为给母校争光而努力奋斗。这种凝聚力一旦形成，就会产生强烈的吸引力，把学校人团结起来，共同为学校的发展而奋斗。

中学生正值受教育、长身体的关键时期，精力旺盛，爱好广泛，喜欢表现，校园文化活动就为他们提供了一个培养创造力、释放潜能的广阔天地。中学生在参加校园文化活动的过程中，不但调节了生活的节奏，而且通过身心放松、艺术陶冶，寓教于乐，促进了身心健康发展。康乐型的校园文化活动，不仅能够使学生调剂精神，保持乐观向上的态度，而且能够起到"以乐醒人、以美育人"的作用。

第三节　校园文化的建设策略

　　"近朱者赤，近墨者黑。"教育是一种濡染，是一种浸润。校园文化建设的过程，即是实现濡染和浸润的过程。叶澜教授说："要想让一片空地不长荒草，唯一的办法是给它种满庄稼。让我们齐心协力在孩子们的空地上播撒善良、博爱、宽容的种子，那么，他们一定能结出累累硕果。"将社会主义核心价值观植根于校园文化，将优秀传统文化植根于校园文化，将人类优秀文化植根于校园文化，这些优秀文化就能逐渐内化为学生的文化素养，外化为学生的实践行为。

　　校园文化的建设是一项系统工程，它涉及以校风、学风为核心的校园整治、舆论导向、学习氛围、道德风尚、文化娱乐的品位以及艺术、科技、体育活动的组织，还涉及师生关系以及必要的场地、设施、物质条件的支持和保障等。另外，由于不同类型、不同层次的学校的办学目标、办学理念的不同，各自的定位、功能、人才培养的目标等也各异，这就决定了校园文化建设不可能是一蹴而就的，它必然具有长期性、艰巨性、广泛性和复杂性。

一、整体构建

　　校园文化建设是一个漫长的过程，需要一代甚至几代人的共同努力才能完成。校园文化建设的内容涉及多个层面和多个领域，其中包括物质的、制度的、行为的和精神的等等，这些不同的文化内容和形式构成了一个统一的整体，唯有从整体着眼，才能发挥它的功能和作用。另外在建设过程中既要有侧重点，也要兼顾其他方面。因此，校园文化建设必须遵循整体性原则，不能顾此失彼。学校要从整体上规划，使校园文化的方方面面相互影响、相互渗透、有机结合，从而协调发展，发挥校园文化的整体功能。学校领导、教师、学生及全校工作人员，要共同努力，使校园文化这个系统朝着有序、可控、高效的方向发展，只有这样，校园文化建设才能发挥出整体的作用。

二、继承与创新并重

在校园文化建设中，要传承学校的特色与优势文化，做好学校优秀文化的挖掘、总结和梳理等工作。刚刚上任的新校长不应该急于否认前任校长的工作，而是要静下心来想一想这所学校通过历任校长的努力最成功的经验是什么，教职工最认同的价值观是什么，采用什么办法才能把这些好的传统继承下来。

在《论语》中，孔子曾说过这样一句话："夷狄之有君，不如诸夏之亡也。"意思是，夷狄有君长而无礼仪，不如中原诸国虽然偶尔没有君主，比如周召共和之年，但是礼仪并没有荒废。学校教育也是这样，一所学校独具特色的文化一旦形成，就会自然而然地影响和约束全体师生的思想和言行。学校形成的优秀文化不会因为校长的更换而轻易发生改变，如果新任校长另起炉灶，全盘否定学校已经形成的优秀文化，必然会失败。

但这并非不让校长创新。新和旧本是一对矛盾，但没有旧就无所谓新，没有继承也就无所谓创新。在校园文化建设上，校长对学校优秀文化传统进行一番梳理后，应该进一步思考：当前学校教育最大的问题是什么？如何在新形势下将学校的优秀文化发扬光大？等等。在此基础上，再进一步提出治校的新思路。这样的创新才是既没有脱离传统，又具有时代特色的创新。

三、加强校长引领

一个成功的校长作为校园文化建设的领军人物，要在学校发展的不同时期扮演不同的角色，要成为物质文化的设计者、精神文化的传承者、制度文化的践行者、行为文化的引导者，一定要发挥校长在学校精神重建中的价值引领作用。

校长是物质文化的设计者。一所好学校一定要营造一个良好的生态环境和教育环境，来激励教师和教导学生。校长要做物质文化的设计者，通过与专家学者和全体教师的沟通，通过校园建筑、广场雕塑、校园广播、图书馆的建设等，打造学校物质文化建设。必须注意的是，校长要结合学校的文化和学校自身的环境，植入浓郁的文化元素，突出学校精神，彰显艺术品位和人文关怀，然后再细化为具体的措施和步骤，并使之成为全校师生的共识。

校长是精神文化的传承者。校长要引领全体师生员工接受校园文化，并内化为个人价值观，把教师员工的个人价值的体现与学校战略目标的实现结合起来，重建和重塑校园文化。校长要站在学校传统文化的基础上，用长远的战略眼光和敏锐的洞察力，把时代精神和学校的客观实际及校长的办学理想紧密结合起来，挖掘提炼出与时俱进的文化亮点，形成学校所特有的精神文化，从而确立学校发展的灵魂。

校长是制度文化的践行者。所谓"身正为师，学高为范"，校长不仅是"以人为本"的学校的各项规章制度的制定者，还是各项规章制度的践行者。校长在学校发展的不同阶段承担不同的责任。我国教育学者陈玉琨将学校发展分为三个阶段：第一阶段是校长个人英雄的人治时期，在这个时期学校的管理主要依靠校长的个人魅力、能力与办学观念；第二阶段主要是靠学校完善的管理制度和机制；第三阶段主要依靠校园文化，而校园文化中最重要的是学校师生所共同遵循的价值观，即精神文化。因此，校长就要不断提高自己的能力，使出浑身解数，展现个人魅力，带领大家进行特色学校的建设，制定和完善学校的制度。

校长是行为文化的引导者。行为文化包含师生、员工的行为准则、交往方式以及典礼仪式、社团活动等方面。校长需要通过观察、感受、倾听、解析等多种途径，从文化的角度来理解自己的学校，包括它的历史、形象和目标。在此基础上，创造、鼓励和完善有益于学校组织的文化，并通过各种管理活动和教育教学活动，将自身的理想、价值、行为准则等渗透到学校生活的各个方面。

四、落实师生主体

良好校园文化的打造非一日之功，不是单凭校长一个人或者几个人的努力就能办到的，必须在全体师生长期的共同努力之下才能逐步完成。

教师是校园文化的主导。在校园文化建设活动中，教师肩负着重要的职责和义务，参与校园文化建设与活动是教师的天职，只有发挥教师的主导作用，才能提高校园文化建设的质量。当今开放的社会，面对文化精华与糟粕、先进与低俗、传统与外来共存，多元文化相互激荡等现状，学生难以做出正确的判断。因此，学校应当在老师的引导下营造积极向上、反映学校特色的、适应学生需要并符合其未来发展的校园文化，以引导学生趋利避害，去伪存真，吸收人类的优秀文明成果，抵制非理性和庸俗文化的侵蚀，提高学生素质。

学生是学校教育的主体。任何一种学校精神文化产品的传授、改造或创造，都离不开主体。校园文化建设是否有成效，不仅要看它对学生的影响程度，更要看学生参与建设的程度。在建设过程中尤其要发挥学生骨干、学生干部的作用，因为他们是校园文化建设的先锋与主力。因此，校园文化建设要充分发挥学生的主体能动性，激发学生的参与热情与创造潜能，变学生的被动接受知识为主动运用知识、发现知识和创造知识，从而确保校园文化建设落到实处，并成为学校中每个学生的自觉行动，实现著名社会学家费孝通所说的"文化自觉"。

总的来说，校园文化建设是一项系统的整体工程，需要从物质文化、精神文化、制度文化、行为文化四个方面全盘考虑，既要寻求普遍意义上的一般规律，又要结合各自学校实际有所创新和突破。为此，学校的领导者们必须树立信心，持之以恒，不断总结经验和教训，有计划有步骤地开展建设活动，努力将学校向更高更完善的层次推进。

附：江苏省教育考察见闻

在传承中发展　在实践中创新

——江苏省教育考察之学校文化建设

学校文化建设是教育永恒的主题，搞好学校文化建设是每位校长必须承担的责任。江苏省是教育大省，基础教育走在全国前列，学校文化建设现状如何？我们能从中借鉴什么呢？

带着这些问题，2011年4月7日至16日，我参加了教育部校长培训中心第18期全国初中校长高级研修班赴江苏省的教育考察，共考察了9所学校，参观了校园环境，聆听了校长报告，和老师进行了交流，进教室听了课，收获颇丰。

在不同的文化背景下，学校的文化建设呈现不同的发展模式。人是学校文化对象，又是文化建设的主体，在学校文化建设过程中学校的领导者发挥着不可替代的作用。

一、古代先贤对我们有哪些影响

景范中学位于苏州市人民路北宋名相范仲淹所建"义庄""义学"旧址。先贤范仲淹于公元1049年在此创设"义庄",周济宗族,同时设立"义学"以教族人子弟。之后,范氏后人以"义学"为本创立"文正书院"。1989年10月,学校更名为"苏州市景范中学"。

该校秉承先贤遗风,以"先忧后乐"为校训,以"继承先忧后乐精神,培育既文且正学子"为办学理念,形成"小规模、精品化、高质量"的办学特色。走进景范中学校园,你可以充分感受到它悠久的古文化气息,学校建筑命名、长廊布置乃至山石点缀等各细微处均与文化育人氛围建设相关,学校古朴典雅的环境不仅体现出苏州古典园林的韵味,更展现出千年办学渊源的精神内涵。由此,景范历史、文化及办学思想融入了校园环境,展现出别具一格的书院雅韵。

古老的苏州城孕育了范仲淹,范仲淹办起了"义学",文化传承源远流长,实为景范中学之幸。

二、近代学者留下些什么

江苏省锡山高级中学匡村实验学校,肇始于1907年的匡村中学,学校教育教学设施先进,环境优美,文化气息浓郁。该校将学校创始人匡仲谋先生尊为永远的校长。

匡仲谋生于清光绪三年(1877年),无锡杨墅园匡村人。幼入父亲的学塾附读,成年后历经坎坷兴办实业,同时,热心资助教育事业。光绪三十三年(1907年)匡仲谋在家乡创办匡村初等小学堂,以后又开设高等小学堂,增设女子部及匡村初等小学分校,并拨出资金作为学校经常费用,或用来扩充学校建筑。后创办匡村中学,增开高中部。抗日战争胜利后,他曾兼任校长。1952年12月,学校改为公办,更名为无锡县中学。1956年2月16日匡仲谋病逝,家属遵其遗愿,将他生前收藏的3万册古籍全部捐赠给无锡中学。

百年积淀,匡村中学时期所颁订的《十大训育标准》,从身心与道德、操守与价值、精神与气质等方面提出人才规格和培养目标,培养和熏陶了一代代学子，使他们具有了"谦恭厚重，大气恢宏"的君子人格与修养气质，为学校打上了与众不同的文化烙印。

三、现代校长在做些什么

江苏省天一中学创办于1946年，是"江苏省首批合格重点高中"。新校区占地450亩，校园环境优美，文化氛围浓厚。假山飞瀑曲桥，常年绿草如茵，四季鲜花吐艳，林中百鸟齐鸣，池中游鱼戏水，生态园、金苹果、文化走廊……良好的生态系统和浓郁的文化氛围营造了良好的育人环境，被多家报刊称赞为"立体的教科书"。

天一中学的沈茂德校长有近三十年的高中教学经验和十多年的校长实践。他有着优秀的校长必须具备的高尚人格、坚定信仰和对待学生的挚爱。走进天一中学，无论是现代化、生态化的校园硬件设施，还是沈茂德校长校园建设的理念、对学校文化的追求、对教育的思考，都给我留下了深刻的印象。他是一位典型的江南才子，他坚信"教育是农业"，他坚信"每一个孩子都是一座金矿"，他认为校长应该永远怀有书生本色，他期盼学校成为孩子们放声歌唱的乐园。

沈茂德校长是一位有理想的校长，他总有许多美好的教育梦想和校园梦想，他总是酝酿和制造着一个个美好的愿景。在他和他的团队共同努力下，学校形成了显著的办学特色，并以高位、稳定的办学水平，走在了江苏省基础教育发展的前列。只有这样的校长才能领导出这样的学校，只有这样的学校才能带给我们更优质的教育。

四、我们现在应该做些什么

构建学校文化可以借鉴但不可以移植，更不能全盘照搬。通过考察，我深深感到：作为一名中学校长，要全面深入细致地了解学校的历史、文化和制度建设，在学校文化建设方面，要把学校的办学理念与当地的历史文化、风俗习惯结合起来，并规划设计于其中，从而形成能够彰显学校主题文化的学校环境文化、课程文化，促进学校文化高起点、高水平发展。

我所在的西安市第三十中学原名为西安圣路学校，创建于1941年9月，校址位于西安市西新街，建校前为教会所在地。1941年9月原河北省私立潞河中学（现北京市潞河中学）因华北抗战由时任校长陈昌祐带领师生迁陕办学，1947 年潞河中学返回阔别六年的北京通县潞河中学原址，留陕教职工在陕继续办学，校长陈昌祐先生的办学思想也留存了下来。陈昌祐先生是潞河中学创办以来第一任国人校长，他提出，学校的办学宗旨应为"造就健全人格，培植升学和职业知识"。他制定了"人格教育"的校训和"爱国、乐群、自律、修身"的校风，陈校长倡导的"人格教育"内容十分广泛，所谓培植健全人格，必须"三育全备"，即智、德、体全面发展。1934 年当时的河北省主席、著名抗日将领于学忠为学校年刊题字"成德达才"。

经过孜孜不倦的探索，结合教育实践和办学经验，我们在传承学校优良传统的基础上，明确提出了"立德树人，和谐发展"的办学理念，与陈昌祐校长"人格教育"和于学忠先生的"成德达才"思想一脉相承。"立德树人"这一理念的形成，是基于我校学生的实际，在建设和谐社会的大背景下提出的。全面实施素质教育，核心是解决好培养什么人、怎样培养人的重大问题。具体到教育实践中，立德树人就是要培养学生在学会做人的基础上，学会求知，学会健体，学会审美，学会生存。在培养人才的方向上，我们始终坚持把社会主义核心价值观融入教育教学的每个环节。坚持育人为本，德育为先，把立德树人作为教育的根本任务，培养德智体全面发展的社会主义建设者和接班人。

"和谐发展"，是人类未来教育的最高理念，即人的身心、人与社会、人与自然的和谐发展。只有和谐，学校才能不断创新，才能发展，才能培养出具有创新精神和实践能力的人才。和谐发展包括两层含义：对个体学生而言，在德智体美和心理人格等各个方面都得到发展；对于学生群体而言，是在满足学生个性特长发展基础上的共同进步。学校的一切教育教学活动，都要着眼于全体学生，同时要将促进教师的可持续发展作为提高办学质量的根本保证。把立德树人与和谐发展有机结合，既体现了我校教育理念的主要内容，也代表了西安市第三十中学校园文化的核心特征。

先贤前辈、当代校长为我们弘扬优秀传统文化、建设学校文化树立了标杆。我们要从中细细品味，在文化与教育的交融中，构建学校文化，使学校文化建设在传承中发展，在实践中创新。

第二章 创设校园环境，强化隐形教育

第一节 物质文化，校园文化建设之基

鲁迅先生在《未有天才之前》一文中呼吁要有培养天才的土壤。革命导师马克思也说过，"人创造环境，同样环境也创造人。"这都是强调环境对人的潜移默化的影响作用。在我国古代，也有许多的教育家注重环境对人的影响。孔子曰："性相近也，习相远也。"墨子曾言："染于苍则苍，染于黄则黄。所入者变，其色亦变。五入必而已则为五色矣。故染不可不慎也！"荀子也曾十分明确地提出了环境对人的思想品德的决定作用。他说："蓬生麻中，不扶而直；白沙在涅，与之俱黑。"

环境对人的教育不是把道理、观点、要求等明白地告诉受教育者，而是把教育的意向、目的渗透潜藏到相关的文化教育环境之中，使受教育者感到自然、愉快、轻松，不伴随任何一种外来的精神压力。环境教育是无讲台教育，看不到居高临下的、有形的、权威式的训导，不容易引起逆反戒备心理和对抗情绪，因此效果显著。

"致天下之治者在人才，成天下之才者在教化，职教化者在师儒，弘教化而致之民者在郡邑之任，而教化之所本者在学校。"学校的环境是一种无声的语言，传递出学校的思想文化、价值追求，对师生员工具有一种潜移默化的熏染教育作用。学校范围内的教育活动都是以学校物质文化环境为依托而展开的，许多隐性课程的内容都是在物质文化的基础上实现的。

所谓校园物质文化，是学校师生物质文化活动的产物，是学校为适应社会的发展，引领全体成员在学校这个特定的环境中，有计划、有目的地为实现教育目标而创设、积累、共享的物质体和物质环境。校园物质文化可以形象地被称作校园文化的"躯体""骨架"，它的建设及管理能够最直接地反映出学校的办学水平和办学指导思想。一般说来，校园物质文化主要包括学校地理环境、学校环境的布局、学校基础设施以及学校标志性的物质文化这四部分内容。

一、学校地理环境

我国古代著名的"孟母三迁"的典故，就充分体现了地理环境对孩子的成长和性格的形成所起到的潜移默化的渗透作用。美国教育家杜威也曾说过："要想改变一个人，必先改变他的环境，环境改变了，他自然也就会改变。"可见，环境对于个人的成长和成熟的重要性。而学校是学生们主要的生活学习场所之一，因此，学校地理环境对学校的教育教学就有着更加深远的意义。

学校所处地理环境的优劣，是学校物质环境好坏的一个重要方面。因此，在学校物质环境的诸因素中，校址的选择是一个首要的环节。我们在选择校址、考察学校地理环境时，要清醒地意识到学校地理环境对学校教育的重要作用，应积极挖掘和利用好现有的文化资源和城市物质条件，发挥地理环境的教育作用，让学校环境更好地为学校教育服务。所谓"钟灵毓秀"，好的学校地理环境不仅在感官上给予学生美的享受，还在不知不觉中陶冶学生的情操和气质。

二、学校环境的布局

在学校物质文化建设中，学校内部的统一规划和布局也是必不可少的。一所学校环境的布局就像一个人的穿衣风格，既体现外在形象又显示其品位和内在底蕴，反映学校整体风貌和育人宗旨。学校环境布局主要包括学校的总体规划和绿化两个方面。

（一）学校的总体规划

在学校的总体规划中，并非要将学校建为"最漂亮的"，而是要考虑其功能，使其帮助师生更好地教学生活，有利于学生身心的发展。学校环境的总规划中相当重要的部分是划分区域，即如何划分好教学区、行政区、生活服务区、运动区等区域。另外，还有一些细节上的规划也是很重要的，比如学校宣传栏的安放、路灯的安置、停车场位置的选取等。

（二）学校的绿化

学校的绿化一直是校园中的一道风景，既美化校园环境又滋养师生心灵。学校绿化与学校建筑相互衬托，因此，学校绿化的设计和管理也是不容忽视的事情。教师在充满绿色的校园环境里教育学生、启迪学生；学生在这里获取知识，陶冶情操。课下，师生还可以共同体会绿化环境带来的愉悦与舒适，进而调节自己的心情，放松身心，释放压力。这样，师生每天的工作、学习、生活都充满了绿色、生机、活力和希望。在绿化建设中，要讲究协调平衡与变化多样的统一。学校要根据自身实际，栽植常绿乔木、落叶乔木和灌木，摆放花钵，栽植藤蔓植物，进行垂直绿化，等等，还要遵循"追求高品位、着眼有效性、彰显教育性"的原则，细化景点，使每一面墙、每一棵树、每一株草、每一朵花都能给师生带来美的享受，使其受到感染和熏陶。

我们在绿化布局时还应考虑到学生的年龄和心理特征，对于学生来讲他们更多的是从直观的层面上认识事物。因此，创设一个让孩子们每时每刻都能有所接触的、生动活泼的学习生活环境，不仅有利于学生的成长和发展，也能让他们更加喜爱自己的学校。

三、学校的基础设施

学校基础设施贯穿在校园的方方面面，服务于学校师生的方方面面，是学校师生进行教育教学和活动的物质基础，也是学校物质文化中最显性的部分。合理的学校基础设施建设处处流露着学校的办学理念和文化精神，是学校物质文化的主要内容。学校基础设施包括学校建筑、学校建筑内部环境、教学设施和生活设施等四个方面。

（一）学校建筑

学校就像是一个小社会，"麻雀虽小、五脏俱全"，学校的主要建筑有教学楼、行政楼、图书楼、体育馆等。学校中的不同建筑不仅应满足学校师生工作、学习、生活的不同需求，同时还应有足够的空间，建筑风格要有审美特性。现在我们都提倡以人为本的教育精神，使学生德、智、体、美、劳各方面得到全面发展，学校建筑要能够充分地体现这一点，传达学校的办学理念，发挥其潜在隐性的教育作用。

（二）学校建筑内部环境

学校建筑内部是师生学习、工作乃至休息的主要场所，包括走廊、办公室、教室等。相对于学校建筑外部环境，学校建筑内部环境的设计可以更为多变，更富有学校自己的特色，走廊造型的设计、办公室和教室内部的架构乃至建筑内的颜色都会打上学校文化的烙印，反映学校的办学价值追求。

著名教育实践家和教育理论家苏霍姆林斯基曾说："孩子在他周围——学校走廊的墙壁、教室、活动室——经常看到的一切，对于他的精神面貌的形成具有重大意义。这里的任何东西都不应当是随便安排的。孩子周围的环境应当对他有所诱导，有所启示。我们要竭力使孩子所看到的每幅画，读到的每句话，都能启发他去联系自己和同学。""我们应努力做到，使学校的墙壁也说话。"这恰当说明了走廊的重要教育作用。走廊是人流量最大的地方，是学校内部的一处宣传地，能为学生提供更多展示自我的空间。

办公室是教师工作、休息的地方。因此，室内空间的布置和摆设尤显重要。学校应该给教师们创造一个干净、明亮、舒适的办公环境，营造一种团结、协作、积极、和谐的办公氛围。一个好的办公环境不仅能提高教师员工的工作效率，使他们全身心地投入到工作当中，而且可以帮助学校在网罗良师、吸纳益友方面发挥好的作用。

教室不仅是学生学习生活的场所，更是陶冶学生情操的小型文化场。作为班级物质文化的一部分，优美、整洁、有序的教室环境，不仅可以给师生营造出良好的心境，充实师生的生活内容，增强教师的教学效果，达到教学的目的，还可以培养学生的思想品德，有效促进学生身心健康发展。

（三）教学设施

学校教学设施是学校师生顺利开展各项教育教学活动的物质保障，其建设配备水平和使用率在一定程度上体现和制约着学校的整体教育教学活动的开展。

它主要包括教学设备、教学实验仪器、办公设备、文体设备等。建设和完善各种教学设施不仅有利于教师更加方便地开展教学，还有利于学生多方位地接受和学习知识，有利于学生德、智、体、美、劳的全面发展。

（四）生活设施

学校生活设施主要体现在为满足师生生活需要而配备的饮食、水电、卫生间、医疗等设施。完善的生活设施是教师和学生工作、学习、生活的重要物质保障，因此，生活设施越来越成为学校物质文化建设的重要内容。建设完善的生活设施最主要的目的是让教职服务人员更好地帮助师生排忧解难，使师生在工作、学习之余休息放松心情，感到生活在学校中的温暖，进而以全部的精力与热情投入到教育教学和校园文化建设当中去。

四、学校标志性的物质文化

标志性的物质文化在校园物质文化建设中发挥着重要作用。特色鲜明、风格独特的标志性物质文化不仅能够高度概括一所学校的形象，提高学校文化品位，还发挥着教育人、感染人、熏陶人的作用。这里的学校标志性的物质文化主要包括雕塑、校徽等。

（一）雕塑

学校的雕塑既是时代精神和学校精神的融合，又有着特殊的内涵和意义。学校立于显眼位置的碑牌也是物质文化的体现，一般碑牌上都写有话语，比如学校的校训、办学理念、名人名言等。

（二）校徽

历来每个学校都很重视校徽和校服的设计和选择，因为校徽和校服作为学校自身重要的形象标识不仅是一件创作作品，还反映出学校的办学理念和办学特色，艺术性地阐释了学校的精神内涵，承载了学校的文化精神。

校徽一般是图文并茂，为文字、图形、寓意的艺术结合体。受传统审美观念的影响，我国学校校徽的形状多为圆形。在国际交流频繁的今天，为了顺应时代精神，体现国际化的视野，很多学校校徽的文字采用中英文结合的方式。

校徽的图形一般处于中心部分，既融合学校的校名和文化精神，又体现出独特的设计。

校园物质文化是校园文化不可分割的重要部分，是学校教育不可或缺的物质基础，具备学科教育无法替代的重要作用，直接或间接地影响着学校教育教学的成效。学生从进入学校开始，直到离开学校，基本上整日都处于校园物质文化的环境之中，不论是课上、课下，还是个体活动、集体活动，校园物质文化都在潜移默化地影响着学生，陪伴着学生成长进步。

因此，学校要注重对物质文化隐性课程资源的开发，不断改善学校的硬件设施，美化校园环境，进而为学生提供一个有利于学习成长的教育教学环境。只有充分而合理地发挥校园物质环境的育人作用，才能使思想教育工作有声有色、有情有义，进而使思想教育工作收到事半功倍的效果。

第二节　因校制宜，构建特色文化校园

苏霍姆林斯基特别强调，作为育人场所的校园环境，必须经过教育者的精心设计，要尽可能地调动环境中的各种因素，对学生的精神世界产生潜移默化的影响。他说："无论是种植花草树木，还是悬挂图片标语，或是利用墙报，我们都将从审美的高度深入规划，以便挖掘其潜移默化的育人功能，最终使学校的墙壁也在说话。"

校园物质文化建设是指学校的教育管理者通过全面认识校园物质文化建设的基本规律，根据各阶段学校教育的特定规律和学生身心发展的特点，结合自身学校实际，利用现有教育资源，在师生共同积极参与下能动地优化学校环境，并充分发挥其育人功能的过程。加强物质文化建设必须按照"三个面向"思想的要求，尤其要多体现"五性"：一是科学性，要整体规范化，合理布局；二是教育性，寓德育于物质文化建设中；三是艺术性，要精心设计，使内容与形式完美结合，富有艺术气息，给人美的享受；四是时代性，要紧跟时代步伐，体现时代特色；五是个性，学校必须有自己的特色，有与众不同的东西才能有吸引力。

如今，随着自身的发展，学校在进行物质文化建设的同时，已逐渐根据自身的特点将书香校园、人文校园、美好校园、和谐校园、绿色校园等作为物质文化建设的目标和方向，融入学校的理念文化、办学特色等，从而展现学校独有的特色。

一、整体规划，建设具有整体性和延续性的校园

校园规划是一个相对整体又具有延续性，不断适应社会和科技发展，适应教育模式发展的动态过程。校园规划除了要满足学校的功能和秩序、交通组织、校内环境、单体建筑等整体性因素的需求外，为达到有效利用设施、空间、既有资源，缩短基建工期，降低设施投资，为学生和教职员工提供方便、舒适、安全的学习和工作环境的目的，还要遵循低密、高容、立体化、智能化、标准化、模数化和多功能综合利用的原则。校园布局规划应在一定的指导思想及思路下进行，应充分考虑学校的办学思想及长远发展。大到功能区的安排，小至具体的校舍、每一条道路的布局、植物品种的选择，布局规划方案均有涉及。以西安高级中学的校园文化建设纪实为例。

西安高级中学发轫于清光绪十七年（公元 1891 年）之"崇化书院"，拥有深厚的历史文化积淀。2013 年 9 月，为适应西安市建设国际化大都市的需要，学校响应政府号召，从古老的城墙下北迁到城乡接合部的渭滨路。但因挖掘不充分，在建设校园文化过程中面临着多重问题——缺乏文化主题引领，空间品质效果差；活动区域较小，设施不全，缺乏主体参与性；植物配置种类单一，色彩单调，生态效果差；休闲基础设施、市政公共设施缺乏；办公楼前通过空间狭小，校前缺少停车设施。

上任后，我决定完善和建立新的校园文化。在借鉴已经成熟的校园文化建设实例的基础上，结合学校实际，明确了西高校园文化的建设路径——建设校园物质文化，打造一流的办学理念和管理理念，设计视觉识别系统，树立学校品牌，提高办学质量，彰显学校气质。

（一）明确学校定位

作为校园文化的重要组成部分和学校外在形象体现，校园物质文化成为校园文化建设中重点建设部分的同时，也经常被人们误解。没有明确物质文化的真正内涵，没有给物质文化准确定位，因而在实施过程中就不可避免地出现这样或那样的问题。学校明确自身物质文化的意义与定位，不仅可以增加学校文化内涵，还有助于形成学校自己的特色。

通过整体规划设计，我们希望将西高打造成一所具有中国文化情怀和国际视野的高级重点中学。在文化传承上，以轻松活泼、现代开放的景观形式传播历史文化，使其更具参与性、认知性、趣味性和开放性；在功能上，把环境育人、环境说话作为基本功能，构建一个清新和谐、更具美感的多功能校园空间。

（二）设计原则

整体性原则——西高历史悠久、文化深厚、风光宜人，都是不可或缺的设计素材。设计中应整体把握、因地制宜，将校园风貌与西安历史文化结合，使学校环境富有西安人文风情。

功能性原则——景观设计将充分尊重周边环境的秩序与功能需求，追求景观与使用功能的共生性。

生态性原则——提倡校园内人工景观与校外自然景观相融合，内外合成一个有机整体，自然也成为景观的一部分，人工景观则是对自然的改善和提升。

科学性原则——充分利用现代的新技术、新材料与极富创意的设计，打造部分既传承历史又通向未来的现代景观，展示开放、包容的时代精神。

人本性原则——设计以人为本，亲人、宜人的宜居空间，以增强西高的亲和力，提高校园空间使用率。

文化性原则——充分展示西高充满活力的校园文化特质，体现"真而正"的西高精神。

（三）创意构思

（1）建设历史轴线，集中展示以崇化书院文化为代表的传统文化精髓。轴线拟陈列大量书院时代的讲学碑刻、书院人像作品、书院课生名录碑、书院建筑遗存件、书院楹联、书院老校门等，让崇化书院的成果精华尽显其中，也为新老校友呈现学校悠久的办学历史。

（2）建设现代轴线，集中宣传百年名校的教育思想、育人文化。拟在轴线上汇集西高特有的校名典故、兴学历史，西高人的为人准则、求学做事态度，西高教育的育人精髓，西高学生的形象概括，西高学子星光大道，等等。可将西高的育人成果一览无遗。

（3）重点修建高品位的文化艺术馆所，收藏大量的艺术藏品和文物珍品、教育文献和古籍珍藏，作为学校的艺术教育和教师进修的学习资源。建设卫俊秀艺术馆、达夫书屋、藏书楼等，使得西高文化的丰富厚重可见一斑。

（4）精心设计，道路场馆设施命名统一源自西高学校历史文化特色。

（5）精心布置怡情、悦人、温馨、宜学的校园生态环境。有种类繁多、数量庞大的花草树木，有各种活泼可爱、温顺美丽的小动物等。

（四）设计目标

以创建"四个校园"为整体规划设计目标。"四个校园"即"品质高雅的人文校园，绿色健康的生态校园，青春活力的时尚校园，崇尚科学的科技校园"，为西安市新塑一张更加完美而独特的"立体文化名片"。

西高新校址位于西安市未央区——其名源自境内汉未央宫遗址，意为"繁荣兴盛，不尽不衰"。历史上先后有秦、汉、隋、唐等11个王朝在此建都，未央区具有浓厚的历史积淀和人文情怀，文化遗产数量之多、规模之大、价值之高堪称全国区县之最。

根据西高特有文化基因，结合所处的地域文化与悠久办学历史，我认为，在新校园的设计规划中应该体现以下几个方面：第一，在尊重历史的前提下，西高应该体现学校跨越三个世纪的悠久历史文化，体现办学者精实厚重、高雅灿烂的学政文化，体现百年名校人才辈出、成就非凡的精英文化，由此构成人文校园。第二，体现尊重生命，通过景观规划布局，构建绿色健康、人与自然相合、具有环保理念的生态校园。第三，凸显时代特质，体现造就现代公民、与时俱进，构成透射青春气息的时尚校园。第四，体现尊重规律，主动探究，敢于质疑，追求真理，形成具有创新特色、崇尚科学教育的科技校园。

西安高级中学人文校园学生活动留念

西安高级中学生态校园学生活动留念

西安高级中学时尚校园

西安高级中学科技校园

（五）分区设计

1. 溯源文化区——追本溯源，探寻西高悠久历史文化的根本、源头，构建
人文校园

该区域包括校前区、开放空间区以及休憩空间区三部分，通过对历史文化

的挖掘，以崇化书院为线索，打造多个主题区域，体现学校精神，充分展示西高人文素养与科技素养。

校前广场——作为第一视觉景观，通过增加汉唐风格元素点缀校门房檐，塑造校门的庄严感，象征学校严谨的治学态度。

溯源广场——主要针对主通道铺装、地雕以及两侧文化园展开设计。主通道主要采用地雕的形式展示"真而正"的学校精神，两侧文化园主要展示崇化书院办学文化与爱国教育宣传。

碑林广场——位于崇德楼与电教楼之间，考虑到报告厅来往访客较多，是宣传书院文化的重要展示区域，于是将书院遗留下来的石碑、石鼓展示于此，让人们了解历史，了解西高。

2. 传承文化区——述古传今，继承发展中华民族博大精深的传统文化，展示爱国主义精神

该区域主要包含教学区四个中庭以及行政楼门厅。通过对传统文化的挖掘，展现中华民族在历史长河中的光辉成就，以及通过对学校爱国主义的挖掘，展现西高学子做出的贡献，为学子们发扬民族文化树立自信心和责任感。

园区采用三个主题园和一个纪念园的形式组合而成，三个主题园分别代表传统文化中行为、精神和语言三大领域。

技——主要指科技发明，体现传统文化中的行为领域。以科技成果为线索，展示古今中外科技文化和西高本校相关领域的师生介绍和作品。

思——主要指思想道德，体现传统文化中的精神领域。中国传统文化思想源远流长，具有高度原创性和独特性。

文——主要指文学作品，体现传统文化中的语言领域。中国古代文学是民族文化宝库中的瑰宝，中国文学体裁丰富，佳作迭现，对中国乃至世界影响深远。

忆——打造纪念郁达夫老先生的"郁园"。这是对西高历史精神的传承，也是对创建西高记忆的延续，不仅代表着学校的精神面貌，同时也记载着人文历史。

行政楼门厅——踏进门厅，映入眼帘的是一幅幅世界名画，两侧墙壁设计

为两块巨型浮雕，一面展示中外名著和经史子集，一面展示世界古今中外名人。

3. 启新文化区——放眼世界，展望未来，打造时尚校园、科技校园

该区域包括休憩空间区、生活区、运动区三部分。通过构建以现代交流公共空间为主体的休闲生活方式，塑造创新的文化氛围。

二、增加资金投入，完善校园物质设施建设

校园文化的建设和各项活动的开展都离不开必要的物质设施，校园物质设施是学校各项文化活动的载体。因此，学校应积极创造条件，逐步完善物质文化设施建设，增加学校物质文化建设的资金投入，为学校的各项教育教学工作的发展和学校自身建设提供必要的物质基础，使校园文化的各项活动健康有序地开展。

著名教育家李秉德先生在其《教学论》中指出，教学设施是构成学校物质环境的主要因素，是教学活动赖以进行的物质基础。从大的方面讲，学校的物质设施应当包括校园、教室、宿舍、图书馆、礼堂、教师办公室、实验室、操场、食堂、浴室以及各种绿化设施如草坪、花坛、水池等；从小的方面来讲，课桌椅、实验仪器、图书资料、电化教学手段、体育器材等，都是教学活动必需的基本设施。

（一）西安市第四十六中学

2002 年 8 月，我在西安市第四十六中学开始了作为校长的工作历程。当时校园破旧，教室里面长梧桐，教室都是席棚，能看到天，漏雨严重。教师思走，学生只有不到 300 名。在政府的支持下，我积极争取社会力量，努力抓学校基础建设，拆除全部危房，美化校园环境，致力于将学校建设成环境优美的现代化学校。

西安市第四十六中学旧照

西安市第四十六中学重建后的照片

我离开这所学校的时候，学校真是发生了非常大的变化。当年的漏雨教室，我们全部拆除，建成7000平方米的高标准化田径场、篮球场；新建3000平方米教学楼、1400平方米实验楼，解决了近300名学生的食宿问题，实现了空调、有线电视、有线广播、互联网进教室。学校连续三年高考升学率、会考优秀率在全区名列前茅，学校声誉不断提高，学生人数翻了一番，也得到了社会的肯定，还先后获得"国防教育先进集体""文明单位""绿色校园""优秀党支部"

等荣誉称号。

（二）西安市第三十中学

西安市第三十中学是西安市教育局直属的一所完全中学，根据学校办学条件，我们确定了"精品化、高品位、有特色"的办学目标。长期以来，学校大力加强校园文化建设，深入推进素质教育，教育教学质量不断提高，办学品位稳步提升，特别是在校园文化建设方面探索出了一条特色之路。

校园文化建设的基本思路是：以科学的教育发展观为指导，以育人为宗旨，以丰富多彩的活动为载体，按照"校园建设营造整体美、绿色植物营造环境美、名人佳作营造艺术美、人际和谐营造文明美"的思路，既重视硬件建设，也重视软件建设，既体现主旋律，又倡导多样化，既加强规范引导，又注重个性发展，从而实现了我校校园文化的不断发展和全面繁荣。

校园文化建设理念是：加强校园环境的建设，整合校园时代文化精华，构建健康和谐文化氛围，充实校园师生生活内涵，提高学校办学品位，推进素质教育深入发展。

教学设施建设是办好完全中学的先决条件。学校通过整体规划设置了物理实验室、化学实验室、生物实验室、校园网络中心、计算机教室、多媒体教室、语音教室、多功能大厅、图书馆、学生电子阅览室、教师电子备课室、体育活动室、机器人工作室、通用技术教室、陶艺教室、音乐教室、美术教室、书法教室等等。校容校貌得到了很大的改变，教育教学设施有了明显的改善。这些为进一步发展校园文化提供了坚实的物质基础，为学校做强、做久打下了扎实的基础。学校先后获得了"陕西省文明校园""陕西省标准化高中""陕西省艺术教育示范学校""陕西省依法治校示范校""陕西省'十二五'教育发展创新单位""陕西省素质教育示范学校""陕西省最具创新发展力中学""陕西省科研兴校明星校""陕西省模范职工之家""陕西省校园文化建设优秀成果一等奖"等多项荣誉。

西安市第三十中学重建后照片

(三) 西安高级中学

西安高级中学校园文化之精魂取源于学校前身"崇化书院"之"崇",楼宇以"崇"字开头,分别以"德""智""体""美"命名;四大活动园区设计分别突出人文、科技、艺术、体育主题。这让每一幢楼都有自己的文化寓意,有效增强了感染力和影响力,使这些建筑物有了生命。

为创设育人实践体验情境,我们着力加强校园硬件建设,建立了独立的多媒体教学实验室、电教楼、探究实验楼、图书楼等建筑,以及校史馆、古籍室、汉文化展室、藏文化活动室、国学教室、击剑馆、生涯发展中心、创客中心、通用技术教室、汽车模拟驾驶教室等培养"双高""双强"人才的特色部室。同时,大力推动创新实验室建设。学校理、化、生实验室,地理、历史、舞蹈、音乐、美术等专用部室一应俱全。学校现有机器人专用教室三个,创客中心一个,配备先进的教育教学设施。

西安高级中学

学校计划在校内开辟三大空间，为学生发展提供持续的、科学的培养体系。阅读空间设在行政楼一层，将整个图书馆改造成落地飘窗、通透式的空间，引进各种电子图书阅读设施，让学生自由地汲取知识。体验空间设在西教学楼生涯发展中心，四层楼3000多平方米的面积，设有同济大学飞行器研究实验室、物理化学生物创新实验室、医学院实验室、生涯指导中心、心理指导室等。拓展空间设在学校操场北侧，可用于体能锻炼、专业训练、意志磨炼等活动。三大空间的设置符合学生思维提升、认知能力、实践体验的发展特征。

学校新校区占地150余亩，教育教学设施先进，功能齐全。智慧校园平台已基本搭建成功，极大完善了教育、教学条件，为迎接新课程改革及优化校园文化做了积极准备。今后学校将继续加大和高校的合作与交流，以基地建设为依托，形成集人工智能、科技创作为一体的现代化科技教育中心。作为市教育局直属公办重点中学，市委、市政府、市教育局对西安高级中学办学支持力度大、决心大、措施细，给了全体教职工信心和动力。2020 年学校硬件建设项目及内涵发展项目均已完成。2021 年教育局又拨付资金 140 万元用于实验基地设施设备的完善和补充。

三、融合科学艺术，创设校园休闲绿地和庭院

有人曾说：美的环境是一部立体的、多彩的、极具吸引力的教科书。校园是师生生活、学习、活动的场所，在学校建筑、园林、景点等设计和建造中，要注意其教育内涵和美感，使学校里时时处处、每事每物都具有一定的教育意义，都具有一定的艺术感染力，使之不断地对学生产生良性刺激，促进他们形成高尚的情操、文明的举止。"同学们在对美的欣赏中，获得美感，审美能力得到提高；在美的愉悦中激发出了热情，丰富了情感，净化了灵魂。"美化校园以及引导学生参与校园的美化本身就是对学生的教育。

校园绿化是学校文化建设的重要组成部分，是学校整体面貌和环境特色的重要体现，是校内各功能区隔离和联系的主要手段。校园绿化对发挥校园环境的生态功能、提高环境品质、塑造人文环境、划分空间与营造景观等起着重要作用。比如，西安高级中学坚持以绿化为主的原则，以丰富多样的绿色植物装点校园，使校园景观呈现园林化的绿色环境，展示出生态优良、景观优美、空间优质的绿色校园环境。学校建有色叶风景林，色叶与开花灌木进行空间围合，适当点缀部分乔木，形成高地搭配，营造具有观赏特色的半开放空间。在校前区花池以及电教楼前广场，建设了彩色地被带，形成色彩鲜艳、装饰性较强的连续构图的景观。同时，学校结合几何地形，营造了简单大气的校园草坡，创造了舒适宜人的环境和舒缓压力的公共空间绿地，使学生们每天生活在胜似花园的校园中，唤起学生美的意识，使学生受到美的熏陶，促进其身心健康发展，形成良好心理品质。

西安高级中学绿化

四、寓教于乐，创设富含文化内涵人文景观

杜威说过："成人有意识地控制未成年人接受什么教育的唯一方法，就是控制未成年人的环境，他们在什么环境下活动，就在什么环境下思考和感受。"

学校的人文景观是有目的创设的具有教育意义的人文环境，体现学校历史、地区特点、时代精神。景观对个体的成长，特别是对人的精神境界、文化品位、审美能力、道德情操有重要影响。丰富的室内外人文环境能促进学生多层次交流，便于培养学生的能力，结合校训、校风的景观能在思想品德、审美情趣、环境意识、行为方式等方面潜移默化地教育与熏陶学生。非课堂的培养往往使在此受教育的人终生难忘。

反映学校历史上优秀人物和事件或具有特殊意义的雕塑、园林、场馆，以特殊事件、时期命名的建筑物，体现学校历史的古老设施、建筑，具有学校自身特点的活动、休憩、绿化角落以及校舍内设置的美术、书法作品，都是反映学校历史和特点的人文景观，具有丰富的内涵及教育意义。学校要根据本校培养目标、办学历史和传统以及校园整体规划，建立主题雕塑、纪念碑和历史人物塑像等人文景观。

2013 年 5 月，市教育局党委任命我为西安市育才中学校长。西安市育才中学是中国共产党最早创办的学校之一，长期以来，被誉为"红色摇篮，三秦名校"，在学校文化发展方面有着优良的传统和积极的实践，在学校特色建设方面进行了长期的探索，取得了长足进步，已经形成了育才特色的办学思想、红色文化底蕴的校园文化。

校园布局要有神。散文讲究形散神不散，校园布局也要体现学校精神，要有校园文化的主题。上任之后，在基础建设方面，我带领学校以红色文化为核心，整体规划了校园的教学区、活动区的布局，精心设计了"特立园、育才亭、成长大道、延安石"四大景观，在整个布局上展现从延安保小到西安育才的历史进程，体现一脉相承的办学思想，展现育才中学弘扬延安精神，承袭红色文化，开展校园文化建设的特色，为学校学生的健康成长营造了良好的文化环境与氛围。

（一）特立园

走进育才中学，红色文化的气息扑面而来。一进校门，右手边的位置是特立园，是为了纪念首任校长徐特立先生而建立的。走进园子，会看到许多景物，包括纺车、碾子、窑洞。当时在延安，没有机器，老一辈革命家就用纺车来纺线，用碾子加工杂粮，在窑洞里生活。看到这些物品，仿佛回到了过去的延安，我们不由想起先辈们发展生产、艰苦奋斗、自给自足的场景。

西安市育才中学的特立园

在园子中间有一座雕像，这座雕像是一位面目慈善的老人——徐特立先生。

徐特立先生是革命家、教育家，是毛泽东的老师，也是育才学校的第一任校长。在雕像四周的石碑上刻有徐老的名言、教育方针等。徐特立先生作为首任校长，倡导以真为美，以善为美，以淳朴为美，他对党和人民忠心耿耿，为真理可以赴汤蹈火，为人襟怀坦荡，他不慕名、不图利的精神一直激励着我们大家，这些精神后来都成了保小精神的一部分。

（二）育才亭

　　校门左手边的位置是育才亭。首先映入眼帘的是已逝的原《红旗》杂志编辑、育才校友浩然先生的题字——"育才"。"育才"意为"育人成才"。育才中学校风是"校以育人为本，师以敬业为荣，生以成才为志"，这也是校名的含义。接下来可以看到一面城墙。这面城墙是古都长安的标志性建筑，学校用城墙来象征西安，而特立园的窑洞象征着延安，寓意这所学校从延安保小到西安育才的风雨历程。育才亭的松树比特立园的松树要大，这表示育才中学是逐渐发展、壮大的。育才亭上镌刻着"栽植赤橙黄绿花，嚼尝酸辣苦甜味"的楹联，表示生活的滋味（酸甜苦辣咸淡涩）、人生的色彩（赤橙黄绿青蓝紫），这副对联生动赞颂了老师呕心沥血、无私奉献的高贵精神，畅想了学生多姿多彩的未来人生。亭子附近是部分校友的简介，其中有国家领导人、科学家、各行各业的建设者等。

西安市育才中学的育才亭

　　植树节，为进一步建设绿色校园，激发广大师生爱护植物、保护生态环境的意识，学校组织近 30 名学生环保志愿者，以"相约春天，共植希望"为主题，为校园 134 种花草树木挂上了"名片"。这种挂"名片"活动，既是一次生物教研组带领学生对校内教学资源的开发活动，也是推进校园文化建设，改善校园环境的具体行动。活动一方面使学生增长了知识，增强了综合实践能力；另一方面，培养了学生爱惜花草树木，爱护环境，爱护家园的意识。

（三）成长大道

正对校门的路就是成长大道，这条路共长 100 米，中间镶嵌了 12 块大理石，这 12 块大理石上面记录着育才中学 70 多年艰苦历程中 12 个重要的里程碑。在大道的两侧，有两条黄色的线，寓意延安精神和红色文化的两条主线。学校正是在延安精神的指引和红色文化的熏陶下，不断发展壮大。

每天清晨，全校师生必然都会走过这条百米大道，踏着红色的足迹，感受育才中学 70 多年来的沧桑历程，接受一次来自红色历史的洗礼，从内心深处感受到，如今我们这美丽的校园生活是多么的来之不易。

笔直宽阔的大道两旁，对称地耸立着四座具有现代化气息的教学楼、办公楼。抬头北望，科技大楼高大气派，建筑群落红瓦白墙，格调别致：校园内草坪如茵，绿树成行，名花贵树，曲径亭阁，错落有致。1 号教学楼名为"尚德楼"，它寓意学校把学生的德育工作放在第一位。在尚德楼侧面刻着"校以育人为本，师以敬业为荣，生以成才为志"。2 号教学楼名为"尚学楼"，寓意学校继德之后，注重的就是学生的学习，上面写着"科学管理，发展特色，质量为本"，这是学校的管理理念。与尚学楼相对的是 3 号教学楼，名为"尚艺楼"，寓意学校在注重学生的品德和学习的同时，也希望学生能够全面发展，提高艺术修养。楼侧面刻着"爱岗敬业，勤勉奋进，善学乐教"，这是育才的教风。

西安市育才中学的成长大道

在路的两边还可以看到不同的展板，有艺术特长生训练的课表，有学生活动课的大课表。这体现了学校把活动课程化的理念，鼓励所有学生都参与到其中，并且在不同的活动中体会到不同的乐趣。

（四）延安石

成长大道的尽头就是延安石，它落成于 2013 年 12 月 26 日毛主席诞辰 120 周年之际，宽 7.8 米，高 3.2 米，重约 45 吨。它是这所学校弘扬延安精神、承袭红色文化、开展校园文化建设的主要内容之一，它标志着育才校园文化建设的正式启动。

这块石头上刻有 14 个大字："为教育中华民族的新后代而努力。"这是毛主席给育才中学的前身延安保小的题词，它既是一种褒奖，也是一种希望，更给我们指出了教育的方向。这块石头非常有特点，它既像一头飞奔的牛，也像一个"朝向前进方向"的箭头，更像一面舒展的旗帜。这块石头还有个小秘密——石头的左上方有一枚镰刀似的印记，似党徽指引着我们前进。

西安市育才中学教师在延安石前合影

延安石的落成激励着我们。在延安精神的鼓舞下，在党的教育方针的指引下，要回归教育本真，为提高教育教学质量而不断努力，我们将会如这延安石一般坚定不移。

我们在科技楼一层建成了开放的校史长廊。一进科技楼，头顶上硕大的红星熠熠生辉，两边"陕甘宁边区教育宗旨"和"党的教育方针"遥相呼应，大厅上方青铜浮雕般的育才中学迁徙图和历程图让人感受到往昔的峥嵘岁月。走廊两边的墙壁上，分别呈现了"领导题词""红色摇篮""光辉岁月""新的历程"等主题板块，充分展示了学校发展的光荣历史和办学成果。历史和今天在这里交映生辉，延安保小到西安育才的发展脉络清晰可见。

西安市育才中学校史长廊

置身于育才校园，时时处处可以感受到浓浓的育人氛围，育才中学从历史中走来，正是沿着这条"艰苦中自强、坚守中创新，敬业中协助"的道路风雨兼程，却又一路辉煌，这条路已成为学校发展历程中弥足珍贵的精神财富。

红色文化、延安精神是我们的旗帜，素质教育、艺体特长是我们的追求。育才中学是个大舞台，一代代育才人在这里演绎着自己的精彩人生，获得学业、事业的发展。育才中学就是一个温暖的大家庭，这里有朋友间的温暖和真情，也有亲人般的包容和关爱，我们要珍惜她、呵护她，与她荣辱与共，并肩前行。

五、打造标识文化，彰显办学理念

我们所生活的时代，到处都充满着符号。从马路上的红绿灯到商店里大大小小的商标，无论你走到哪里都会看到这样或那样的标志。所谓标志，就是表明特征的记号。一个标志不但代表着一个存在的实体，而且表达着自己独特的含义。校园内的标志都渗透着校园构建主体们的精神和奋斗目标，时刻提醒人们朝着共同的目标前进。校园标志文化主要通过校徽、校旗、校色等来体现学校的办学理念、价值态度和精神风貌。

以育才中学的校徽设计为例。校徽是一所学校的标识之一，是学校精神、气质和风采的形象化标识，是时代精神和办学理念的折射，是学校独特的思想文化境界的体现。育才中学校徽由"育才"的汉语拼音声母"Y""C"组成，整体图案寓意花园中的幼苗正在太阳的照耀下茁壮成长，暗含"育才"之意。蓝色的"C"代表了学校良好的校园环境，寓意育才校园是青少年茁壮成长的花园，是师生愉悦幸福的乐园，是平安和谐的家园。"Y"绿色的主干代表了育才的莘莘学子，象征着青少年成长的蓬勃活力；"Y"左上红色的点变形成的太阳代表着红色血脉薪火相传；下方的"1937"表示学校有悠久的办学历史和丰厚的历史文化积淀。校徽图案构思新颖，寓意深刻，虚实结合，庄重典雅，朴素大方，简洁明快，富有美感，焕人以激情，励人之壮志，崇人以美德。由此派生出来的"勤奋、守纪、求实、创新"八字校训箴言，不仅是对校徽寓意的最好诠释，也是对学校精神的精炼提纯。

西安市育才中学校徽

校园物质文化作为重要的教育资源，是校园文化的重要组成部分，是校园文化建设的基础，有自身丰富的内涵。在校园文化建设过程中，必须重视校园物质文化的地位和作用，搞清楚校园物质文化建设的原则、内容和要求，注重精神文化和物质文化的整体建设，发挥教师和学生的创造潜能，注重学校自身的特色和理论研究。这样才能提高校园文化的整体育人功能，充分发挥校园物质文化作为教育资源的作用。

第三章　强化思想引领，践行精神育人

第一节　精神文化，校园文化建设之魂

　　校园精神文化是校园文化的核心内容，也是校园文化的最高层次。它是一种内隐文化，看不到，也触摸不到，但却以不同的形式实实在在地存在于校园的各个角落，影响着校园文化以及学校的发展。校园精神文化是校园文化的精髓所在，是物质文化与制度文化形成的基础和原因，是全体师生员工共同创造并信守的精神品格、理想价值、道德风气等意识形态，是一所学校品质、个性、精神的集中反映。它长期以来凝结了校园一代又一代学生的思想和行为习惯，深刻地影响着后来者。

　　学校在强调建设校园物质文化的同时，也应加大对校园精神文化建设的力度，把精神文化融入学校建设的各个环节，增强校园精神文化的浸润性，实现精神育人。加强校园精神文化建设不仅有利于推进学校走内涵发展之路，也有利于学校进行特色育人，实现特色教育，促进学生的全面发展，最终实现质量立校，文化强校。校园精神文化主要包括校风、教风、学风、班风和学校人际关系等。

一、校风建设

　　校风作为构成教育环境的独特因素之一，充分展示了一个学校的精神风貌，是一个学校的形象窗口。在体现形式上，校风主要表现在校训、校歌、校徽和

校旗上。优良的校风是和谐校园的标志。良好的校风具有深刻的凝聚力和感染力，使不符合环境的心理倾向和行为时刻受到一种无形的压力，使每一位校园人日趋巩固集体感受，并形成集体成员最协调的心理相容状态，防御不良的心理倾向和行为，有效地排除各种不良心理倾向与行为的干扰。学校通过对校风的建设，积淀具有校本特色的校园文化底蕴，进而使其成为学校团结师生的凝聚力和向心力。

二、教风建设

教风是教师在长期教育实践活动中形成的教育教学的特点、作风和风格，是教师道德品质、文化知识水平、教育理论、技能等素质的综合表现。良好的教风是校风建设的重点，好的教风可以展现教职工良好的人格形象与气质。教师所展现出来的精神风貌则会直接影响到学生。要树立良好的教风应做到以下几点：

一要明确教风建设的主要目标。教师要积极投身于教育教学、教育科研和教育管理之中。教师要热爱教育、热爱学生，不断修炼自己的师德风范，丰富自己的科学文化知识，努力成为学生喜欢、家长尊敬和领导、同事认可的优秀教师。

二要广泛开展师德建设活动。建立有效的师德考评机制，制定和落实考核评估体系与规章制度，坚持开展"社会公德、职业道德、家庭美德"等标兵评选活动。以平时工作量化、年终考核、学生问卷、家长评议等工作环节，评选师德标兵。通过弘扬优秀师德的评选、报告会、演讲、征文等活动，净化教师心灵。

三要建立有效激励机制。组织开展教学比武、教研成果评比、教学名师评选等活动建立健全教学管理信息系统。同时严格执行课堂教学质量评估制度和教学事故认定制度，建立并完善教育教学督导体系。

四要强化日常工作管理。必须严守工作纪律，加强制定课堂质量标准和专业培养方案工作，认真备课和批改学生作业，按质按量地完成课堂教学任务，做一名合格的人民教师。

三、学风建设

学风是指学生集体在学习过程中表现出来的治学态度和方法,是学生在长期学习过程中形成的学习习惯、生活习惯、卫生习惯、行为习惯等方面的表现。学风不仅受校风、教风的影响和制约,又对校风、教风的形成起促进作用。优良学风对学校教育教学质量的提高,对学生人格品质的发展和完善,对培养学生成为德、智、体、美、劳全面发展的接班人,都有重要意义。

四、班风建设

班风亦是无形的精神载体,一所学校班风建设的成效影响其教育的成效,关系到每个学生个性化和社会化的广度与深度。良好的班风主要是指尊师爱生、勤奋学习、关心集体、遵守纪律、团结友爱、艰苦朴素、热爱劳动、讲究卫生、积极锻炼等。良好的班风只有在班级中大多数学生具有良好的思想、品行、作风时才会形成,而良好的班风一经形成,又反过来形成、巩固和发展班集体,对教育班级的每个成员都产生积极的潜移默化的作用,有利于每个班级成员在良好的班级氛围中健康成长;反之,如果一个班风气不正,班集体精神涣散,则会对班级成员产生消极影响,败坏学校风气。

要抓好班风建设,一是教师要当好表率,教师要规范自己的言行,因为教师的一言一行在无形中会影响学生,教师要给学生树立良好的榜样,成为学生学习的对象。二是充分发挥学生干部的带头与管理作用,学生干部一方面可以分担教师的任务,另一方面可以更好地管理学生,影响学生,最终使学生达到自我管理、自我教育、自我约束的目标。三是班级要做好卫生清洁工作,这样学生才能在一个舒适、愉悦的环境中更好地学习与生活。四是营造积极进取的学习氛围,帮助学生养成课外阅读、课堂思考、积极回答问题的良好习惯。五是广泛开展健康向上的班级活动,充分利用主题班会,弘扬正气,为建设良好的班风起到积极作用。

五、人际关系建设

"天时不如地利，地利不如人和。"学校人际关系包括学校领导之间的关系、学校领导与教职工之间的关系、教师之间的关系、教师与学生之间的关系、学生与学生之间的关系。从某种意义上说，人际关系是一种高级形式的校园文化。良好的学校人际关系有助于广大师生员工达成密切合作，形成一个团结统一的集体，更好地发挥整体效应。良好的集体意识是一种积极向上的群体规范，对学生思想品德的形成是一股巨大的无形力量。师生间要建立融洽和谐的关系，教师要从"导演"的角色过渡到"搭台"的角色，通过搭建师生相互交流、相互学习的平台，才能取得最佳的教育效果，因为学生"亲其师"才会"信其道"。

同时，教师应有目的地引导、强调同学们遵循守规守纪、相互理解、团结互助的基本原则，克服自卑、嫉妒、自私、自傲等不良心理，鼓励学生要充满自信、公平竞争、助人为乐、大度为怀。提倡同学之间在学习上互帮互学，共同进步；生活上一人有难，八方援助；纪律上相互督促，相互提醒；思想上相互交流，相互提高。同时重视学生的心理疏导，帮助他们解除烦恼，健康地成长。比如，西安市第三十中学通过着力营造和谐校园，形成了"干群互敬、师生互动、教师互学、学生互帮"的良好人际关系，增强了学校的凝聚力和向心力。

总之，有学校的存在就应该有校园精神文化的存在，一流的学校更要有一流的、独特的校园精神文化。一流学校除了要有高水平的教师队伍，先进的基础设施建设，高水平的课程设置，拥有高质量的校园精神文化建设更是重要。一所学校，如果形成了良好的校园精神文化，就能够使师生在校园环境的潜移默化中，形成良好的品质和行为习惯，并代代相传，形成一种巨大的教育力量。正如陶行知所说："要把教育和知识变成空气一样，弥漫于宇宙，洗荡于乾坤，普及众生，人人有的呼吸。"

第二节　营造精神氛围，引领师生成长

随着国家对文化发展的需求日益增长，校园文化建设也逐渐成为学校发展的重要工作。校园精神文化建设也越来越成为学校内涵发展的重要阵地。开展校园精神文化建设，要加强校风建设，以优良的校风提高学校的办学质量；加强教风建设，以良好的教风提高教师的教学水平；加强学风、班风建设，以良好的学风和班风提高学生的学习能力；加强人际关系建设，以良好的人际关系和谐学生的人际交往。大多数学校在推进校园精神文化建设的过程中，基本上都需要遵循这样一个基本流程：

诊断：根据校园精神文化建设的几个主要组成部分（办学理念、校训、校风、教风、学风）来诊断学校的校园精神文化建设状况，另外还必须充分感受学校的师生员工精神风貌。

分析：根据诊断结果，分析学校精神文化建设的优势与不足，并分析师生员工对学校未来发展的期待和国家对教育发展的预期。另外还需分析学校自身的历史、文化背景，区域文化背景。例如，学校名人名事、学校特色或者地区名人、地区特色。

文本提炼：经过诊断、分析，就该对学校精神文化进行文本提炼。文本提炼必须充分体现学校特色，必须对学校发展具有引领作用，又符合学校的"最近发展区"（即学校通过活动能够达到的预期），同时又要高瞻远瞩，还必须符合时代对教育的要求，符合学校、教师、学生发展实际，要让广大师生员工能够在学习生活中践行。

文本解读：文本提炼出来后，辅之以文本解读，赋予它生命，并使文本有丰富的历史底蕴，有可依托的背景，也需要呈现充足的教育依据，使文本具有教育意义。另外文本还必须能体现学校发展的内涵，要将希望、要求、梦想寄托于文本。文本解读，能使校园精神文化的内容有血有肉。

保障落实：文本得不到落实就只能是空口号，学校管理者必须在学校建设、教师发展、学生教育等各个环节中推行文本，并辅之以活动，使活动成为文本的载体，使校园精神文化得以落实并得到深化。

不断反馈：精神文化文本在实践中得到反馈。校训、校风、教风、学风等并不是摆设，还必须要能指导师生员工，推动学校发展。若校园精神文化并不能很好地发挥作用，应不断修改，使之能促进学校内涵发展。另外校园精神文化还必须与时俱进，体现时代教育特色。

一、营造奋发向上的校风、教风和学风

(一) 西安市第三十中学

在西安市第三十中学，我秉承"立德树人，和谐发展"的办学理念，立志建设"最西安"的学校，以培养具有"西安精神、中国灵魂、国际视野"的现代中学生为己任。为了进一步明晰学校发展思路，学校在全校师生中开展了征集校标、校歌、校训和"三风（校风、教风、学风）"活动，确定了符合学校实际、富有特色的顶层理念体系——凝练出了"崇德、明志、积学、躬行"八字校训，形成了"知礼、和谐、求是、进取"的校风、"敬业、爱生、博学、善导"的教风和"守纪、尊师、勤奋、善思"的学风，得到师生普遍认同。这些理念进一步调动了教师的工作积极性，规范了学生的日常行为，学校的各项工作得到了有效推进。

教风是学校教育工作者群体教育理想、教育价值观的外在表现，是学校风气的重要组成部分。长期以来，学校从三个方面狠抓教风建设：一是以师德建设促教风建设，二是以专业能力建设促教风建设，三是以榜样为动力，促进教风建设。这一切促进了"敬业、爱生、博学、善导"教风的形成。

在学风建设方面，学校一是把主旋律教育放在突出位置，二是举办多彩的校园文化活动，三是对学生进行社会主义核心价值观教育。这在学生中形成了"守纪、尊师、勤奋、善思"的学风。

良好的校风、教风和学风，是学校巨大的无形资产，学校初中、高中连年获得新城区教学管理优秀奖。"我们附近有这么好的学校，为什么要舍近求远

呢？"越来越多的家长不断达成这样的共识。这一点从每年五月底举行的"校园开放日"活动时，周边小学和初中学校学生及家长积极参观学习、登记报名的盛况中便可看出来。学校师生良好的精神风貌，显著的办学成绩，赢得了省市教育行政部门的充分肯定和高度赞誉。

走进西安市第三十中学，看到的是优美整洁的校园环境，感受到的是温馨祥和的育人氛围和良好的校风，触摸到的是全校教职工争创一流特色学校的拼搏脉动。我们相信，勇于进取的三十中人，今后一定会在"高品位、精品化、有特色"的办学目标指导下，继续开拓进取，探索创新，再创佳绩。

（二）西安市育才中学

1. 校风：校以育人为本，师以敬业为荣，生以成材为志

"风"，风气、风尚也。校风是一所学校所特有的占主导地位的行为习惯和群体风尚，是全体师生员工理想、志向、愿望和行为习惯等多因素的综合，是一种精神状态和行为风尚。优良的校风是学校办学指导思想和培养目标的集中体现，是培育优良学风、教风的根本保证，它全面地反映出一个学校的精神面貌和办学水平。

"校以育人为本"是教育工作的根本要求。人力资源是我国经济社会发展的第一资源，教育是开发人力资源的主要途径。这就要求我们以学生为主体，以教师为主导，充分发挥学生的主动性，把促进学生健康成长作为学校一切工作的出发点和落脚点。"育人为本"就是要以《国家基础教育课程改革纲要》和课程标准为指导，结合"讲究道德情操，追求文化品位，崇尚科学精神，涵养民主风气"的文化理念及"学会学习，学会生活，学会与他人相处，学会处理个人与集体的关系"的学生学习理念和培养目标，以培养学生的创新精神为核心内容，坚持以学生发展为本，尊重学生，信任学生，指导学生，促使每一个学生都得到个性发展。以此为契机，进一步升级学校品牌、创办学校特色、提高办学水平，最终促使学校、教师、学生共同和谐发展。

"师以敬业为荣。"但凡为人师长，须以敬业、奉献、育人为本，社会和学校等大环境也应尽可能为教师们提供优良的工作资本和环境以鼓励之。师者，传道授业解惑者也。师，是个伟大的称呼。"学高为师，德高为范"，教师是个

文明传承、教书育人、恩泽世间的光辉职业。"师以敬业为荣"，严于律己，不断进步，做好本分工作，这是最基本的要求。

"生以成材为志。"作为学生，应不断严格要求自己，时刻记得自己求学的主要任务，立志成材，多学多练，并在步入社会依然保持这种精神，做对社会、对家庭有用的人。学生时期是人生的基础时期，很多转折都在这里。年少时，不少人因为不懂世事维艰，不懂珍惜和努力，心性不定，最易茫然、放弃或激进，也最易挥霍浪费、颓废决绝，从而无所事事、虚度年华。所以，确立并坚定志向尤为重要。

2. 教风：爱岗敬业、勤勉奋进、善学乐教

教风是教师的世界观、人生观、价值观、道德修养、知识水平、文化水准、精神面貌等的综合表现，是教师的德与才的统一。教风是教师队伍素质的核心，是学校品牌和校风的象征。教师的教风不仅表现在课堂教学及各项教学活动中，也表现在科学研究和学术活动中，还表现在教书育人和为人师表等方面。

爱岗敬业，是良好教风的内在灵魂，是教师基本的职业要求和道德规范。教师的爱岗，就是热爱教育事业，具体体现为热爱工作和热爱学生。热爱工作，意味着尊重和珍惜自己的选择，表现为对教育事业全身心投入和不悔追求的信念、态度和决心；热爱学生，意味着对学生人格和生命的尊重、对学生潜能和自觉的信任、对学生思想和行为的理解、对学生知识和不足的宽容，表现为对学生的关注、关心和关爱。一个热爱教育事业的人，会感到教育教学对他人生的意义与对他生命的价值，他会在教育教学活动中感受到生命的律动和活力，体验到人生的快乐与幸福，捕捉到生活的绚丽与精彩。学生是他生命的给养，讲台是他生命的舞台，教学是他生命的源泉。教师的敬业，就是对国家教育发展和学生成长的强烈使命感和责任感，具体表现为对教育教学工作的认真负责、一丝不苟和精益求精，对学生的热情关怀、尽心尽力和无微不至。在教育教学活动中，表现为认真备课上课，认真批改作业，认真辅导每一个学生，不敷衍塞责；也表现为对学生的热切关注，对教育教学工作的科学设计与有效实践等。

勤勉指努力不懈。《荀子·富国》："奸邪不作，盗贼不起，而化善者劝勉矣。"教师的勤勉就是要勤于思考、勤于学习、勤于探索，这体现教师的学习态

度，反映教师的精神状态。奋进指振奋向前，奋勇前进。教师的奋进就是要以积极主动的态度、科学严谨的方法、团结协作的精神，追求教育教学工作的高效率、高效益。

教师的善学就是要善于探讨和钻研教学理论，精通教学技能，提升教学内功，为学生乐学修渠架桥。教师的乐教就是要有以从事教育工作为乐、为荣的人生价值取向，有能从事教育工作是人生最大幸事的幸福观念。

3. 学风：博学笃志、切问勤思、求真惜时

学风有两层含义：一是指学校的治学精神、治学态度、治学原则；二是指学生的行为规范和思想道德的集体表现，是学生在学习过程中所表现出来的精神风貌。有时也特指学生的学习态度和学习风气。

"博学笃志，切问勤思"，意思是博学而且志向坚定，恳切地提问，多思考当前的事。博学是从各方面去学习，以开拓知识的范围。笃志是立了志向，就要坚定不移。切问是恳切地问。勤思是要勤于思考。"博学笃志"是传统学风的精华，"切问勤思"是新课程理念在学习观上的突出体现，更是我们当前学风建设的关键所在。

"千教万教教人求真，千学万学学做真人。""求真"就是要做真实的人，做真诚的人，如此方可立身于世，行走天地间。万事求真，则事可成；万事求真，则业可就。真乃善美之始，没有真，则无以求善美。学习中，求真，求实，求是，方可臻学习佳境。

一切都在时间中诞生，唯有惜时如金，才能使学习有更佳效果。惜时，就是要合理安排利用时间，科学分配时间，求时间的最大效用，而不是加班加点，也就是说，要讲究时间的利用率。有此意识，则可致学习的高境界。

（三）西安高级中学

1. 校风：崇德、养正、求是、创新

西安高级中学历来注重师生的品德教育，坚信"学高为师，德正为范"。学校定期开展师德培训，精心组织教师学习《中华人民共和国教师法》《中小学教师职业道德规范》等法规文件并认真落实。师生把"坚持真理，追求真知，永做真人"作为座右铭，努力培养自身的社会正义感和廉洁方正的人格，抵制不

良社会风气。在办学中坚持"实事求是"的原则，从实际出发，从不因循守旧，故步自封，而是大胆探索教育教学规律和适合新形势的教育方式方法，在长期实践中摸索出一套具有特色的"新、严、细、活、实"的学校管理目标模式。德育处等部门制订专门教育计划，积极培养学生的开拓创新精神和吃苦耐劳精神，以每年一度的军训活动和"感恩周"活动为契机，进行有针对性的道德教育。学校特色教育成效显著，受到了家长和社会的普遍赞誉。学生踊跃参加"合唱""书法"" 太极拳""微电影""话剧""文学""小记者""鼓乐"等社团活动并获得了优异的成绩。

2. 教风：博学、敬业、严教、善导

西安高级中学的教师，学识渊博。历史上，西高教师以"博学、敬业、严教、善导"而闻名：民国时期的校长李仪祉是全国著名的水利专家；数学教师熊庆来是著名的数学家，是另一位数学家陈景润的启蒙老师，中国函数论的主要开拓者之一，以"熊氏无穷数"理论载入世界数学史册；音乐教师江定仙曾任中央音乐学院的院长；国文教师卫俊秀是驰名全国的书法大师。我校教师学历均为大学本科及以上，有 30 余位中青年教师具有硕士学位，具有中、高级职称的教师超过 90%，目前有两位全国优秀教师和一位全国模范教师，一位全国优秀班主任。他们继承了西高前辈"博学、敬业"的优良传统，对自己与学生严格要求，从不降低教育教学标准；教育学生时讲究方式方法，"爱生如子"，有教无类，循循善诱，以理服人，深受学生尊敬和爱戴，在古城享有良好的声誉。

3. 学风：尚真、乐学、勤奋、精思

古希腊伟大的哲学家柏拉图说过："吾爱吾师，吾更爱真理。"英国近代唯物主义哲学家培根曾经就把"要追求真理，要认识知识，更要信赖真理"看作"人生中最高尚的美德"。西高的学生崇尚真理，勤奋好学而且热爱学习，善于思考，有独到的见解，因而成绩优异。2006 年陕西省文科状元孙凌，学习不仅刻苦勤奋，而且注重方法，在快乐中学习，在学习中感悟，高二阶段就凭优异的成绩考入北京大学。1996 年陕西省理科状元单玲，大学毕业后继续深造，获得美国加州大学博士学位。前任校长李仪祉，在德国留学期间，常常学习到深夜。有一次，夜间下班时间已过，图书馆管理员发现他还在专心致志地读书，便委婉地"赶"他去休息。这些足以说明西高学生因"尚真、乐学、勤奋、精思"形成了良好的思维和学习习惯，也因此成绩斐然，闻名海内外。

二、构建和谐校园，让师生有幸福感

校长的教育理想决定了一所学校能够走多远。我从梦想里没有"教师职业"的位置，到后来扎根校园，钟情师生；从追求"身前一亩菜地，身后一群孩子"，到身体力行建设"幸福快乐，和谐校园"……这是一条前进的路，这是一个心态成熟、思想跨越、理想升华的过程。

（一）我要让教师是幸福的

幸福是一种体验，是一种高级的、愉悦的情感体验。教师的幸福是什么？教师的幸福是对教育工作生存状态的一种精神享受。拥有自己的教育理想和信念，是一种幸福；拥有自己清晰而成熟的教育教学理念，是一种幸福；拥有充满魅力的教育教学艺术，是一种幸福。教师的幸福在学生认真的作业本上，教师的幸福在学生满意的答卷上，教师的幸福在家长充满谢意的脸上。学生的毕业证和入学通知书是教师的幸福，教师节学生送来的温馨贺卡和手工鲜花是教师的幸福，满天下的桃李打来祝福问候的电话是教师的幸福……

教师的幸福与众不同，是"痛并快乐着"。有"痛"是正常的：超负荷的伏案工作是颈椎病的诱因，天长日久吸入粉笔灰使鼻炎频发，超负荷使用嗓子导致咽炎发作。这都是教师经历过的痛苦。也有精神上的痛苦：比如有时候父母病了却不能照料，这是"忠孝不能两全"的痛苦；有时会因努力工作却收效甚微而郁闷；有时会因苦口婆心地教导却无法改变学生的不良习惯而无奈。如果遇上蛮横不讲理的家长，有可能教师几天几夜不得安宁，精神备受摧残。教师的幸福源于培育学生的过程，这个过程注定酸甜苦辣并存。我们的教师应该直面痛苦，解决问题，还要学会在痛苦中寻找幸福、享受幸福。而享受教学路上追求的幸福，最实际的就是做好自己分内的事，让自己所带的学生立志成才，报效祖国。作为教师，即使是"秀才遇上兵"，也要化干戈为玉帛。因为你只能往前走，必须往前走！

一个寓言故事是这样说的——小猪问妈妈："妈妈，幸福在哪里啊？"妈妈说："幸福就在你的尾巴上！"于是小猪试着咬自己的尾巴。过了几天，小猪又问："妈妈，为什么我抓不住幸福呢？"妈妈笑着说："孩子，只要你往前走，幸福就会一直跟着你……"只有不断进取的人才能品尝到幸福的滋味。教师要获取幸福就要通过自己扎扎实实的教学行动，不断追求更高的教育理想。

我当教师和后来当校长的时候，清晨看着三三两两的学生披着霞光来上学，仿佛看到了希望与未来……就这样我走过一所所学校，看着一个个孩子，向前，向前，没有波澜壮阔，没有惊天动地，但是有意义，有幸福的味道。

千百年来，教育发生过很多变革，可教育一定有永恒不变的使命，这一使命构成了教育的目的和主要任务。教育必须为每个学生创造美好的人生。教育为人生而存在，教育也只有为人生，才可独立而不至于成为工具或附庸，也才会拥有其永恒不变的价值。

（二）我希望学生是快乐的

"让学生快乐成长，将来成为幸福人。"这一理念是我基于素质教育进行深刻反思的结果，是贯彻素质教育的核心思想和理念，也是贯彻新课程的核心思想和理念。这一理念以学生发展为本，着眼于学生发展的全面性、充分性和可持续性，着眼于为学生的终身学习和终身发展奠定基础。这一理念有助于每个学生潜能的开发、健康个性的发展，有助于适应未来社会发展变化所必需的终身学习的愿望和能力的初步形成，有助于逐步代替枯燥单一的文化知识学习。

教育追求什么？一种说法是："为了孩子的一切，一切为了孩子。""让学生快乐成长，将来成为幸福人"其实质就是要让学生学习过程是快乐的，结果是幸福的。因为受教育应当是一种享受，不仅要使孩子们的明天幸福，也要使他们在今天就享受幸福和快乐，今天幸福明天才会更幸福，这才是教育的本意和真意，才是教育的一种追求。今天的幸福是什么呢？快乐是一种幸福，但是快乐来自辛勤的劳动，快乐必须用刻苦去换取、去支撑；轻松也是一种幸福，但不是不思长进，而是把课程内容内化后的充实；自由也是一种幸福，但是游戏是有规则的，学习是有规范的。所以这个理念是要让学生在"快乐而刻苦、轻松而充实、自由而严格"的环境中成长，在这样的教育过程中成长。从枯燥的学习中感受快乐，只有快乐的孩子，才愿意与他人交流，才更有自信心，也更有创造力，今后在社会中才能更好地与人沟通合作，创造财富。

所以，我希望我的学生们是快乐的：快乐学习、快乐生活、快乐成长。

（三）校长要有独属于自己的幸福感

我是一个很容易获得幸福感的人，当老师们和我打招呼时，当学生见面喊"老师好！校长好！"时，当学校高考成绩好、招生情况好、做了某项决议让大家很满意时……我都会觉得幸福。此外，克服一些困难，比如老师、学生之间的纠纷经过我的妥善处理解决了，我也会感到幸福。

幸福感来源于什么？成就感有时候可以带给我幸福感，但不是只有成就感才能带给我幸福感，很多事情都让我有幸福感。我自己有些时候很有成就感，但是不一定有幸福感。比如老师评职称、荣誉，老师评上了之后都非常感谢校长。但是当得到这些感谢的时候，我心里是很平静的，因为这不是我的功劳，换其他人当校长，老师依然是可以评上的。所以，我经常和老师讲，你得到了不要感谢我，你得不到可以骂我。作为校长，本身应该做的、所能做到的一切，我做到了之后，我不会有幸福感。但是如果这件事不是一般校长可以做的，而是因为我才做成的，这种成就感就会变成幸福感。

如何提升自己的幸福感呢？我认为关键是提升自身的修养、提升责任感，要有家国情怀。这样的意识会让我感觉到自己干的事情是一件很伟大的事情。很多校长在工作中感受最为深刻的可能是压力，而不是幸福感。那么校长如何才能拥有更多的持续的幸福感？

我觉得校长要调整自己，要自己找排遣和调整的方法。作为校长必须要有一定的心理调适能力。校长身上来自社会各界的压力特别多，安全、学校收费、升学、社会评价、学校内部评优、绩效工资、干部成长……很多问题都集中在校长身上。说校长权力很大，但实际上又没有什么权力。在这种情况下，校长必须有非常好的心理调适能力。上海的一位朋友，也是一名中学校长，和我交心时说他通过读哲学书来调整自己。我当时还不是很理解，但现在我理解了。校长必须开阔自己的视野，培养自己的爱好、志趣，以超越学校的思维来管理学校，这样视野更开阔，才能达到心理上的平衡，接纳做校长的压力和苦闷。

从个人来讲，我一直在追求自己的教育理想，也在享受着教育幸福。结合这些年我当校长的经历，我的幸福感分几个阶段：第一个阶段，大刀阔斧干工作时期是很有幸福感的，虽然现在回头看，当时我的一些办事方式并不是很稳妥，但不能否认那个时候我是有成就感和幸福感的；在第二个阶段，倦怠了，自然幸福感就不强了；到了第三个阶段，个人能力提高了，工作得心应手了，各方面比较满意了，这个阶段我的幸福感也是很明显的。

这是我的人生观、幸福观、职业观。我觉得，只要能够积极地调整自己，明确做人做事的根本乐趣所在，做什么职业都能幸福快乐。

第四章　健全制度文化，实现管理育人

第一节　制度文化，校园文化建设之柱

健全学校规章制度，塑造良好的校园制度文化，也是校园文化建设的重要内容。一所学校不仅要有优越的环境，良好的精神文化传统，还需要有科学的规章制度，否则，学校纪律涣散，管理混乱，非常不利于学生健康成长。

制度文化是校园文化的重要组成部分，它具有激励先进、规范行为、鞭策落后的功能，是校园文化建设的依托和保障。制定和落实校园文化建设的各项规章制度，是正确引导、有效管理、把校园文化建设工作落到实处的重要保证。良好的制度文化更有利于教育学生、促进学生的成长，更能使学生在遵守制度的过程中潜移默化地受到教育，养成良好的习惯，从而形成受用一生的良好品质。同时，加强校园制度文化的建设，对于确保学校各项工作的正常运转，对于完成学校的根本任务，对于培养出符合社会需要的合格人才，都有着极其重要的意义。

校园制度文化是指处于一定经济社会文化背景下，在长期的发展过程中逐步形成和发展起来的日趋稳定的独特的价值观，以及在此基础上形成的行为规范、道德准则、群体意识和风俗习惯等。相对于物质文化和精神文化，校园制度文化具备其自身鲜明的特性：

一是强制性。所谓强制性是指学校管理者或活动组织者有权根据规定对活动参与者的特定行为施行强制措施，且学校规章制度面前人人平等。校园制度

作为学校的规章制度具有很强的强制力，它规定师生员工必须做什么，怎样做才能是最好的，达不到要求采取怎样的处罚措施，等等。在文化管理活动中，行政指令是一种特殊的规范，它是以上级组织及其管理者的权威和下级及其被管理者的服从为前提的——上无权威、下不服从，规章制度就会变成一纸空文。

二是规范性。制度文化实际上充当了个体、群体和社会存在的一种内在凝聚力，是人们言行举止、交往互动的准则系统。制度文化体现为各种规范，因而规范性不仅成为制度的本质，还自然成为校园制度文化的内在要求。校园制度文化以一定的形式、规范的语言，阐释一定的含义，是对学校各项文化活动进行不同程度的定性和定量的规定和限制，从而对学校各项活动和校园主体有着鲜明的规范作用。

三是稳定性。学校规章制度对于校园主体具有普遍的约束力和行为规范，因此对于它的制定和废除都要慎重而严格，从而保障学校规章制度的稳定性和持续性。除了来自社会大环境的部分常常随政策和社会时代变迁而带有某种易变性外，那些为时间所证明的优秀文化具有恒常性，这些文化在长期的历史发展过程中经过约定俗成的方式形成，往往积淀于文化共同体的集体无意识之中，在潜隐层充当着人们的行为准则，因而具有化民成俗的品格。

俗话说："没有规矩，不成方圆。"一所学校没有切实可行的规章制度，学校的各项工作就不可能有序发展。好的管理制度应该是集体智慧的结晶，是学校高效管理的保障。因此，学校要构建科学、民主的人本管理制度，让全体师生每天都生活在一个既规范有序又富有人文、民主气息的环境里。

第二节　建章立制，夯实学校发展根基

校园制度文化建设是素质教育的重要内容，其本质是在以人为本的原则下实现人的全面发展。学校制度是基础，校园文化是升华，只有把学校的价值观念、制度规范、行为准则渗透到全体教职员工与学生的日常工作和学习中，高尚的校园风气和校园秩序才会形成，只有重视校园制度文化建设，才能从根本上提高学校竞争力，为构建和谐社会添砖加瓦。

校园制度文化建设包括制度建设、组织机构建设和队伍建设三个方面。组织机构建设和队伍建设是确保制度建设落到实处，并使其真正起到规范校园人言行的关键环节，校园文化组织机构的健全和完善，校园文化队伍的勤奋与能干，对正常开展校园文化活动，加强校园文化建设，具有十分重要的、决定性的作用。

我认为，在建设校园制度文化方面，也应不忘育人的初心，坚持以人为本，制度的设立和修订体现管理育人思想。在管理过程中，用文化的意识和理念来制定学校管理制度，改变传统的硬性规定倾向，给管理的内涵赋予更多的人文精神，从多方面关注学生的内心世界和精神体验。这是素质教育的本质要求，也是当代校园文化建设的根本目的。如何制定体现人本主义精神的校园文化建设管理制度，让管理考核行为同校园文化建设主旨一样，能为管理人、指导人、激励人和鞭策人服务，使我们的管理制度成为科学管理与人文精神完美结合的新型制度文化，这是我们在构建我国中小学校园文化体系工作中的全新课题。我在几个不同的中学当过校长，但是在制定校园制度时，我都能够坚持以社会主义核心价值体系为引领，绝不搞形式化，让制度在学校这台大机器的运行中发挥应有的作用。

对学生规范的制度要充分体现对学生的关爱，对学生的教育和引导，关注学生成长的过程，而不能使学生在"禁止""拒绝"中发展成长，同时对学生的要求还须体现对学生自主性的调动发挥。在教职工管理中，在职务晋升、奖金发放、职称评定、评优奖励方面创造良好的竞争机制，让教职工在竞争和合作中体会教育的乐趣。同时，学校的制度和特有的道德标准，必须强调严格执行，不论是谁，制度面前人人平等。再完美的规章制度，一旦得不到严格执行，制度所蕴含的价值观，就如同草芥朽木。学校领导要做遵守规章制度的模范，当践行道德的表率。学校的管理，要是非分明，奖罚严明，公开透明，实事求是，以实待人，以实取胜。制度原则面前公正、公平，形成优秀的学校文化就有了保证。

一、将学校管理提升到文化管理层次

校长是学校的领导者。"领导"是什么？是一个阶层，还是一个职位？定义众说纷纭，但是领导的核心要素是公认的：领导是一个过程，领导包含影响，领导出现在一个群体的环境中，领导包含实现目标。基于这些要素，领导可以定义为：个体影响一群个体实现共同目标的过程。校长要做的事就是带领师生实现与学校的共同发展。

随着教育改革的进一步深化，教育行政权力不断下放，校长的职责和权力也越来越大，校长的角色和行为发生了明显的变化。今天的校长不再仅仅是上级教育部门行政命令的执行者、被动的学校管理者，而是更多地起到经营学校、塑造学校、实现学校的可持续发展的作用。因此在实现学校发展的过程中，校长的价值观、管理思想和领导水平对于学校的管理实践至关重要。

我推崇的校园管理方式是文化管理。文化管理就是以人为本，通过文化影响人的思想和行为，通过价值观念和组织精神的培育达到组织目标，实现被管理者价值和自我价值的管理方式。学校文化管理就是以师生为出发点，以师生员工的价值实现为最终管理目的的管理模式，是文化管理在学校管理中的实施。学校文化管理是在整合师生的价值观基础上，形成学校的主流价值观念和学校文化，进而感染全校师生。在学校管理中，各项规章制度的制定和实施都要做到以师生为本，在尊重人性的基础上全面开发人力资源，充分调动人的积极性、主动性和创造性，增强学校的凝聚力和团队精神，从而提高学校管理效率，并最终实现师生的自身价值。

将这一理念具体运用到某一所学校中，就要考虑如何将学校文化管理付诸实践，效果如何。不同的学校，管理侧重点不同，这在很大程度上依赖于校长的领导行为的应然状态和实然状态。以我在西安市第三十中学当校长的文化管理实践为例，我认为，文化管理应该从以下方面展开：

（一）德育文化管理：注重立德树人，全面育人

一是德育主题教育月活动化。学校根据国家法定节日和传统节庆习俗，结合第三十中学办学思想中的各元素，将一年分成十二个主题月，开展融德育、

教学、管理、服务于一体，师生员工全体参与的文化实践活动，实现"个性化、健康化、全面化"的育人目标。

二是构建全方位的育人网络。学校建构了以"校长—主任—年级长—班主任—任课教师"为脉络的德育队伍，以及相应的全员育人机制。从校长、教师到员工，都要理念明确，注重细节，做到"管理育人、教书育人、服务育人"，通过良好的服务品质和自身形象，履行各自的一份育人之责。

三是独创德育班级教育模式。针对不同性质的违纪事件和不同特点的学生，政教处和年级组开设了自我反思课、家校共教课（家长、老师）、专业帮教课（法制、心理辅导）、实践体验课（参观体验、社会实践、公益劳动课）等多种类型的课程，在实施中取得了转化观念习惯和素质教育共进的效果。

（二）知识文化管理：注重队伍建设，搞好教学

一是狠抓行为模式的规范。改善心智进而影响行为，是水到渠成的过程。从最早《陕西省中小学教师"八不准"》的标准，到德能勤绩量化考核评价，总之，从"备、听、教、学、评"的教学常规落实，到师德体现在教育教学工作中的点点滴滴，课堂师德功能得到充分的发挥。

二是教师学术团队的建设。学校以教师团队建设促进教师专业化发展，增设了专业学术管理机构教研处，创办了教学研究内部交流刊物，常年举办汇报课、观摩课、同课异构等教学研讨活动，为教师的成长和发展搭建一个自主管理、互助互动的平台，利于教师相互交流，不断提高教师的教育教学和科研等综合能力。

三是大力促进课堂教学创新。构建以学生为本的教学模式，在教学中注重丰富学生的精神体验，创造条件给每个学生表现机会，尤其是重视给暂时成绩不理想的学生表现机会，千方百计让学生体验成功。实践证明，表现机会的创造，既能增强学生学习自信心，激发学生学习热情，使他们产生求知欲望，又能满足学生积极的心理需要，培养学生主动参与学习的精神，从而取得最佳教学效果。

（三）行政文化管理：注重学校管理，提高效率

一是改革会议模式。调整会议结构，校长办公会扩大到主要中层行政，以

研究决策为主；行政会减少到一周一次，以学习为主；部门会横向联席，年级部相关干部参加，以商讨安排工作为主；教职工会议以政策方案的宣讲、情意状态的沟通为主。

二是提升管理等级。对全校行政提出了不断提升"五力一风（学习力、思想力、执行力、创造力、专业力、工作作风）"的目标，以及"开会＋不落实＝零，布置工作＋不检查＝零，苦干＋没思路＝零"的"三个零"戒条。通过机制培养，锻炼干部管理水平。

三是提高服务意识。学校明确员工的基本职责就是服务，为师生服务，为教育教学服务。微笑服务，用笑容温暖人心，营造校园之春；主动服务，对于师生的困难，主动征询、主动上门、主动解决，杜绝"等、靠、推"现象；专业服务，用专业的水准、精湛的技艺，提供优质的服务。

一位优秀的校长曾经说过："优秀的校长应该是优秀的领导者，其领导力表现在对教育及学校准确的把脉、思考和决策上，表现在对师生员工的引领、唤醒和激励上，表现在使团队和谐、蓬勃和自信上，表现在让学校负责、高效和多元上……"作为一个校长，我深知，应然状态与实然状态之间，还有很长的路要走，我需要不断改善自己的领导行为，提高领导效能，以应对环境的飞速变化。如陶行知先生所说："做一个学校校长，谈何容易！说得小些，他关系千百人的学业前途；说得大些，他关系国家与学术之兴衰……"

二、坚持以人为本，完善学校管理体系

健康而有效地开展校园文化活动，通常是通过有效的管理、引导和相应规章制度的约束来实现的。要进一步加强校园文化建设，学校就要建立健全各项校规校纪和校园文化建设的规章制度，使学校的校园文化建设有章可循，从而切实推动和保障学校各项校园活动的开展。

（一）西安市第三十中学：精细化管理

好的学校一般要经历三个发展阶段：校长治校、制度治校、文化治校。校长应该在学校发展的每个阶段做出合理的制度安排，第三十中学当时已经进入制度治校阶段，因此，我认为要进一步完善领导干部议事规则，建立健全教师

管理、学生管理、德体美管理、课外活动管理、总务管理、教育科研管理制度。学校应该充分发扬民主，在制度建设中不仅代表学校和学生利益，也要维护教师权益。我们的制度不仅要代表正义，而且要体现善良，解放学生的思想，给教师自我实现的机会，促进师生的自治和互治。到这个时候，校长是谁并不重要，因为校长也要听命于制度。

从2011年起，西安市第三十中学坚持每年一个主题，推进学校精细化管理。"一年抓规范、两年抓内涵、三年抓提升"，打造以中层为主力的责任团队，提高精细化管理的执行力；从细微入手，实践精细化的德育管理；推行"目标导引教学法"，实践教学的精细化管理；细化流程，实践行政后勤管理的精细化。

德育处要积极"完善制度、细化程序、明确认识、强化责任"，在工作中"说了就算、定了就干"，充分发挥制度的激励作用。

教辅人员要在精心办事的过程中不断成长，成为管理的行家里手，并按照此思路确定"狠抓培训、完善制度、规范流程、明确责任、强化监督"的精细化管理流程，积极推行"目标导引教学法"，让课堂教学更有效。

行政管理及后勤工作要全面推行流程管理，提高工作效率。明确分管领导，明确责任人，明确具体要求，做到事事有人做，人人有事做。安排的事情，做到小事即时清，大事不过夜。

在日常管理过程中，每一个步骤都要精心，每一个环节都要精细，每一项工作都要是精品。精心是态度，精细是过程，精品是成绩。精细化管理在教育中是"用心工作，爱心育人，真心服务"的教育思想在管理中的具体体现，目的是把平时看似简单、很容易的事情用心、精心地做好。

(二) 西安高级中学：人事改革

西安高级中学的教师人事管理制度，由于体制机制的制约，学校教师薪酬分配与职称挂钩，教师工资由财政直接拨付，教师薪酬在聘任中的调节杠杆作用不能得到充分的体现，教师的绩效增量虽在一定程度上体现了按劳分配、多劳多得、优劳优酬的分配原则，但现实情况是每年年底才核发上一年的绩效增量，时效滞后，教师绩效增量的激励性并没有很好地发挥出来。基于上述原因，我们开始探索人事制度改革，优化分配制度，在实际过程中实施"总量控制，经费包干"的方式，真正体现按劳分配、多劳多得、优劳优酬的分配原则，薪随岗变，及时准确兑现绩效增量分配方案，让制度的激励性得以更好地发挥。

三、加强师资建设，促进教师专业成长

一方面，教师群体作为制度建设的设计者和执行者，作为校园文化活动的领导者、组织者和建设者，素质的高低及工作作风、态度的好坏，将直接影响校园文化的建设和发展水平的高低。另一方面，在建设校园文化的过程中，学生自创自编了各种活动，由于学生本身生活经验不足、知识广度有限、社会阅历浅等，他们总会不可避免地遇到这样那样的问题，常常力不从心，事倍功半，可如果得到经验丰富、自身素质较高的教师的及时指导，则会如鱼得水、事半功倍。

（一）西安市第三十中学

我们常讲要"以人为本"，学校管理要以谁为本呢？我认为校长应该以师为本，教师应该以生为本。因此，我们要建设一支素质较高、结构合理、充满创新精神并且各具特色的教师和管理人员队伍。具体来讲就是要在教师管理上，合理安排任用，满足正当需要，推行聘任制，实行责任制，建立激励机制。同时校长和管理层要为教师着想，为教师的发展创造条件，培养有幸福感的教师。教师幸福了，才能为社会培养出幸福的学生，教育发展才能达到真正的生态和谐。

近年来紧紧依靠校园文化建设，第三十中学拥有了一支师德高尚、具有现代教育观念和创新意识、专业基础扎实、文化视野开阔、掌握现代教育技术、结构合理、可持续发展的教师队伍。在这支教师队伍带领下，学生综合素质得到明显改善，教育教学质量逐年提高，学生社团蓬勃发展，各种艺术、科技兴趣小组活动频繁开展。"幸福老师、快乐学生、和谐校园"成为大家的共同愿景。

（二）西安市育才中学

百年大计，教育为本；教育大计，教师为本。在所有的教育资源中，教师

资源是第一资源，教师问题是教育教学中的根本问题，教育的发展取决于教师，教师对推动教育改革和发展具有决定性作用。因此，促进教师专业化成长，提高教师队伍整体素质是推进素质教育、提高教育教学质量的关键所在。在促进教师专业化成长上，育才中学始终将教师队伍建设放在首位，拓展办学视野，加强对外交流，采取多种措施，提高师德修养与教学艺术，促进教师专业成长，促使教师在教育改革中百炼成钢。

1. 努力强化师德教育，塑造教师专业形象

一个学校的发展，关键是教师的精神风貌。要特别注重加强对每位教师的职业理想和道德的教育，使他们确立高远的目标，唤起教师强烈的教育责任感和使命感，充分发挥教师对学生知识增长和思想进步的影响力，让教师做学生的指导者和引路人。要以教师的职业道德教育为主题，以活动为载体，进一步引导教师加强自我修养，提高自身素质，树立职业理想，塑造教师人格。育才中学在各种活动中，特别重视教师的政治理论学习，经常利用教师会等时间学习义务教育法、未成年人保护法、教师法等一系列法律法规。学校还结合实际情况制定了各种教育教学管理办法，使教师在工作中有法可依、有章可循，使教师能依法治教、依法治学、爱岗敬业、为人师表。学校通过开展师德教育，将高尚的师德内化成教师的潜在意识，外化为自觉行为。

2. 突出青年骨干教师培养，优化师资队伍专业结构

青年骨干教师是学校的主力军，培养和造就一批青年骨干教师，对建设高素质教师队伍、优化师资队伍结构、提高教育教学质量，具有十分重要的意义。育才中学着力从以下几方面入手，切实开展师能达标活动：

一是广泛开展练功活动，打牢功底，拉平基础。在教师中开展"三字"达标、"普通话"过关、说课、评课等练功活动，促进教师基本功的提高。二是划分层次，分类提高。根据教师的业务水平、科研能力和实际情况，启动"名师工程"和"青蓝工程"，充分发挥骨干教师的优势，让他们与教学有困难的教师结成"一帮一"对子，并签订帮带合同，带动教学有困难教师教学能力的提高。三是开展教研活动，提高教研能力。培养青年教师不断学习研究的意识和行动，加强青年教师教科研能力，为教师创造各种学习、提高的机会。

3. 着力加强校本培训，创设教师专业成长氛围

校本培训能最大限度地发挥学校自身功能，优化资源配置，全面提高教师素质，在这方面育才中学主要要求全体教师结合自身实际制订个人专业发展计划，让其树立"终身学习、全程学习、团体学习"的观念，做学习型、研究型教师。

一方面，组织老师到山东、上海、南京、无锡等省外教育先进地区和西安中学、高新一中、师大附中等市内兄弟学校听课、讲课交流；同时本校部分领导、教师作为省市专家先后赴南京、榆林、汉中等地讲课、讲学、做报告。另一方面，学校先后接待了全国"国培计划"教师和临潼区教师领导的影子培训、全省国培计划校长培训班和广东省校长培训班的参观学习、内蒙古自治区教师和市内兄弟学校的交流听课。在国际交流中，接待了美国、韩国教育同行的交流访问，其中韩国光州市教育厅厅长在参观学校后题词"天下第一育才中学"。如今，在办学实践中，一大批优秀教师涌现出来，他们因高尚的师德、高远的追求、开阔的视野、丰富的思想、独立的精神、深厚的学养深受学生喜爱。

（三）西安高级中学

在多年的学校管理工作中，我深刻体会到，没有教师的发展，就没有学生的发展，更不会有学校的长远发展。所以，办人民满意的教育，教师队伍建设是关键。

就教师层面而言，学校发展的持续动力与核心竞争力取决于每一名教师的自我发展水平。从管理职能上看，学校的教学工作主要有以下四个模块：

（1）事务性工作，如排课表、管理学籍、整理教师的教学业务档案等。

（2）过程性工作，即日常教学常规检查，包括检查教师到岗情况，检查教师遵守日常规范情况，如检查备课和作业批改、随堂听课等。

（3）建设性工作，如教学质量评价、教科研工作等。

（4）发展性工作，如开展校本研修，促进教师专业成长，为教师的职业生涯发展提供舞台。很显然，最糟糕的学校只会做事务性工作，好一些的比较看重过程性工作，再好些的能做建设性工作，而最好的学校一定最关注教师的专业成长。

纵观西高百余年的历史，我们发现：凡是学校健康发展、积极进取的时期，也正是学校人文环境和谐，教风、学风包容，课堂风格多样化，名师辈出的时期。一所学校，即使其他工作并非出类拔萃，它只要能把自己的老师培养好，建设一支师德高尚、业务精湛、结构合理、团结进取的高水平师资队伍，就是了不起的成就。

但西安高级中学在教师队伍建设方面还存在一些问题：一是教师结构性短缺比较突出。部分学科教师，如美术、体育、信息、物理等学科教师平均年龄都在46岁以上，教师年龄结构不合理，中年骨干教师力量薄弱，存在断层风险。二是应对新高考的挑战准备不足。从已实施新高考的省份分析，新高考实行后，会出现部分学科教师相对富余，部分学科教师相对短缺的情况。需要提前做好应对，在全员聘任和招聘新教师时，提前布局。三是名优教师群体需要不断壮大。学校缺少一批在全省乃至全国享有知名度和影响力的教师，名师数量偏少，影响力不够，示范引领作用体现不充分。这就需要学校进一步为教师提供机会，为教师的专业成长搭建平台，争取在"三级三类"培训体系中，有更大的突破，形成教师成长的示范带动效应。

自2016年以来，我校积极促进教师立足自身专长，帮助教师进行职业生涯规划，不断加大教师培养力度，拓宽教师成长途径，突出体现在：

一是持续开展师德师风培训。增强党员和骨干教师的示范表率作用，形成积极进取、爱岗敬业的工作氛围；加大对全体教师的培训力度，通过汇报课、过关课、观摩课等学习方式，快速提高教师教学能力；紧抓青年教师的道德情操和职业素养培养，让他们成为学校稳定发展的坚强基石。

二是加强教师队伍制度建设。从教师发展出发，完善评价、考核、分配、激励机制，落实过程性管理和反馈，把"多劳多得，优绩优酬"等原则体现在职评、评优选先等实际工作中，形成向上向善的风尚。

让老教师"有面子"：对于教学经验丰富、师德修养高尚的老教师，学校积极促进他们实现从"经师"向"人师"的角色转换，通过课堂实录、教育叙事等方式积极整理其丰富的教学经验，充分认可他们对学校的历史贡献与重要地位。

给中年教师"压担子"：对于年富力强、业务精湛的中年教师，学校委以重任、充分信赖，明确专业成长规划，着力打造中年骨干教师科研共同体；集全校之力，创造一切机会将中年骨干教师推向全省乃至全国，整体带动西高师资力量质的提高。

为青年教师"搭台子"：学校高度重视青年教师的培养工作，积极实施"青蓝工程"，将青年教师培养纳入学校教科研整体规划之中，科学统筹，精心安排；学校还创造多种机会，将"走出去"进修与"请进来"传授结合，着力提高青年教师的业务水平。相信教师、依靠教师、为了教师、成就教师，正是百年名校弦歌不辍的精神气脉。

三是加大班主任队伍的培养。班主任是学生最亲近的老师，从教师队伍中选拔师德高尚、管理能力强、综合素质高的教师担任班主任。加大班主任业务能力专项培训，通过班主任影响力，提高学生、家长对学校、对教师的认同感，办人民满意的教育。

目前，学校拥有一支"理念超前、师德高尚、业务精湛"的高素质教师队伍，现有在编教职工128人。我校教师均为大学本科及以上学历，其中硕士研究生32人，还有20余位教师正在进修研究生课程。特级教师1名，正高级教师2名，全国优秀教师1名，全国模范教师1名，全国优秀班主任1名，陕西省有突出贡献专家1名，西安市劳模1名，高级教师44名，省市教学名师27名。专业心理教师1名，有生涯规划师资格的教师10名，全体班主任及全校教师都接受过生涯发展专题讲座培训。教育部"中小学卓越校长领航工程名校长领航班"辛军锋校长工作室1个，陕西省名师工作室1个，西安市名师工作室2个，领航研修共同体1个。

附：我们的成长故事

案例一：

摇动"意识"——施加外力、明确轨迹、觉知自我

我校一名四十岁左右的英语教师，工作态度积极，有专业成长的需要。近几年的教学工作比较出色，也承担了不少公开课授课任务；不足之处在于个人发展定位比较模糊，欲求知而不自知，有努力的愿景却对前行的方向有些迷惘，

独立进行教科研工作的能力稍弱。简而言之，这位教师希望扮演好自己的职业角色并有追求，却苦于找不到施展自己长处的舞台，或者说，缺少一个刺激自己更加奋发努力的理由。

很显然，从教师职业生涯发展阶段上说，该教师正处于从关注课堂走向自我关注的阶段，已经自发产生了突破专业成长"瓶颈期"、走出职业发展"高原期"的心理动机，但自我职业规划能力较弱，专业定位不明。针对此种情况的教师，我们首先要根据其职业兴趣、能力素养精准定位其专业成长方向，通过积极"赋权"与适时"加压"的方式，介入其职业发展轨迹，将其个人发展诉求纳入学校师资队伍建设的整体规划，树典型、促表率，从而助推其在不断突破自我的过程中体会到自我实现的价值愉悦感与荣誉获得感。

事实证明，学校的积极认可与特殊关注，往往会对中年教师实现二次成长起到强烈的心理暗示作用，他们很可能会因这种"被需要""被知遇"的精神满足感而产生追求卓越、精益求精的强大心理预期。

案例二：

晃动"观念"——见贤思齐、植入理念、追随师法

一名入职五年的青年地理教师，教学上有想法，班级管理有办法，很受学生欢迎，具备成为骨干教师的潜质；同时，对于自我专业成长，该教师也有期待、有目标，平时很注意学习，对于各种研修培训积极投入，比较关注学校晋级评优的机会。但因为日常工作繁忙，很多想法难以落实；又因其个性气质，各种促进自我成长的规划往往浅尝辄止，流于浅表，故行动起来不免眼高手低，缺乏执行力。

其实，该教师的苦恼很可能是青年教师专业成长过程中的一种普遍现象：入职不久，为站稳讲台，需投入大量精力聚焦课程、课堂与学生，很容易陷入琐碎的事务性工作而疏于时间管理，左支右绌，总有一种心有余而力不足的感觉。久而久之，如果不能适时调整，他们就很容易产生职业倦怠。破解青年教师这种成长困局的关键，就是通过生动鲜活的成长案例，帮助他们对标身边榜样：或以本组业务精英为师法楷模，或以同辈优秀教师为借鉴对象，见贤思齐，反躬自省，找准加速自身发展的"引爆点"。

在这一过程中，学校管理者就要密切关注青年教师的身心发展特点与成长阶段，力争个性化地为他们做好职业生涯规划。学校依托教研组、年级组、有经验的老教师，及时发现、科学评估教师中积极有效的专业成长经验，随时总结，提炼理念，强化先进典型的示范带头作用，让青年教师充分认识到：学校高度关注并尊重每一名教师的真诚付出与勤奋思考，尤其鼓励青年教师勇于创造，开拓适合自身发展的成长之路，进而有效撬动其比学赶超、不断超越自我的强烈诉求。

案例三：

触动"灵魂"——激发兴趣、因势利导、自觉省察

一位刚入职的青年数学教师，名校毕业，积极上进，很快就适应工作，站稳课堂，有清晰而明确的自我发展规划，且勤于思考，学习能力强。显而易见，这名教师资质与潜质俱佳，有较强的上进心和自律性，是具备"名师"气质的教师。对于这种"骏马无鞭自奋蹄"的教师，学校自有允许其自由成长、宽容其率性而为的雅量，更善于对其"垂拱而治"。常言道：理宜守经，事贵从权。

管理要人性。人性本鲜活，故原则是底线，而通达权变则是手段。对于不同教师，我们助力其成长的资源与途径自然有所区别。就上述类型教师而言，我们会积极实现从管理者向咨询者、支持者的角色转化，顺其自然，时时督促。从目标明确到过程授权，我们始终坚持对"自主发展型"教师的充分信任，分析跟进，科学评估，确保其始终高昂饱满的工作积极性与主观能动性。

在日常教学教研工作中，那些基于兴趣导向、问题导向的教师，往往呈现着最有希望的发展趋势。当然，我们更要充分认识到，此类型教师永远都是教师团队中的"关键少数"，即便从树立标杆、示范辐射的角度考虑，我们也应该对其倍加呵护，真心帮助。

毫无疑问，没有教师的自我实现与充分发展，就不可能有学校的进步与卓越。人性的鲜活灵动，人格的丰富多彩，人心的千变万化，决定了我们在教师培养的道路上决不能搞"一言堂"，做"一刀切"。千师千面，百花齐放，各显神通，各家争鸣，才能铸造一支生机勃勃、魅力无限的教师队伍。

附：美国教师队伍建设考察报告

我于 2017 年 10 月 9 日赴美参加教育部"校长国培计划"首期中小学名校长领航班学员美国东部研修。这是贯彻落实《国务院关于加强教师队伍建设的意见》传达的精神，加强基础教育高层次人才队伍建设，落实第七轮中美人文交流高层磋商成果之"中小学名校长领航班"的研修项目，目的是学习借鉴美国基础教育改革发展的最新理论研究成果、办学理念和实践经验，拓展国际视野，培养和造就一批在国内外具有较大影响力的教育家型校长。

一、赴美考察工作的基本情况

这次海外研修，教育部教师工作司王定华司长是团长。我们先后在马萨诸塞州的塞勒姆州立大学和南卡罗来纳州的卡罗莱纳海岸大学聆听报告和讲座，深入塞勒姆高中、卡罗莱纳森林高中、约斯金中学等 8 所中小学听课交流，通过这些报告讲座、座谈交流和实地察看，对美国大学国际教育的现状、教师培训、美国学校的行政划分、校长领导力、培训课程等，有了进一步的了解。我们培训考察期间，正值党的十九大胜利召开，全球瞩目，我们也倍感振奋，特别是王定华司长结合自己的工作经历，给我们做了一场十九大报告解读，让我们受益匪浅。十九大报告提出，让每个孩子享受公平而有质量的教育。我们在美国考察后，觉得他们在公平和质量方面，有很多值得我们学习借鉴的做法。

教师队伍的水平高低，是公平而有质量的教育能否实现的关键。美国教师的素养以及选拔和培养需要我们认真思考研究。王定华司长认为教师在课堂中的作用就像血液对于生命一样重要，教师塑造孩子的未来，也在塑造国家的未来。提高基础教育质量的关键主要集中于提高教师队伍的软实力。

考察第一天，我们来到波士顿的 Archishop Williams High School，这是一所私立教会学校，教学质量很好，吸引了很多当地和世界学生前来就读。这所学校的校长和教师收入不高，为何却热爱学校，热爱教育工作呢？热情奔放、才华横溢的校长说因为这是他的母校，他要回报社会；严肃认真、一板一眼的负责品格教育的副校长愿意在这里工作一辈子是因为这是一所教会学校，他是有信仰的人。可见不管在哪个国家，要做一个好老师，理想信念是第一位的。

南卡罗来纳州的约斯金中学，是一所黑人学生居多、地处偏远地区的农村学校，在这里，我们看到了真实的美国乡村学校。Ms. Becky Ford 校长每天清晨六点起床，提前半小时到校，安静处理完日常事务后，准时在学校门口迎接师生。他们学校开展的"捕捉孩子的心灵"项目，使每个孩子在学校都能快乐地成长。虽然条件艰苦，但校长和老师积极乐观，因为他们爱学校、爱同事、爱孩子。可见爱与尊重是教育的真谛。

二、美国中小学教育的经验及做法

（1）美国对中小学教师的聘雇要求较高。教师资格证的考取一般要经过几年的学习和实习，要考过若干门规定课程，还要通过法律等基础考试，经过半年实习，再申请才能获得证书。美国教师从工作量上说比我们当地高中教师任务还要繁重。美国教师的办公室就是自己的固定教室，教师要时刻与自己的学生在一起，全面负责学生的课程学习，另外有些教师还承担学生俱乐部或社团的工作，并且要参加学校的教研活动。校长要求教师实行集体备课，相互学习和借鉴，在教学上相互观摩，学校每月从外面邀请专家来校对教师进行专题培训，也是相当繁忙了。但美国老师一般不做研究，学校不鼓励，他们认为做研究是需要一些基本东西的。另外，美国教师的收入相对其他行业是不高的，学区内教师年薪差距也是较小的，从经济待遇上看并不是非常乐观。但是通过接触和感受，我们发现美国高中的每位教师工作的状态都是积极饱满的，精神面貌是乐观向上的，这带给我们这些中国校长一种新气息、新思维、新格局、新感受、新冲击，我认为这一点是需要我们思考和学习的。

（2）教师的聘任与待遇。州政府对在本州任教的教师有具体的资格要求，教师在该州任教必须要取得本州的教师资格，除此之外，学区在州政府的基础上还有一些附加要求与条件。教师一旦取得资格认证，有效期一般为三到五年，到期后，必须经过一段时间的脱产培训并通过考试，才能延长资格。正是这种制度上的保障，使得美国教师的专业化水平较高。学校在聘任教师时比较注重：①毕业于什么大学，学习的课程与成绩；②个人的经历，是否有国外生活的经历；③推荐给对应学科的系主任，若双方愿意，再进行面试；④面试中比较注重是否热爱教育，是否具备团队精神，是否能言善辩，是否具有思考和解决问题的能力。

教师的聘任合同一般为四年，四年合同终止，可签终身合同。在美国，每位教师都要参加教育工会，教师待遇由教育工会代表教师与学区谈判达成一致，教师待遇一般取决于教师的学历、经历、水平与业绩。初参加工作的教师年薪一般在3万美元左右，资历较长、水平较高的教师最高年薪可达8万～10万美元。在美国，教师工资福利待遇合理规范，除工资福利待遇外学校设有奖金、加班工资、课时补贴等。

(3) 教师的整体素质和水平较高。一方面表现在教师的高尚职业道德精神，另一方面就是教师的专业水平。学校对教师的培训主要侧重于两方面：一是定期安排教师参加各种学术会议和到国外参观考察学习，让教师更多地了解和接触世界各国文化；二是定期安排教师脱产到大学进行理论学习提升。教师参加继续教育可以延长从业资格。学校对教师亦进行定期的考核，考核的主要特点是：①不把学科考试成绩作为评价教师工作的唯一标准，那仅仅是教师工作的一部分；②强调考核的过程，校长和学校管理层人员会经常深入到教师课堂中去听课，校长定期同教师对照年度工作目标进行交流；③强调教师个人和同伴的参与；④考核结果没有同教师福利待遇直接挂钩。美国对教师的考核评价要求严格：如果是长久的正式的教师，每两年评价一次；不满十年的教师每年都要评价。评价者由学校校长、学科组长和专业评估人员组成。评价结果直接与教师的薪酬挂钩。地方教育局每四年要对所辖学校进行一次全面的绩效评估，评估结果对社会公布。

(4) 美国教师的工作强度大。美国是包班制，老师每天大约只有一个小时备课、小休，中午吃饭也很随便，没有午休，老师工作非常辛苦。在小学，除体育、艺术课教师是专职外，其余教师都要包班。小学教师每天要上6～7节课，而且一个人几乎教一个班所有的学科；初中教师每天要上6节课；高中教师每天要上5节课。几乎是全天上课，每节课的时间是一小时，工作量比我国教师要大得多。虽说下午2点40分是下班时间，但很少有老师能准时下班，他们都自觉留下来备课、补习。此外，教师为了上好课，坚持自我学习、自我培训，常上网购买资料，用于学习和研究，尽量多掌握一些技能。认真备课，有时准备一节课需要4～5个小时。老师每天必须上3～5节课，而且是不同层次、不同内容的课。课堂模式是上课前让学生知道这节课的目标，提出涉及本节课内容的几个问题，让学生进行讨论，先假设后验证，课后作业大都是论文、研究课题的形式，教师批改作业的难度也比较大。但他们都乐意去做，工作很投入。

（5）美国好教师的标准：①让学生对学习充满兴趣；②巧妙地运用各种教学技巧；③让学生感觉学知识有用，进而使学生深入到有意义的知识领域；④定期反思教学，寻求专业发展，成为终身学习者；⑤积极参与地方、州（甚至国家级别的）教学专业活动。

在美国的中小学课堂上，教师非常在意怎么让学生兴奋起来，即使学生生病了，他（她）也不愿意缺课。教师在课堂教学中，注重培养学生的"4C"（批判性思维、交流能力、合作能力以及创新能力）和"3R"（阅读能力、写作能力和算术能力）。中小学考试全部使用计算机进行，学生也经常使用智能手机来查阅资料、进行学习和完成作业，而学生的考试成绩也会通过网络发送给学生。

尽管中美两国的体制不同，发展历史、文化差异很大，美国学校许多东西并不完全适合中国国情，但是学习的主要目的是取长补短，相互补充，从而使我们的教育更丰富，水平更高。此次美国之行，我的体会是我们需要进一步完善教育管理体制，加大政策落实力度，继续加大对义务教育的投入力度，促进教育公平，进一步整合教育资源，增强管理效能和质量。需要建立科学的教师培训、交流、考核体系，促进教师知识的学习和更新，严把资格关，提高教师素质，将大面积的继续教育与分批轮训、校本培训有机结合起来，增强培训的针对性和实效性，强化培训考核，增强培训效果。同时还需建立专家型校长队伍，提高校长的管理水平，推进校长队伍的职业化和专门化。

作为一线的学校校长，特别需要树立强烈的使命意识，更新教育观念，提高个人素质，创新学校管理机制，提高管理水平，以人为本，充分调动教师的工作积极性，促进教师的专业发展，为民族振兴培养更多高素质的人才。

第五章　加强行为文化，推进导向育人

第一节　行为文化，校园文化建设之形

在学校的建设和发展的历史实践过程中，校园行为文化始终伴随其中，并随之不断发展和进步，它是校园物质财富和精神财富的全部活动和外在动态反应。校园行为文化主要是通过校园人的活动形态表现出来的，是学校日常生活中最能直接感受的校园文化形态，是学校作风、精神风貌、人际关系的动态体现，也是学校精神、学校价值观的折射。行为文化作为校园文化的重要组成部分，对于校园文化整体建设起到重要的构建作用。

作为校园文化诸多要素中重要的实践性要素，开展丰富多彩的校园行为文化是与校园文化"重在建设"思想一脉相承的。只有抓住校园行为文化这个根本点和重要环节，并辅之以教学体制和教学内容、教学方法的改革，才能促进校园文化建设健康地发展，为培育"四有"新人服务。校园行为文化建设主要包括以下几个方面。

一、管理行为文化

管理行为文化是校园行为文化的重要组成部分，它充分反映了学校管理者的思想观念、价值观念以及管理风格，对校园文化建设有着重要的意义。所谓的管理行为文化，是管理者在实施管理的过程中，行为中体现的文化内涵和行为风格，是一种显性的活的文化。从管理职能角度划分，管理行为可以分为决

策行为、指挥行为、沟通行为以及激励行为等。

管理者的决策行为一般都要经过认真的调查研究、缜密的分析论证、程序化的检验，才能最终做出决策。在此过程中，管理者要广泛听取广大师生员工的意见，尤其是专家、学者的意见，在多方面对比的情况下做出合理的决策，并接受广泛的监督，以求公正、公平。

指挥行为是指管理者在计划实施的过程中，充分利用自己的能力以及人格魅力，保证计划有效地推进，并圆满地完成。

沟通行为就是在工作的过程中，难免会遇到一些困难或阻碍，管理者要耐心地进行沟通，以解决出现的难题，保证工作继续进行。

激励行为也尤为重要，它可以激发人的潜能，使潜在的动力得以发挥，充分调动一切积极的因素。管理者通过一系列精神及物质奖励办法来调动教师的积极性，使教职工更为主动地投入到工作中去，以达到完成各项工作任务的目的。管理行为文化影响着校园行为文化的发展方向，对于校园行为文化的发展有着重要的指导意义。

二、教学行为文化

在教学过程中，教师不再是照本宣科地向学生灌输知识，让学生死记硬背，而是尝试多种形式的教学方法，直接或间接地启发学生，鼓励和激发学生积极主动地参与学习，让他们在自主学习中发现问题、解决问题，增强学习的效果。学生在探索的过程中，既学习了学科知识，又掌握了获取知识的方法，成为知识的探索者、知识的追寻者。在教学活动过程中，教师适时地采取激励措施以提高学生的思维空间，鼓励学生质疑问难，启迪学生的思想，并给予适当的引导，促进学生的学习积极性的提高。教师更要注重学生的内在需求、自信心的培养以及学习兴趣的养成，营造一种民主和谐的教学气氛，使师生之间的交流更加融洽，学生会感到更加的轻松、自然，潜能也能得到更好的发挥。教师是人类灵魂的工程师，他们在传授文化和知识的同时，也通过言传身教、潜移默化，传递世界观、人生观和价值观，帮助学生树立正确的道德观念，培养学生积极健康的人格品质，提升学生的人格魅力。教师在学识、人格方面有着得天独厚的优势，而且学生往往认可教师的权威，因此教师要发挥其号召力和影响力，对学生进行积极的引导。

三、科研行为文化

学校教师在正常的教学工作以外，大都会从事科研工作，这是对教师的一种挑战，可以提高他们的科研学术能力。在科研工作中，最常见的就是论文的发表、科研课题的申报等，这是教师对专业知识的深层次的探究，以达到某种实用的功能，并帮助解决实际存在的问题。教师在实现科研目标的过程中，需要阅读和搜集大量的相关资料，经过潜心的研究，反复地对比论证，最终才能完成科研成果。学报、校内网等作为强有力的宣传媒介，大力宣传学校近年来取得的科研成果，努力营造良好的科研学术氛围，鼓励广大师生从事科研学术研究，勇于攀登科学高峰，实现自己的科研目标。

在科研活动会议中，老师们可以各抒己见，相互交流，相互激励，求同存异，发挥更大的潜力，以最合适的方案来解决问题。学校还创办专题科研讲座，邀请科研带头人做报告，讲述科研目标的实现历程，这种方式最能给倾听者深刻的体会，能激发他们的热情。科研能力体现了一个学校的学术特色，也体现了一个学校的学术水平，是学校综合能力的重要体现。

四、文体行为文化

文体行为文化是以文艺、体育等为主要内容开展的一系列的校园活动。文艺活动作为校园文化的重要组成部分，是校园文化发展最有力的催化剂，受到广大师生的热烈欢迎。在重大的节日，学校会组织推出大型的文艺演出，通过多种表演方式，给广大师生以全面的美的享受，丰富他们的业余生活。班级、社团也会组织一些文艺比赛，范围相对要小一些，但对艺术韵味的要求比较高，带有一定的挑战性，这会极大地激发学生的参与热情。除了文艺活动的支撑外，体育活动也是校园文体行为文化的重要支架，通过开展体育活动，学生拥有健康的体魄，这是正常生活和学习的基本。文体行为文化扩大了广大学生的校园文化活动的覆盖面，带动了校园文化活动的全面开展，也对学生的个性的发展、知识视野的开阔、能力的培养、素质的提高，发挥着越来越重要的作用，是不容忽视的一种行为文化。

文体活动要根据学校教育发展的方向和趋势，要根据学校的文化传统和氛围，还要根据学生的兴趣和爱好来开展，只有这样才能提升校园文化的层次和品位。

第二节　多元渗透，构建和谐行为环境

当前，校园行为文化建设的内容广泛，既有科研、创作等学术方面，也有文艺、体育等娱乐方面，呈现出多层次、多形态的特点。但是，为了更好地促进校园行为文化的发展，学校要根据历史传统和自身的特点，深入发掘适宜的特色建设，拓展校园行为文化建设的渠道，打造有品牌特色的高层次的校园行为文化。

一、打造特色鲜明的校园行为文化

构建特色鲜明的校园行为文化，学校要充分发挥自身办学特色，努力塑造学校形象，增强学校的竞争力，凝聚广大师生的爱校之心，充分调动他们的积极性，发挥他们的创造性，为校园行为文化建设奉献自己的一份力量。在教学行为文化建设方面，学校要根据自身的渊源和传统历史，开办具有特色的学科，打造自己的优势，并将各学科的特色融合到校园行为文化建设之中，营造出浓厚的文化专业氛围。专业的开设要与社会需要紧密联系，适应社会发展的需要，积极设立具有地方特色、良好发展前景和社会效益的专业，努力培育和形成具有鲜明地方特色的专业群，进而使学科专业发展与地方经济形成良好的互动，在服务地方经济的基础上提高专业办学特色，增强专业市场竞争力和吸引力。各学科带头人也要提高特色理念的认识，本着"走出去，请进来"的原则，积极开展广泛的特色文化交流，实现资源的共享，拓宽校园特色文化的渠道。

学校组织的文化活动的突出特色理念，以彰显其鲜明的特色。文科类学校应当发挥自身的特色，举办"读书论坛""读报知识竞赛""诗歌朗诵"等活动，促进校园文化的交流；理工类学校则通过举办"技能竞赛""科技节""挑战杯"等活动，激发学生的参与热情，促进他们实践能力的提高。比如，西安市第三十中学努力继承和发扬学校艺术教育特色，组建了舞蹈队、合唱团等学生艺术团体。在社团建设方面，西安高级中学扩大办学视野，和 JA 青年成就志愿协会、先锋救援队、黄河摄影学会等在社会上有影响力的团体联合开办别开生面的学生社团，如 JA 学生公司、崇化讲堂、V-time 社等，学生能够在中学阶段就能接触到大学课程、办公司的全套流程等。

二、构建高品位的校园行为文化

当前，有些管理者没有给予校园行为文化足够的重视，有些老师和学生也没有给予足够的关注，导致校园行为文化活动处于一种缺乏有效组织和管理的状态。管理者要充分发挥主导意识，把校园行为文化活动列入学校工作的议程事项，并制定发展的总体规划，使校园行为文化建设更具长远性。管理者还要提高重视程度，按照校园文化活动的发展规划，自觉地履行管理与监督职责，并对校园文化活动进行积极引导，使校园人从被动参与转为主动参与。广大师生也要增强对校园文化活动的认识，加强师生队伍的建设，逐渐改变自发参与的局面，使行为文化建设更具实效性。校园行为文化的品位建设，需要广大校园人的共同努力，需要他们主动、自发的参与，只有这样才能推动更高层次的校园文化活动的积极开展。

学校要开展高品位的行为文化活动，这既能丰富业余生活、拓展知识、开阔视野，又能提高广大师生的综合素质。高品位文化的构建，不在于某一层面或某一方面的不同，而是要着眼于全局规划，使其形成立体化的格局，才能使校园行为文化的品位有所提升。

(一) 以"书香校园"活动打造校园文化

为使校园文化建设特色更鲜明，内涵更丰富，让阅读成为师生精神生活的快乐之源，西安市第三十中学在全校师生中开展"书香校园"活动。在教师中强化"开卷有益"的思想，每年给教师推荐必读书目，并举办读书交流活动。每年年初给教师发放200元购书卡，增加教师生活中"阅读的分量"。几年来教师购书、读书量大增，读书成为教师的一种责任、一种品位、一种境界，进而促进了教师的思想及专业素质发展。在学生中开展"与好书交朋友"活动，对学生进行"读书好、好读书、读好书"的教育，让读书成为学生的一种生活方式，为其终身学习打下了坚实基础。

学校充分利用校园空间，在实验楼大厅设立公共"书吧"，书吧正面墙上书有名言"立身以立学为生，立学以读书为本"，书柜侧面书有"腹有诗书气自华""读书决定一个人的修养和品位"等名句，书桌上摆放着"与好书为伴，与文明同行"等提示语。"书吧"实行开放式管理，师生在书吧看书时不用办理借阅手续。开放的"书吧"既锻炼和考验了同学们的诚信意识，又给大家带来阅读的快乐和享受。每天的课余时间这里都洋溢着温馨、安静、祥和和有序。

西安市第三十中学"书吧"

记得有一位来学校找我的学生家长，坐在实验楼大厅的"书吧"边看书，他看到操场上做操的学生，又看到另一群下了实验课的学生匆忙而安静地走过大厅，很有感触。他一见到我就说："在市区还有这么好的学习地方，真像回到了上学时代，真像回到了从前。"

（二）在仪式教育中守望学生成长

仪式不是形式。它能给人带来尊重、认可、激励。这对教师和学生同样适用。例如，在表彰会方面，我大胆进行了改革，教师节之前，让每一个教职工自行申报个人业绩和奖项，教师节当天的表彰仪式上，让每一个优秀的门卫、炊事员、清洁工也走上领奖台，接受庄严而隆重的表彰。这绝非心血来潮，而是传承学校精神的具体行动，我们要探索发现激发教职员工生命成长的形式，让更多的教职员工体验奋斗后的成长喜悦，我们要用心将每一个教育细节都指向人的生命的成长。

1. 十八岁成人仪式

仪式感，对于学生来说，很重要。比如学校给学生举办十八岁成人仪式。

在西安市育才中学举办的每一次十八岁成人仪式都令我印象深刻。比如2013年12月5日那次，是那一届高三同学们特别兴奋的一天，因为经过他们两个多月的筹划，一场充满激情、温情的成人仪式在等着他们。

这一个多月可是忙坏了他们，他们设计方案、拍摄视频、安排情节、请嘉宾、搜资料。五个环节，环环相扣，每个环节都有精彩的PPT。教师的年轻时代、同学们幼年的照片会通过投影仪展示出来，这是成人仪式的核心所在。他们还邀请了校外的嘉宾、学校的所有领导、家长代表。会场欢声笑语，其乐融融，一切有序进行。

至今记得那一声："妈，你听着，从今往后，就是天塌下来，你有儿子我呢!"让妈妈们和很多观众心暖而泪流。

可是也出现了意外。设备老化，投影仪不工作了，电教老师、专业人士反复调试，视频就是出不来，话筒也开始闹情绪。看来活动要砸了，终身遗憾的事要发生了。于是，主持人现场活跃气氛，主办者紧急调整议程，同学老师紧密配合，仪式一点儿不脱轨，活动依旧有条不紊地进行。那次活动我总结讲话："其实人生就像我们今天的成人仪式，没有彩排，每天都是现场直播。一路会有波折和困难，但只要你毫不屈服，终究会一直向前。你们今天的表现正说明你们长大了、成人了，相信你们会勇敢面对未来的一切。"

那次活动结束，我还是批评了组织的老师，并且窃喜："多亏没多请市局领导、兄弟学校同仁，不然多丢人啊，没面子。"但现在静坐思过，我已经意识到自己当时的认识肤浅。由于虚荣心作祟，我没有做到以平和之心、用平静之态做平常之事，没有认识到教育的本质就是人的成长，学生的成长才是学校成功的标志！十八岁成人仪式的努力和付出不是为了校长的面子和学校的声誉，不是作秀，不是表演给家长看，而是很纯粹的教育活动，不应掺杂别的色彩。从孩子的角度去思考，或许更接近教育的本质。其实，这样一个综合性的活动，是一种体验式的、有意义的学习。学生在这样的过程中获得知识，增长能力，学会应变，获得生命的成长，包括知识与技能、过程与方法、情感态度、价值观的全面提升，这种提升体现在学生的内心深处，体现在他们的生命历程中。我想这应该是"十八岁成人仪式"的真正意义吧！

类似的活动举办多了，经验丰富了，也越来越圆满了。比如2016年12月30日下午举办的西安市育才中学"十八而志，青春飞扬"成人仪式，温馨、感动、励志、圆满。

活动以"十八而志，青春飞扬"为主题，紧密围绕育才中学"育才育人，成人成材"的办学理念，以"育才情""育人颂""成人礼""成才志"四个篇章展开。全体高三教师及部分学生家长见证了二百余名高三学子的成人仪式，而学子们也敞开心扉，表达了真情。

附：育才中学成人仪式学生讲话

时间一转眼就过去了3年，一曲《纪念》，带我们回到了三年校园生活里的每一个瞬间，一切遥不可及又仿若昨天，却淡不去对母校的牵挂，淡不去我们浓浓的"育才情"。

难忘师恩，师恩难忘。在这特殊的日子里，老师为我们送来最亲切的祝福，为成们点燃生日的烛火，许下2015年最后的愿望，为我们加油喝彩；我们为老师精心准备最真挚的"育人颂"，一束鲜花，一个深深的鞠躬礼承载着万千难以言表的感激，脸上的笑容、眼中的热泪道不出的爱暖心间。

神秘家长的出现，让我们相拥而泣，思绪万千。一份份沉淀有力的成人礼，一个坚定的拥抱、一句亲切的问候带来的是莫大的支持，无尽的力量。

冲锋号响，声声震耳，回荡席间，我们在班长的带领下整装待发！

天地之间，国旗为鉴，育才校园里我们立下成人宣言。

十八将至，高考面前，我们无所畏惧，只因青春在飞扬。

展开梦想的翅膀，看清远航的方向，翻过这高山峻岭，相信定能看到胜利的曙光。

十八加油！高考加油！

2. 校庆仪式

《中小学德育工作指南》要求："要精心设计、组织开展主题明确、内容丰富、形式多样、吸引力强的教育活动，以鲜明正确的价值导向引导学生，以积极向上的力量激励学生，促进学生形成良好的思想品德和行为习惯。"校庆是学校成立周年纪念日的重大庆典活动，是学校教育仪式中的一种特殊的实践形式。校庆仪式具有文化传承、凝聚校友等重要功能。

附：在西安高级中学建校 130 周年教育成果展示活动上的讲话

崇文化人计百年　文脉相承续华章

尊敬的侯洵院士，各位嘉宾，亲爱的校友们、老师们、同学们：

今天，一个共同的名字将我们凝聚在这里——西安高级中学。西安高级中学历经130年的岁月征程，从130年前民族的危难存亡之际，到新中国成立的百废待兴之时，再看今日伟大祖国的全面小康，一代代西高人与民族共命运，与祖国同呼吸，他们把奋斗的壮丽诗篇写入中华民族伟大复兴的史册之中，令国人为之骄傲，我辈为之动容。在此，我代表学校向为西高发展竭诚奉献的历届师生员工，向遍布于祖国各地的各届校友，向关心支持和帮助我们的各位领导、各界朋友和各位同仁表示衷心的感谢和崇高的敬意。

始于清光绪十七年"崇化书院"，在历经岁月洗礼之后，终以西安高级中学的盛名闪耀在古城西安的教育领域。130年的历史传承，130年的沧桑巨变，昔日充溢着书卷气息的书院，今天已发展成高品质现代化的中学，继续造福百姓，书育子孙。

百年风云，西高名师不断，英才辈出。杨明轩、赵寿山、柳青、高鸿、侯洵、谭天伟等名流才俊令我们引以为傲。

前辈的光辉熠熠闪耀，历史的车轮不断前行，为适应西安建设国际化大都市的发展需要，2013年9月，西高北迁至行政中心新校区，传承百年文化，培育时代新人，西高正在焕发新的活力，必将再次腾飞。

回首往昔，展望未来，一代代西高人以坚定的信念、顽强的毅力承担起历史赋予的教育使命。

第一，西高的百年兴学，是同国家和民族的命运紧密相连、息息相关的。辛亥革命、五四运动、"一二·九"运动、西安解放、抗美援朝战争中处处有西高学子的身影……我们要永远站在时代的前列，坚定不移地坚持社会主义办学方向，全面贯彻党的教育方针，为社会主义建设事业培养更多的优秀人才。

第二，西高的百年兴学，诸多前辈顺乎时代潮流，宣传先进思想，传播科学文化知识，激励我们要发扬"爱国爱校，果敢坚毅，严谨治学，追求卓越"的西高精神，秉承"养德以正气、崇文以化人"之校训，围绕"明体可强身心、达用以报家国"的办学理念，不断研究探索教育规律，深化教育改革。

第三，西高的百年兴学，着力培养"社会人文素质高、科学技术素质高、动手实践能力强、开拓创新能力强"的现代中学生。围绕西高"双高""双强"的人才培养目标，要求我们整合教育资源，推进课程改革，探寻教育策略，构建特色鲜明、充满活力的育人体系。

第四，西高的百年兴学，紧紧围绕"为学生终身发展奠基，从祖国未来需要育人"的办学目标，启迪我们传承书院好传统，迎接时代新挑战。我们设立了学生生涯发展中心，创设"三大空间"，成立"四大书院"，书院制改革将因材施教，分类推进，有针对性地对学生进行培养，体现出新高考模式下，中学特色化发展的趋势，对学生通识教育、大中衔接、创新人才培养进行突破性的探索，着力培养担当民族复兴时代大任的时代新人。

2021年是西高的"校庆年"，也是我校北迁8周年，我们开展了"西高好课堂"学科展示活动，青年教师微课大赛，党史中的校史创意运动会开幕式、铭记"一二·九"运动系列纪念活动，让全体师生了解校史，从而为校争辉。我们修编了建校以来的130年校史，深感肩上责任重大；我们拜访了校友代表，感动于代代西高人优秀的品质和传承的力量；我们征集了校庆纪念文章，欣喜西高这棵大树根深叶茂，影响深远……这一年的教育成果展示活动，使西高人心得到了凝聚，教育教学质量得到了提高，学校发展动力强劲。

崇文化人计百年，文脉相承续华章。从1891年到2021年，从钟楼脚下到渭水之滨，西高已经凤凰涅槃，正在振翅高飞。今天，站在西高这片热土上，我们唯有谨记先辈们的教诲，埋头苦干，奋力拼搏，方能不负时光，不负盛名。

岁月不居，天道酬勤。征途漫漫，唯有奋斗。回首过往，西高人牢记使命，孜孜以求，不畏艰辛；遥望未来，西高人必将坚定目标，乘风破浪，再铸辉煌！

衷心地祝愿各位嘉宾、各位校友、各位同仁身体健康，工作顺利，家庭幸福。祝同学们身体棒棒的、眼睛亮亮的、学习好好的。祝愿我们的明天更加美好，谢谢大家！

(三) 文化艺术节，学生放光彩

校园文化艺术节是校园文化建设中的精品工程，是学校独具特色办学风格的体现，更是同学们展现自我、张扬青春的舞台。校园文化艺术节不仅成为学生切磋技艺、共同发展的平台，也日渐成为弘扬先进文化的坚强阵地，推进素质教育的有效载体，展示育人成果的重要窗口，深受广大学生的喜爱和欢迎。

艺术节以艺载德、以艺促智，通过生动活泼和学生喜闻乐见的形式，激发学生对生活、对学校、对社会的热爱。西安市育才中学近几年的艺术节，效果令人震撼，呈现出"欢歌笑语展风采，诗情画意满校园"的景象。

2014年西安市育才中学艺术节演出

2014年艺术节演出中，首先为观众呈现的是一场百人管乐演奏。管乐团139名特长生在艺教中心主任杨艳老师的指挥下，展示了精湛的吹奏技术和音乐素养，将《山岳畅想》这部作品表现得淋漓尽致。观众随着乐声仿佛看到了中国的秀美河山，感受到起伏的山岳之美，沉浸其中，久久回味。随着一阵号角声传来，进入了《巴巴罗萨》的景象中，旋律时而愤怒，时而低吟，让观众如同置身战火硝烟中……

一首《里托尼亚序曲》，舒适宁静，如同世外桃源，处处散发着怡人的馨香。管乐演奏进行了 20 多分钟，台下观众无一不被深深吸引，在演奏结束后爆发出热烈持久的掌声，回荡在整个校园中。单口相声《写作文》展示育才学子的才智，诗朗诵《汨罗江，静静地流淌》真挚感人，舞蹈《康定情歌》《欢乐》《艾斯米拉达》赢得了阵阵掌声，女生合唱《南泥湾》歌颂了延安精神，优美的歌声将学子心声表达出来，引起台下观众强烈的共鸣。才艺展示《川剧变脸》更是让台下观众目瞪口呆，叫好连连。最后的经典芭蕾舞剧《帕基塔》第三幕片段，芭蕾演员们用精湛的技巧、完美的舞姿向我们展示着他们的成长和发展。

2015 年的艺术节活动有声乐、舞蹈、绘画、书法、小品、音乐剧、诗朗诵等，形式多样，精彩纷呈。首先出场的是 80 人的管乐团，在董洁云老师的指挥下演绎《双鹰旗下》，观众随着表演者整齐的行进步伐，领略行进管乐的激情与震撼。在《勇往直前进行曲》和《美国队长》的表演中，旋律时而愤怒、时而低吟，让观众如同进入战火硝烟中，舞蹈演员和管乐行进结合起来，形成了一种力与美的动人感受，演员们全情投入，像是为每首作品赋予了生命，感染了台下的每一位听众。各班国歌、校歌的合唱，精神焕发，意气昂扬，展示了全校学生良好的精神风貌。小品《扶不扶》展示了中学生的良好道德品质，诗朗诵《热爱生活》真挚感人，舞蹈《卷珠帘》《小海盗》的演员用曼妙的舞姿赢得了阵阵掌声，芭蕾舞《春满人间》将整个演出推向高潮……

另外，还有创意无限的文化集市，同学们展示了各自的艺术作品和创意小商品：布艺公仔、创意本簿、环保产品、个性化饰品饰物、创意个性服饰、动漫产品、艺术插画、个性书签等。学生们在有趣、有味、有特色的活动中充分展示了自己的才华，提高了动手动脑能力，并在积极参与中体验合作与交往的快乐，在买卖中激发学习兴趣，增强了自信心与成就感。

2016 年的艺术节首先是百人管乐表演《山岳畅想》，演员全情投入，用美妙的音乐，富有动感的律动，为作品赋予了生命，感染了台下的每一位听众，台下听众无一不被深深吸引，跟着乐团的演出用双手打着节拍，激动不已。郭大卫演唱的歌剧，流畅自如，引人入胜。电声爵士乐队组合表演的《The chicken》，激情澎湃。舞蹈《红珊瑚》赢得了阵阵掌声。女生合唱《南泥湾》歌颂了延安精神，优美的歌声将育才心声表达出来，引起台下观众强烈的共鸣。

2016 年西安市育才中学艺术节

　　值得一提的是，在 2016 年校园文化艺术节期间，西安市育才中学高一、高二的美术特长生还以小组合作的方式，在校园文化墙上释放激情，挥洒色彩。他们完成的涂鸦作品主题时尚，内容突出，形式多样，整体效果精彩大气，反映出美术特长生扎实的专业基础和活泼个性的精神面貌。美术画展的作品更是精彩纷呈，作品有素描、水粉、创作画、速写、摄影五种形式，近百幅作品展出。透过同学们的作品，我们看到的不仅仅是呈现在墙上和画面上的绚烂多姿，更有落在心底的一抹抹多彩的青春。他们的作品风格迥异，新颖时尚，无论小版面绘画还是大面积墙体涂鸦，都能把控画面，创作表现能力极强。

　　特长生们都有一股不甘人后的精神。在第一阶段小组赛后，很多同学主动申请进行第二阶段个人涂鸦创作，誓要"画不惊人我不休"。特长生们是有爱的，他们听闻美术画展和涂鸦的消息就开始积极准备，从题材到分工，每组都能有计划、有步骤地实施，他们更是发扬团结协作精神，在短时间内保质保量地完成涂鸦创作内容。特长生们是可爱的，他们在整个艺术节中不吝提供独特构思，更没有一位同学因为活动脏累，条件简陋而诉苦抱怨，他们带着对艺术的虔诚和热情，让我们看到肩负育才艺术发展未来的美丽身姿。本次艺术节中展出的作品也许不是完美的，但却是值得欣赏的。也许完美永远无法企及，我们却可以共同追寻，伴随着青春跳动的每一颗心！为画展和涂鸦活动辛勤付出的各部门老师和班主任是辛苦的。是全体育才人的精诚合作，才共同搭建出如此宽广的舞台，让艺术丰盈了我们的学习生活。

西安市育才中学的校园文化艺术节体现出"延安精神红色文化滋养师生成长，素质教育艺体特长促进学校发展"的办学思想。学校以健康向上、丰富多彩的校园文化艺术活动为载体，探求教育之真谛、享受文化之盛宴、品味艺术之灵韵，充分展示了学生们锐意进取、勇于创新、充满活力的良好精神风貌，他们也在校园文化的熏陶中陶冶了情操、锤炼了品格、提高了素养。

举办艺术节既给学生们提供了一个放松大脑、放飞心情的空间，也为他们提供一个施展才华、张扬个性的舞台。活动既培养了学生的兴趣，陶冶了学生的情操，又开阔了学生的视野，锻炼了学生的能力，培养了他们的团队精神，增强了集体荣誉感。所有这些，为他们成为新时代合格中学生奠定了坚实的基础。2014 年、2015 年、2016 年的艺术节已成为学校历史的一页。然而，许多精彩的片段依然历历在目，许多动人的歌曲依旧余音绕梁。虽然艺术节时间有限，但艺术的空间却是无限的。让艺术节的记忆成为我们人生的宝贵财富，让艺术节中体现出的团结、坚毅、向上、拼搏、感恩精神永驻身心！

（四）运动会开幕式上尽欢乐

1. 西安市育才中学

"现在进场的是'广西壮族自治区代表队'，接下来是'黑龙江省代表队'……"2014 年 10 月，一场新奇有趣的"全国"运动会在西安市育才中学运动场拉开序幕。全校的 33 个班级或穿上民族服饰，或以表演一种文化的形式入场，给人一种耳目一新的感觉。初一（4）班的男生穿着蒙古族摔跤时的服饰，两两一组，有板有眼地比画着各式摔跤动作。初三（3）班代表北京，同学们有的手拿糖葫芦，有的手拿长嘴茶壶，有的身着京剧服饰。高一（2）班"新疆代表队"的同学们，穿着维吾尔族的服饰，跳起了优美的新疆舞，裙摆配上美妙的音乐，引来阵阵掌声。操场上表演精彩，看台上的同学热情不减，许多人趴到栏杆上，生怕错过某一个精彩瞬间，鼓掌声、叫好声、赞叹声不断在看台上响起。

"这比普通的运动会有意思多了！"高一（5）班的张同学说，传统的运动会好像都是运动员的独角戏，没有参加运动项目的同学很难融入当中，但这场运动会融入了这么多新奇有趣的东西，能引起共鸣。这次与众不同的运动会是我与老师们讨论后共同确定的，为的是让学生在紧张的学习中得到放松，不但增强了学生的身体素质，更重要的是让所有的学生都有一种参与感。我想这场运动会本身也是一门"课程"。因为每个班级需要代表一个省（直辖市、自治区、特别行政区），所以学生们前期必须了解当地的面积、人口、服饰、体育、历史、经济、文化等，运动会上所有的服装、创意动作、口号等，都是学生们自己选择或设计，看似是一场运动会，但其实是一堂丰富多彩的研究性学习课。

2014 年西安市育才中学运动会

2014 年 10 月 18 日的《三秦都市报》刊载了关于我们学校这场别开生面的运动会的文章《一班代表一个省，学校办起"全运会"》。

2. 西安高级中学

2017 年 4 月 26 日下午，西安高级中学隆重举行春季田径运动会开幕式，全校师生欢聚学校操场。为了更好地体现西安高级中学"明体以强身心，达用以报家国"的办学理念，落实德育工作"家国教育"的主题，培养学生的爱国主义情怀和报效祖国的信念，这次活动在德育处的精心设计和组织下，以研究中国56个民族为主题，全校28个班级通过抽签选取了本班所代表的民族。前期，各班都做了充分的准备工作，通过对本班所代表民族的地域分布、历史、文化、经济等特点进行深入研究，设计出了班旗、口号、服饰等，并利用课余时间多次进行演练和集体彩排，确保了节目的质量和水平。本届运动会开幕式由大会领导小组、德育处、体育组精心组织，充分展现了西高风采：仪仗队员英姿飒爽，各班表演精彩绝伦，啦啦队员倾情助威，全体师生热情似火！恰西高学子，风华正茂，书生意气，得意尽欢！

2017年西安高级中学春季田径运动会

成长，就需要发现自己的精彩。让每一个同学用心准备，积极参与，在活动中发现自己的精彩，即使是小小的精彩。这是我的初衷。

（五）演讲比赛展英姿

演讲比赛作为一种体现素质、展现风采的活动形式，在学校的各种重大活动中被广泛采用。

以"我爱育才、我心目中的好老师"演讲比赛为例，这次演讲比赛就产生了很好的效果：丰富了学生的生活，活跃了校园文化氛围，促进了师生之间的心灵沟通，锻炼和检测了学生的语言表达能力。演讲比赛中，10名选手轮流登台，声情并茂、抑扬顿挫、激情澎湃地道出老师的故事或赞颂心目中的好老师，把对育才中学、对老师浓浓的深情，表达得淋漓尽致。选手们的真情演讲深深地打动了在场的每一位评委和师生。

附：部分学生演讲稿

我心中的"香格里拉"

高二（2）班　白楚嘉　　指导老师：吴佩佩

老师们，同学们，大家下午好！踏着青春的脚步，伴着成长的节拍，今天我们欢聚一堂。感受我们育才的魅力，感激我们敬爱的老师的辛勤付出。每个人心中都有一个"香格里拉"，而我心中的"香格里拉"就是育才。这里充满了书香，这里充满了温情，这里有为孩子细心答疑的话语。

我爱育才，学校里一草一木都让我深深着迷。从校门走入，映入眼帘的是成长大道两侧美丽的绿植。两旁的教学楼边被绿化带点缀，有玉兰花，有四季常青的松树，有以前来过育才的日本交流生送的樱花树等，一年四季，校园里芳香弥漫。学校操场的草坪更是绿油油的，同学们每天都在那里绽放着活力。

我爱育才，我们的学校是在抗日战争的硝烟里建立起来的，至今已有70多年的历史。育才中学建校以来培养了无数的人才，不仅有国家的领导人，而且有各行各业的专门人才，还有许许多多为国家做出贡献的普通劳动者。现在我校文艺、文化课双修的特色学习模式取得了巨大成就。今年学校一、二本上线率又创新高，为我们育才又翻开辉煌的一页。我们学校所特有的色彩，无疑是我校师生智慧和汗水的结晶。

我爱育才，我爱这里哺育我们成长的每一位园丁，他们一直站在我们身边帮助我们，处处为我们操心。他们总是尽职尽责，绞尽脑汁让我们不浮躁，认识现实，静下心认真学习。当天微微亮，老师们总是早早起床，只为检查今天上课要用到的教案是否备好；考试后，老师总是不厌其烦地将考卷反复分析，类比总结，并耐心地告诉我们：细节决定成败，努力改变人生。运动会上，他们为学生大声呐喊，即使喊哑了嗓子也毫不在乎；我们生了病，他们嘘寒问暖。只要我们更加健康快乐，他们愿意付出更多。老师的严厉，老师的慈祥，老师带给我们的温暖，使我们健康成长，老师告诉我们的道理是一份宝贵的财富，而我们要用老师给予我们的财富，去感恩伟大的祖国。

老师，大家都说您培养着国家的栋梁，而我要说：您就是国家的栋梁！正是您支撑起我们一代代人的脊梁，像红烛，为我们付出所有的光和热！您的品格和精神，深深地影响着我们。我立志：现在我以育才为荣，将来育才以我为荣。

让我们在爱的校园里放飞梦想

初一（4）班　张祎丹　　　　指导老师：冀晓芳

我爱育才中学，是因为它优美的环境。

八月三十一日，一缕清风送来了美丽的朝阳，我在爸爸妈妈的陪同下跨进了育才中学的大门。校门左右两旁是小花园，小花园中绿草茵茵，繁花似锦。花园里有桂花树、柿子树、白杨树……八月正是花开的时节，桂花散发着淡淡的清香，沁入人的心底；柿子树挂满了一个个红灯笼，似乎在庆祝我们育才中学今年取得的优异成绩，又似乎在欢迎我们这些刚步入育才中学的学子。小花园中最引人注目的是一座雄伟的雕像——徐特立的铜像。我知道，徐特立先生是毛主席的老师。啊！我踏进了徐特立先生创立的学校，我深为自己是这所学校的学生而感到骄傲和自豪。

我爱育才中学，是因为这里良好的校风。

每天清晨一走进学校的大门，就能看见校长和德育处的老师面带微笑地迎接我们。在各位领导的注视下，学生井然有序地步入校园，开始紧张有序的学习生活。小学六年的求学经历让我明白一个道理：一个学校有了好的校长和领导，一定会有好的学风、好的老师。

我爱育才中学，是因为这里有兢兢业业、慈爱的老师们。

开学的第一天，我过得既快乐又充实。语文老师告诉我：人要树立远大的理想，并且在实现理想的过程中要有百折不挠的精神；数学老师用她严谨的教学思路把我们带到了神奇的数学世界；英语老师用极富磁性的男中音，把我们吸引到了英国的剑桥大学、美国的哈佛大学。这里的每一位老师都在用他们认真的教学态度、灵活的教学方法吸引着我，让我深深地爱上了这个班级、这个学校。

我爱育才中学，因为学校的办学宗旨是让每个学生有一个快乐求知的童年。

我们的学校极富艺术特色，同学们在紧张的学习中放松了心情，锻炼了身体，音乐课上开设了口琴吹奏，同学们既陶冶了情操，又学得一技之长；每周四学校为同学们开设了活动课，同学们可以打篮球、踢足球、打羽毛球，还可以拿着自己的二胡独奏一曲，同学们的才艺在这里得到了淋漓尽致的发挥。

我爱我的学校，它是我心中的乐园，我在这里快乐地成长。

这就是我的中学——西安市育才中学，一所无与伦比的学校！育才中学名副其实，是培育人才的地方！

我爱我的学校，我为我是育才中学的学生而感到自豪！愿我们在令人自豪的学校中出色地成长起来，将来成为学校的骄傲！我爱育才！

长大的路上您牵着我的手

初二（4）班　王奕恺　　　　指导老师：冯卓群

长大的路上您牵着我的手……

记得有一次星期五，许多同学语文课文没有背下来，冯老师宣布全体留堂，直到背好课文才能回家，我们只能收起奔向周末的脚步，悻悻地再掏出书本。我背得很快，不到七点就完成任务回家欢度周末了，教室里还剩下十几个没背好课文的同学，我心想老师留他们必然是没有用的。直到星期一，去了学校才从同学口中听说，那天晚上冯老师陪最后几名同学直到学校要锁教学楼，老师就带他们在校门口背，直到将近十点，最后送他们到车站或者等到家长接走。我对冯老师的钦佩之情油然而生。

我更记得班主任温老师，记得数学老师陈老师，记得英语老师……

如果有人说："真烦，放个假都不让人安省。"如果有人说："我就和她对着干。"如果还有人说："我每天学习的辛苦她就不能体会体会？"请想想在你面前每天嗓子疼、肩膀疼、颈椎疼，同时也为你心疼的他们；想想在你身边为你着急担心，绞尽脑汁的他们；想想在你身后加班加点批改卷子、批改作业的他们……他们默默不语、披星戴月、无私奉献。

老师啊！您无微不至的关怀深深埋在我们心底。无数个日子里，雪白的粉笔末落在您的头发上，换回知识，任凭我们翱翔，也任凭您白发苍苍。日月星辰转换，您的毕生精力全部用来灌溉我们，迎来了我们的青春蓬勃，却带走了您的年华。

不知不觉中我长大了，可是您却变老了。老师，谢谢您，在长大的路上一直有您伴我前行。在这个灿烂的九月里，我立志将理想变成现实，作为这个月份里最圣洁的礼物！

（六）陕西省青年领袖峰会

陕西省青年领袖峰会由陕西省联合国教科文组织协会和共青团西安市教育局委员会联合启动，旨在培养学生的综合素质，把学生打造成新世纪的"领袖"，在学生群体中已经颇具影响力。我在西安市育才中学的时候，学生代表队连续参加了2014年、2015年的陕西省青年学生领袖峰会，并取得了不俗的成绩，我觉得还是很有意义的。这是一种成长的精彩，是一种催化学生成人成才的方式。

2014年峰会以"提高青年学生领袖综合素养"为主题，高新一中、铁一中、西工大附中等37所学校的300多名青年学生代表参加了峰会。育才中学学生在峰会中表现出"天下兴亡，匹夫有责"的自信和担当，抒发了"逐梦而行，以我小梦圆中国大梦"的壮志豪情。参会的五名学生分别从情商与智商、团队合作精神、论青少年抗挫力对高中生的重要性、情绪的自我管理和微表情与人际关系的处理五个方面进行了大会发言。他们的发言紧扣主题，旁征博引，生动感人，PPT制作精美，图文并茂，语言声情并茂、表达流畅，获得了评委的好评。最终，郭子歆、王艺童获得二等奖，陈乐遥获得三等奖，李昕颖、陈碧仪获得优秀奖，学校荣获"优秀组织奖"，王辉老师获得"优秀辅导老师奖"。

参加陕西省青年学生领袖峰会

2015年5月16日—17日，西安市育才中学团委组织六名学生参加了第五届陕西省青年学生领袖峰会。这次峰会以"丝绸之路与丝绸之路经济带"为主题。世界遗产委员会认为，"丝绸之路"是东西方之间融合、交流和对话之路，近两千年以来为人类的共同繁荣做出了重要贡献。"丝绸之路"经济带被认为是"世界上最长、最具有发展潜力的经济大走廊"。作为陕西省的高中生，应该为祖先留给我们的文化遗产骄傲。参加这次青年学生领袖峰会的有高新一中、铁一中、西工大附中等全陕西省39所学校的450多名青年学生代表，西安市育才中学参赛的六位同学从大雁塔、大明宫、西安对"丝绸之路"发展的重要意义、古今"丝绸之路"的异同点等多个方面分别进行了研究，现场脱稿阐述，声情并茂，获得了评委的好评。高二（6）班的傅浩和高一（5）班的刘可欣获得三等奖；高一（3）班的赵泽玮、高一（6）班的李黄静、高二（6）班的王艺童和田淞元获得优秀奖；西安市育才中学获得"优秀组织奖"，王辉老师获得"优秀辅导老师奖"。

一所学校要发展前进，就必须有自己特有的校园文化。一所学校校园文化的建设包含了方方面面的内容。因此，教育工作者必须从全局出发，通盘考虑各方面的因素。首先要了解校园文化建设的基本思路，结合本校的实际情况，因地制宜，制订符合本校实际的建设计划，逐步实施。一所有着自己独特文化的学校，必须是经过历史积淀，由自己独特的文化建构形成自己特有的校园精神。这种精神很难通过媒介传递给外人，只有身临其境的人才能感受到他的影响力。初见它的人也许会对它的形象有一点模糊，但作为一种具有整体性的、依附于特定空间的氛围，是没有办法为外人所深刻感受到的。现在的一些中学已经形成了自己独特的校园文化，他们现存的比较先进的东西我们可以借鉴，但决不能照搬。校园文化的建设者一定要根据自己学校的实际情况，逐步地、有计划地实施自己学校的文化建设。切不可急躁，不可只做形式上的东西。要知道校园建筑、装饰、活动都是外在的东西，一个学校的精神需要历史的积累，从这个意义上说，历史已经是一所学校的财富，好的历史能够为一所学校沉淀下非常出色的校园文化。

现代社会发展迅速，人们的物质生活已经得到了极大的丰富。人们已经开始了选择的时代。许多家长为了孩子的发展，都会选择一所文化底蕴丰富的学校。同类的学校之间，课程、师资队伍都相差不大。所以学校隐性教育资源就常常是家长们比较的重点。因此我们学校的教育工作者要本着对学生负责，对学校的发展负责，要有计划、有目的地发展本学校的校园文化。

一所学校要成为名校必须要有高水平的师资力量，先进的教育教学设备，优美的校园环境，还必须拥有非常出色的校园文化。一个从具有浓厚精神文化底蕴的学校走出来的学生，不管他离开这所学校多久，去了什么地方，他的身上仍然散发着这所学校的精神气息。我们可以感受到校园文化的博大精深，我们能够看到校园文化对素质教育产生了巨大的作用，在发展素质教育的今天，我们更应该加大校园文化建设力度，从而培养出社会需要、家长满意的人才，为我国现代化建设做出贡献。

第 三 辑

丰富课程体系，提升学校精神

传承学校精神是学校人的历史责任，创新学校精神更是学校人的未来使命，这就需要在学校的发展中提升学校精神。陈玉琨教授指出："卓越的学校要有追求卓越的校园精神，要有一批追求卓越的教师，要有一批追求卓越的学生。"可见，要使学校获得发展，就得让学校变得更加有朝气，这就需要让学校充满追求卓越的精神。让学校充满追求卓越的精神的关键就是让学校拟出学校发展规划、教师个人发展计划和学生成才计划。对此，陈玉琨教授认为："这一工作的实质是明确学校的发展目标，提升教师与学生的精神追求。"

学校发展本质上其实是对"培养什么样的人，如何培养人"的思考和实践。在这一过程中，学校要综合考虑并系统实施多条路径，其中课程建设是最为核心的路径。课程是教育活动中实现教育目的、培养目标的重要手段或主要途径，它作为一种培养人的总体设计方案，普遍存在于人类的教育活动中，在现代教育中具有重要的地位。无论哪所学校，都开设有许许多多的课程。这些课程构成了一个学校显性课程系统，与隐性课程共同组成了完整的学校课程体系。

课程建设之所以能够实现学校的优质发展，一是因为两者有着共同的价值旨归。课程建设是依据学校的育人目标，对学校课程进行系统设计并有效实施，最终实现育人目标的过程；学校发展同样是育人目标导向下的发展，最终目的是服务学生成长成才。所以课程建设与学校发展有着价值上的统一。二是因为课程建设实现了学校发展的关键主体即教师的专业发展。富兰认为，教师在课程发展中的参与程度直接影响学校改进的成效。课程建设是以教师为主体的专业实践，教师不仅要直接参与到课程发展中，更要立足校本情境，积极主动思考学校课程发展的关键问题，并在明确的目标指引下，优化设计并有效实施课程，实现自身专业意识、专业知识与能力的提升。

总的来说，学校的发展是学校人的发展，学校发展是在学校人发展的基础上的发展，而学校人的发展又促进了学校的更好发展。学校课程体系无时无刻不在影响着学校精神文化，改变着学校精神文化，也是学校精神文化特色形成的重要依托。因此，学校精神文化建设要紧密结合课程体系，课程体系的完善应充分发挥学校精神文化功能，从而实现学校精神文化与课程体系的有效衔接，以充分发挥其在学校人才培养中的积极作用。

第一章　深化课程改革，提速学校发展

第一节　课改，学校创新发展的原动力

"变革未必带来进步，但是进步终究需要变革。"改革是推动我国基础教育高质量发展最行之有效的方法。所以，深化课程改革就是学校内涵发展和特色发展的重要抓手。学校是培养人的地方，所有的学校都必须回答：你的学校培养什么样的人？所有的课程都是为这一目标服务的，有什么样的培养目标就有什么样的课程系统。因此只有课程与学校发展融合了，与社会趋势同步了，学生才会成长，学校才能得到更好的发展。

课程改革需要学校领导把课程摆在学校要素的核心部位，抓住学校内涵发展的关键环节，确立学校发展系统性突破的制高点，不断了解新课程、研究新课程、走进新课程，自觉接受新课改的洗礼，积极担负起课程改革的支持者、参与者和促进者职责。课程改革还需要学校领导明确课程改革改的是什么，要从哪些方面入手进行改革才能切实推进学校发展。

课程结构的改革、课程内容的改革、教学方式与学习方式的改革是课程改革最重要的三个方面。课程结构的改革强调课程的综合性，也就是课程设置既要注重根据学生的经验组织教育内容，又要注重学科内在的逻辑。同时，把综合实践活动课设置为必修课，以加强对学生创新精神和实践能力的培养，加强学校教育与社会发展的联系，改变封闭办学、脱离社会的不良倾向，培养学生的社会责任感。此外课程改革还强调了课程的均衡性和选择性，以体现培养全

面发展的人，并为每个学生具有个性的健康发展创造条件。这就要求学校增设活动实践课，将活动课程化，让学生在寓教于乐中成长为全面发展的人才。

课程内容的改革强调加强课程内容与学生生活以及现代社会和科技发展的联系，关注学生的学习兴趣和经验，精选终身学习必备的基础知识和技能。教育的发展不仅要与社会发展的外部关系相适应，还应该与个人发展的内部关系相适应。人的发展有三个维度，即长、高、宽。所谓长就是人在社会发展的过程中要有一定的擅长，一定的特长，要有一技之长；所谓宽就是能够与人合作，有宽容心；所谓高就是要有健全的人格。教育要发展就必须遵守这些规律，课程改革成为契机。通过兴趣班、实践课等，在将教育与个人发展内部相适应的过程中，学生得到充分且全面化的发展。

教学方式与学习方式的改革则强调学生主动参与、乐于探究、勤于动手的精神，旨在培养学生获取新知识的能力、分析和解决问题的能力、交流合作的能力。这主要体现在课堂上，要求教师在课堂上根据课堂设置的不同，从视、听、说、动等多个角度带给学生新奇的感受，改变过于强调接受学习、死记硬背、机械训练的现象，最终培养学生搜集和处理信息的能力、获取新知识的能力、分析和解决问题的能力以及交流与合作的能力。在清华大学附属小学的"成志教育"改革下，"修己以敬"也同时内化为清华教师的精神，成为构筑学校精神不可或缺的部分。通过不断打破教师传统的价值观、传统的思维方式、传统的教学习惯，让教师在课堂上呈现出多元化的教学方式和时代性的思维逻辑。从课堂开始，以潜移默化的形式，让学校精神贯穿在课堂之上，最终达到教师修己，而后育人的"传道"效果。正如清华大学附属小学的校长窦桂梅说道："好老师是精神上气象万千的教师！"

多年来，我也是这么做的。在教学上要求教师以学生为主，做引导型"输出者"，形成集体自动学习的最高原则。增加生涯体系等活动课程，让教育链接校外、链接社会。与此同时，在育才中学任职时，我和学校教师积极推进校本课程的开发，根据学校的特色与学情积极讨论，共同研究，开发了具有学校特色的《红色摇篮》《圣地摇篮》等校本教材，不仅增强了教师的责任意识和合作意识，更形成了符合育才中学现状的一系列颇具西安特色的校本课程。

有人说:"教育家不是评出来的,不是培训出来的,而是修行出来的。"我无比赞同这句话。如今,在深化课程改革早已是时代之需、学校之需,并且具有长期性时,它自然就伴随着重塑学校精神的长久使命,成为修行路上最为重要的关卡。坚定不渝地走在这条修行路上,是包括我在内的所有师生的终身目标。只有通过不断完善、丰富课程改革,提升学校精神,在课程改革和学校精神之间搭起贯通的桥梁,才能持续为国家、为社会输送一批又一批有素质教养、有文化底蕴、有精气神的全能型人才,才能完成作为一名教育工作者的至上使命。

第二节　向外求知,坚定课改决心

在几所不同学校工作期间,我一直很重视教育教学改革的向外学习和向内认知。西安市育才中学先后组织老师到山东、上海、南京等省外教育先进地区及庆安中学、远东一中、西安中学、高新一中和师大附中等市内兄弟学校听课、讲课交流;同时我校部分领导、教师作为省市专家先后赴南京、榆林、汉中等地讲课、讲学、做报告。另一方面我校先后承办了全国"国培计划"教师和临潼区教师领导的影子培训、全省国培计划校长培训班和广东省第 37 期校长培训班的参观学习及内蒙古自治区教师和市内兄弟学校的交流听课。我们还接待了美国、韩国的教育同行,其中韩国光州市教育厅厅长在参观我校之后欣然题词"天下第一育才中学"。

考察现代建立的学校,让我更懂得课程改革和学校精神之间不可缺少的链接。江苏省天一中学创办于 1946 年,是"江苏省首批合格重点高中"。走进天一中学,无论是现代化的校园教学硬件设施,还是沈茂德校长校园建设的理念、对学校精神文化的追求、对教育教学改革的思考都给我留下了深刻印象。他是一位典型的江南才子,他坚信"教育是农业",坚信"每一个孩子都是一座金矿"。他是一位有理想的校长,总是有许多美好的教育梦想和校园梦想,总是用自己的职业精神为学校发展酝酿和制造着一个个美好的愿景。

江苏省天一中学校长沈茂德凭借近三十年的高中教学和十多年的校长经验，以及其特有的高尚人格、坚定信仰和对待学生的挚爱，积极推进天一中学的课程改革和学校精神建设。在他和他团队的共同努力下，多年来学校都有"丰富课程"的办学主题，在满足一部分优秀学生的个性学习需求上，开设了美国大学先修课程即 AP 课程 20 多门，建设了中国大学先修课程 CAP，即北京大学先修课程和清华大学先修课程，形成了显著的办学特色。基于此，天一中学的学校精神在无形中得到凝结，并以高位、稳定的办学水平，走在了江苏基础教育发展的前列，不仅成为"江苏省首批合格重点高中"，更成为江苏转型发展、优质特色发展的教育方向上的先决力量。

我想，只有这样的校长才能领导出这样的学校，只有这样的学校才能带给我们更优质的教育。在当前课程改革进入深化的时代，如何从自身出发引导课程改革，如何用课程改革带动学校精神的重塑成为最值得我们思考的问题。

一、课改目标：以人为本

纵观我国课程改革的历史轨迹，从新中国创立之初到如今的 21 世纪，跨度之长可见其意义非凡。在这长时间的改革过程中，涌现出一大批先进典型、一大批创新实践成果，值得我们借鉴学习。比如由 4 所学校合并而成的包头市和平中学，成立之初，学校办学力量相对薄弱，后通过改革创新，形成注重"全面＋个性"发展，以"自主·体验"为宗旨开发校本课程，发展学生核心素养等多项教学改革理念，最终学校脱颖而出，校园精神文化建设更是成为包头市的标杆，真正走出了一条由薄弱学校向优质学校迈进的逆袭之路。再如人大附中，其将课程改革的核心看作是创造适合学生发展的共生课程，为学生打造生命成长的共同体和学习共同体。在课程改革的核心思想指引下，人大附中开发了一系列课程以启发学生们的创造性思维。例如积极将 VR 虚拟现实技术等前沿技术引入课堂，发掘了学生在科学技术专业上的潜能，培养学生的创新思维能力等。

博众人之长，取百家之优。我一直认为，向外求知是提升自我办学能力的必要前提。习近平总书记也曾指出："调查研究是谋事之基、成事之道。没有调查，就没有发言权，更没有决策权。"研究问题、制定政策、推进工作，刻舟求剑不行，闭门造车不行，异想天开更不行，必须进行全面深入的调查研究，不断增强看问题的眼力、谋事情的脑力、察民情的听力、走基层的脚力。

对于求知，我自己有一个非常好的心态，就是把它当作一种休息，是换一种头脑的另类休息法。为此，我积极参与校长培训，去外省知名学校考察等，让向外求知真正落到实处。

2009 年 10 月 22 日至 10 月 27 日，我跟随西安市教育工作者访港团在香港进行了为期 6 天的参观考察。在港期间，我们主要拜访了与西安市教育系统开展交流活动的民间公益团体，参观了学校，考察了青少年活动营地，参加了书画交流等活动。

通过此次活动，我深切感受到香港的学校管理有很多值得学习的地方，尤其是其务实、高效、精细、以人为本的理念和做法，让人感叹和称道。这些理念和做法主要体现在两方面。首先，香港特殊的历史使其成了中西文化的交汇点，在教育上也很明显体现出来，学校的办学理念也体现出了中西交融的特色。在全人教育思想的指导下，大多数学校提出了德、智、体、群、美的培养目标。其次，香港因其多元文化的影响，各学校虽有课本和相应的教材，但为了更好地体现学校自身的办学理念，为了从不同角度促进学生的"全人发展"，每个学校都十分重视校本课程的开发与利用。有的学校完全冲破课本束缚，学校课程全部实现校本化，如北角官立小学就将英语学科课程进行校本化，专门聘请英语教学专家设计教学，课本都从国外自行选择和购买，使学科教学更加具有个性特色，更加适应时代发展需要。此外，学校尊重学生的个性，并注意发展其动手能力，在学校的楼梯、墙面、教室甚至是洗手间随处可见由教师、家长和孩子一起完成的绘画、摄影、手工等艺术作品，既使学校散发着浓浓的艺术气息，又充分让孩子感受到爱的温暖。

无论是德、智、体、群、美的学校培养目标，还是学校课程的开发，抑或是尊重学生个性发展等，都体现出香港学校教育的人本化特点。这无疑是课程改革进入深化阶段后，最典型的案例之一。

二、好学校要有好老师

2015 年 4 月 21 日至 24 日，我参加了在北京召开的首期中小学名校长领航班开班仪式。集中开班培训之后我进入中国人民大学附属中学培养基地进行学习，接受培养。7 月 8 日至 14 日，我校 33 位老师到人大附中学习交流，参加了"校长国培计划人大附中培养基地首次培训暨人大附中全体教职工 2015 年暑期培训"。

在人大附中，让人感动的是附中人视教育为自己全部的精神；令人钦佩的是附中课程改革的创新和成就；使人深思的是什么追求让他们把基础教育做得如此成效斐然。我们如何能像附中的团队那样，把学校课程改革做得更好，让学生得到更大的发展？其中最为重要的一点就是师资力量的建设。在这里，我越发知晓了师资力量对于学校建设的重要意义，尤其是在课程改革促进学校精神建设中的力量。

人大附中的发展在很大程度上得益于它有一个专家型的教育团队，得益于专家教育团队先进的教育理念、科学的管理和教育教学方法，使他们能很好地把握学校发展的方向。这奠定了学校发展的坚实基础。

所以，好学校就要有好老师。习近平总书记在 2014 年教师节前到北师大讲话时指出："一个人遇到好老师是人生的幸运，一个学校拥有好老师是学校的光荣，一个民族源源不断涌现出一批又一批好老师则是民族的希望。"同时，他还强调，做好老师，要有理想信念，要有道德情操，要有扎实知识，要有仁爱之心。

一要有理想信念。我们每位老师都应该有为国育才、为祖国培养后代的理想信念。有人说，没有教不好的学生，只有教不好的老师。其实，这讲的是一种信念，一种努力方向。

二要有道德情操。教师要有身正为范的道德情操。而上好每一节课，应该是教师最基本的道德底线。

三要有扎实知识。2015 年 8 月 28 日，西安市教育局在我校举行了深化大学区改革名师导航工程启动仪式。该工程将充分发挥陕西省特级教师和西安市名师工作室主持人的优势和辐射带动作用，深化西安市大学区制改革，推动薄弱学校学科建设和教师培养，促进教育事业科学均衡、优质快速发展。教育部"校长国培计划"在我校设立了辛军锋名校长工作坊。下一步，我校也要设立名师工作室。我校的名师要出自教研组长、高级教师等，这些教研组长、高级教师将成为我们教育教学中的开路先锋。

我校的教师是有能力的。我们参加并学习了人大附中的教研年会，全国的名校长领航会议是和人大附中的暑期教师培训合二为一的。2015 年 8 月，我们也举行了暑期教师培训。详细的安排、扎实的内容、专业的交流，使我有充分的理由相信，以后我校也可以将名校长工作坊成员的交流会与我校的教师培训合二为一，并取得良好效果。

好学校的教师是可敬的，我们有差距。人大附中的周建华书记做的教研工作报告，将北京五所名校在中国知网、核心期刊发表的论文进行了分析，这在我们西安，是没有一所学校能做到的。在他做的分析里可以看到，人大附中论文发表数量的上升趋势位居第二。我们还看到人大附中专业教师的课题研究情况，如地理课题研究、化学课题研究、大学先修课、学法指导、同课异构活动、高效课堂分析等，这些课题和活动内容深、难度大、专业水平高，让我们看到了人大附中教师的专业水准和学生的创造能力，看到了学生综合素养的提升和全面发展，也看到了自己的努力方向。

教师为什么要进行专业教学研究？在人大附中看到了一个总结，对我们来说非常有启迪，特别是对许多新任教师来说更是值得细心体会和实践。那就是：听懂以后做出来是合格教师，做好以后说出来是骨干教师，说好以后写出来是专家教师。

这些让我们思考：中国最好的中学和教师专业团队，他们在做哪些事，是如何做的？这值得我们去学习、去研究、去实践。我们只要努力去做，高水平并非遥不可及。

四要有仁爱之心。我校暑期教师培训中，很多老师在汇报时，都讲到对爱与尊重理念的体会，很多班主任工作汇报的核心就是爱。

对比人大附中老师的工作态度、工作激情、工作责任，我们应该思考：我们能否拥有人大附中老师那样"大爱"的教育情怀？能否拥有像人大附中老师那样忘我的敬业精神？能否拥有像人大附中老师那样无时无处不在创新的精神？学校工作是一个整体，需要我们这个团队中每位成员不懈努力，共同完成。但在平时的工作中，我们每个人能否做到内心真正热爱自己的工作中？能否积极主动地投身于自己的工作中？又能否在平时创造性地开展工作？我们是否掌握了自己负责工作的理论？是否拥有自己工作方面的成果？我们专业发展如何？我们为学校发展贡献了什么？学生是否得到发展？面对机遇，面对学校给我们搭建的平台，我们准备好了吗？我们开始行动了吗？这些都值得我们深思。

三、课改形式：多样生成

2015 年 11 月 16 日—30 日，我在上海市师资培训中心参加了教育部——中国移动中小学校长培训项目上海地区的影子培训。通过在中心聆听资深教育专家的专题报告和在上海晋元高级中学的影子培训，我深刻接触了课程改革中形式的多元化创新。

晋元高级中学继承传统，用自己的行动给学校厚重的历史积淀融汇了民族的智慧；他们创新变革，在百年老校的多元人文理念中融入"选择教育"，使学生在追求中有理性地选择，在理性的选择中有不懈的追求。在选择理念下，他们进行了套餐式课程、走班式教学、学分制管理、资源共建共享等一系列教育教学实践探索。通过十六年的努力，开设基础型课程、拓展型课程、研究型课程、生活经验型课程，让学生"学会选择、主动学习、卓越发展"，取得了可喜的成效。

（一）创新德育课程，促进学校特色发展

上海市实验性示范性高中——晋元高级中学是用抗日名将谢晋元将军的名字命名的学校，其内涵承载了尽忠尽责的爱国主义精神、不可动摇的革命意志、坚持不懈的毅力和无所畏惧的勇气。其德育特色相应地可以概括为三个方面：爱国主义、社会价值观、人生价值观。德育课程有 6 个目标，8 个系列。高一，以规范自我为主题，强调学生对自己负责；高二以实践社会为主题，强调对他人和集体负责；高三以践行责任为主题，强调对社会和国家负责。

他们的德育课程坚持了 15 年，德育课程有课本，"四季四节"活动课程设计新颖，与课堂教学相匹配，他们广泛开展理想信念、公民素质、社会实践、公益活动等实践活动，并丰富体育、艺术、科技等课程学习。这些丰富多彩的课程推进了学生文明行为的养成，提升了学生的综合素质和实践能力，促进了学校德育特色发展与品牌建设。学校紧紧围绕着"培养中华民族新后代"的育人目标和"责任、使命、担当"的校训选择主题、设计课程、建设体系、保持传统。

我们学校正在进行的"活动课程化、课程活动化"系列课程需要进一步突破。

（二）创新走班制课程，推进学生自主发展

走班制教学是晋元高级中学选择教育的必然之路。选择教育就是个性教育，套餐式课程是它的载体。套餐式课程让每一个学生都有属于自己的个性化课表，走班制则让每一个学生走进适合自己个性发展的课堂，促进学生的个性化发展。

晋元高级中学的走班制有三种运行模式。一是"学力分层式"走班——分层学习满足学力差异；二是"课时平衡式"走班——课时搭配实现走班最优化；三是"随时随地式"走班——网络教室开辟走班新时空。我们既听了化学课的实体走班，又观摩了生物学课的网上走班，了解到走班制的实施为学生创设了自主选择发展的空间，对学生逐步发现自己的强项与弱势，最终明白自己的主攻方向是很有利的。选择的过程就成为不断认识自我的过程。

经过十几年的探索，晋元高级中学取得了实实在在的实践效果。该校增强了套餐式课程的丰富性和可选择性，促进了学生自主选择和个性发展，提升了学校的课程领导力。他们的教师也实现了专业发展和共同成长。无论是多年坚持的德育课程，还是创新的"网上走班"，都为学生提供了更加多样化、个性化的选择，探索了一种无处不在的教育模式，这对促进教育的均衡发展、实现教育公平有着重要的现实意义。这就是教育创新，这就是课程创新，这就是值得我们钦佩和推崇的教育实践和课程改革。

创新是学校的生命力。朱纪华老师强调创新要基于价值领导，价值选择和取向对决策有重要意义，过程没有结果重要、效率没有效益重要、目标没有目的重要。

晋元高级中学的实践，以及在探索过程中对各种变量因素的认识、思考和经验，对我们形成自己的办学理念，践行自己的课程改革创新发展，形成自己的课程改革特色有很强的指导意义。它启示我们在课程改革中，要努力实现主体化、层次化和多元化。我也真正感悟到了原江苏省天一中学校长沈茂德所说的："让每个孩子在校园里都能够找到适合自己个性的、有兴趣的、有积极性的，这样一种学习，孩子们就会学得比较幸福。有选择才有个性，有个性才有创造。"

两天的专题报告，10天的基地影子培训，两天的互动交流，始终萦绕在我脑海中的是"选择、创新"。选择就是价值定位，选择就是方向抉择；创新就是思路变革，创新就是实践手段。

附：一次失败的教改实验

早在2000年，我便尝试过课程改革并取得了成效。但在2002年我再次进行课程改革时，却出现了问题。当时我到任的学校，综合实力相对较弱。占地30多亩的校园里学生数量不到400人，而且教师工作劲头也严重不足，教学质量在全区倒数。

怎么办？只有一个字：改！

随后，在各方教育管理部门的支持下，经过两年的努力，学校教学环境得到改善，学生数量稳步增加，教师工作积极性也大大提高。但我深知要想让学校真正得到长久发展，这是远远不够的！2004年，我开始思考如何提高教育教学质量，如何进行改革才能让学校长久兴盛。那时正好区教育局组织去江苏泰兴洋思中学参观学习，于是我选派了年轻的综合实践课教师随团去洋思学习。她对那次行程感受很深，充满热情地给我汇报：首先整个学校美观整洁，有自己独特的校园文化。学校让"每一面墙壁都发出教育者的声音"，名人名言、格言、警示语合理地展示在校园的每个角落，每个细节都很到位。"没有教不好的学生，没有学不好的学生"是洋思中学的办学理念，"先学后教，当堂训练""三清：堂堂清，日日清，月月清"是洋思中学课堂教学改革经验的精髓。还有"兵教兵""当场训练"，会的学生教不会的学生，当堂练习和当堂作业等都让人耳目一新。整个学校都洋溢着较浓的教研氛围，老师们集体备课，每节课采用最优秀的教案统一上课，每节课统一选编了一些精而少的训练题，通过练习能让学生学有所思、学有所得……为期四天的参观她看到那里的老师确实教得不错，学生学得也很好，上课、做操、吃饭、课间无打闹、无喧哗，而且他们对待来宾很礼貌。

她讲得很兴奋，积极性很高，我也听得很兴奋，觉得这一趟连我都收获颇多。尽管当时我们学校整体教研氛围并不浓厚，但我依旧决定大胆地支持她自己"组团"，引进洋思模式进行课程改革试验。在初一设立洋思实验班，专门安排教师全部住宿，教导主任负责，安排骨干教师担任科任教师，从早到晚地管理，全部借鉴洋思中学的管理模式。

改革初见成效，教师很认真，学生很新奇，统一吃饭，同时休息，负担轻，有礼貌，校园里处处充满了新鲜的空气，一切都很顺利，但也都只是看起来很顺利。一学期后，问题就暴露出来了：（1）学生成绩提升缓慢。（2）教师上课还是不自觉地回归到老方法。（3）食宿管理跟不上。（4）学校师生对此开始提出质疑和非议。本着万事开头难的想法，又坚持继续了一段时间。但一学年后，问题没有得到明显改观，这位发起的老师自己也打了退堂鼓，其他教师也不再配合，情绪较多，学生也逐渐失去了兴趣，管理上逐渐松散，其他相关问题也不断。再三权衡，我恢复了原来的传统教学模式。这场课程改革仅一个学年便"夭折"了。

后来，在失败中我进行了深刻的反思，总结了几点：任何学习都应该结合本校实际，不能照搬其他学校。学习是学人家如何根据实际条件进行课程改革，而不是完全照搬别人现成的模式。这也是我在后期向外求知的过程中深刻认识到的一个课程改革的重要知识点。无论是自身的失败教训，还是向外学习探索，都让我懂得进行课程改革实验需要系统的理念学习、扎实的培训和规范且完善的操作流程。同时改革的规程、保障机制、评价和奖惩机制都要跟得上。

诚然，有不少学校经过长期的办学，积淀了丰厚的文化底蕴，形成了鲜明的办学特色。也有不少学校经过反复的课改实践，探索出了适合本校实际的课堂创新范式。他们也已成为学校教育教学发展的标杆，值得学习和借鉴。然而，我们也不难发现，教育教学是个"慢活儿"，课程改革更是如此。学校课程特色、校园文化、办学底蕴的形成绝非一朝一夕之事。跃进式、超车式、突击式的创新改革，学校需要权衡利弊，审慎而行。

但我庆幸自己一直都坚定地走课程改革的路。每到一个学校，尤其在经历过一次失败之后，我更加关注并从研究学校历史、学校精神文化等开始，经过不断思考与探索，形成一条条符合学校发展的课程改革之路。比如在西安第三十中当校长时，根据学校特色开设了富有地域文化特色的"秦腔""面食文化""关中民俗艺术""西安旅行英语"等校本课程；在育才中学发动师生共同参与校史课程编撰，发起延安"寻根"研学活动，通过校本课程建设彰显学校的精神内涵，构建了多元开放的红色文化课程体系等。

生活在启蒙运动时代的康德，在当时的一份学术杂志上讨论何为启蒙运动。康德写了一篇文章：《回答这个问题：什么是启蒙？》。此文被后世看作是诠释启蒙运动的经典之作。康德写道："启蒙运动就是人类脱离自己所加之于自己的不成熟状态的起点。不成熟状态，就是不经别人的引导，就不能自主地运用自己的思考。当其原因不在于缺乏思考能力，而在于不经别人引导就缺乏思考的勇气时，那么这种不成熟状态就是自己所加之于自己的了。勇在思考！拿出勇气，自主思考。这就是启蒙运动的口号。"

"活到老，学到老。"课程改革要求教育者应该永远像小学生一样对待新生事物、教育发展。生产力的发展，社会的急剧变化，导致人们必须更新观念，以获得新的适应力。吉林省第二实验学校的副校长黄宝国曾建议教师："看得多了，学得多了，懂得多了，就该有自己的风格、自己的思想了，就该选择一条适合自己的路了。"寻找改革的突破口也一样，校长要看得多、学得多才能懂得多，最终才能坚定地走在课程改革的成功之路上。

第二章　开发校本课程，传承学校精神

第一节　发挥团队智慧，研发校本教材

人的价值观是不同的，各地学生的生活环境和知识结构也是千差万别的，同时社会又在不断发展，所以教材便很可能存在局限性。教材如果不能反映本地的实际情况，则不符合当地教育的发展需求。课程改革的深化过程要求教材不断更新，以适应学校发展。新课程改革倡导课程的多元化，允许在国家课程的框架内，进行充实、内化、优化课程结构，也允许在国家课程的框架外，开发校本课程。

与此同时，促进教材校本化，不仅有利于学校教育及学生的发展需求，更有利于学校精神的构建。众所周知，学校精神是植根于学校的特有文化产品，是一个学校的灵魂，是学校文化的核心，是属于学校的隐性课程。而教材的校本化过程能够将校园特色与教材结合，这在一定程度上是对学校精神的重构。

在校本课程教材研发过程中，学生的个性发展是目标，教师的专业发展是条件，学校的特色形成是结果。新课程改革以来，无论在哪个学校当校长，我都一直进行着校本教材的开发，诸多老师为之付出了艰辛的劳动，学生也受益匪浅。

比如在我任职育才中学校长时，育才中学顺应教育发展的潮流，因校制宜，在校本课程研发和开设的过程中，积极尝试一些创新做法，逐步构建起了适合师生的校本课程研发和开设的新模式。

在校本教材编写过程中，育才中学的老师认真学习，充分思考，根据学校的特色与学情积极讨论，共同研究。参编老师克服时间紧、任务重的困难，在

繁重的教育教学工作之余，成为网络、图书馆、阅览室、书店的常客，以获取大量的相关资料；周六周日顾不上休息，认真编辑整理；课间午休时间也经常互相切磋、交流；寒暑假期间仍在进一步修订完善，以求精益求精。

经过艰苦努力，涉及11门学科的校本教材终于面世了。这套教材充分利用学校及周边资源，结合学校的传统和优势，彰显学校特色，凸显学科特点，形成了贴近学生、贴近社会、贴近生活的校本课程体系，体现了知识的科学性、系统性、趣味性。校本教材硕果包括《延安精神、红色文化——育才中学校史》《人生规划》《中学生应知的国学常识》等。如，《红楼梦诗词曲赋赏析》《张艺谋电影赏析与数码摄影》关注学生的认知水平和趣味性，《健康与疾病》《心灵二十戏》关注学生的生理特点、心理特点和社会环境变化，《身边的化学》《这里是西安》《西安旅游英语》《关中民间艺术》彰显时代特色、地方特点、学科优势，《高中物理实验及技能》《Photoshop》凸显了学科的严谨、周密、实用性，《文魁传奇》《数学史话》突出了名人大家的思想性、示范性等。

校本教材的研发是一项系统工程，也是一种创造性工作。新课程改革以来，校本教材的研发工作得到了有效推进。更让我们欣慰的是，在应用这套教材的过程中，老师们还能够别具匠心地去设计授课方式，学生们在生动活泼的课程中得到了收获和提升。

有一位老师在教学工作总结中写道："在《红色摇篮、三秦名校》的教学中，我彻底改变了传统课堂的讲授法，先组织学生自主阅读教材，了解和感悟学校光荣的办学历史；每个学生围绕特立园、延安石、成长大道等校园红色文化景观自主编写解说词，再将学生分成几个小组，进行小组讨论，修改后定稿；每个学生换上红军服，成为'小小红军解说员'，向其他同学、老师介绍学校光荣办学历史；当有外校师生来访时，同学们承担'导游'的任务，用自己所学的知识充满感情地向来宾介绍学校历史。这种教学活动，既培养了选修该课程学生的自主学习能力，帮助他们深刻领悟了红色文化、延安精神，又影响了广大师生。"

另一位老师写道："受到社会上一些不良风气的影响，有的学生有成为'精致利己主义者'的风险，容易产生崇拜金钱、过度追求物质享受的想法，从而影响正确的职业观。在《高中生职业生涯规划》的教学中，学生了解职业、认识自己、了解科学的职业规划方法。我们也可以开展相关的实践活动，如走出校门进行短期职业体验；还可以让学生通过查阅资料、拜访校友等方式了解不同的职业，撰写个人职业生涯规划等。"

育才中学校本教材的研发工作，得到了市教育局的大力支持和指导，得到了延安保育精神研究会、西安市育才中学校友会很多帮助，也得到了退休老教师、学生家长和社会各界广泛的关注。研发编写的体育、音乐、美术等一系列校本课程教材既凸显了学校的特色，又体现了学校的师资水平。当然，综合实践校本课程的开发，也遇到了很多的困难，比如对学生的有效管理、评价等。但教育是慢的艺术，我们不能急功近利，更不能拔苗助长。因为育才中学走的是"精品化、高品位、有特色"的内涵式发展之路，要建设的是一流的特色学校。

第二节　设置校本课程，挖掘学生潜能

在完成国家课程的基础上，育才中学积极进行了校本教材的研发、校本课程的开设，努力实现国家课程校本化、地方课程校本化、校本课程生本化，发掘学生潜能，为不同学生的发展搭建平台。学校开设"校本课程大讲堂"，使学生的各种潜能在素质教育的不断创新中被逐步地被激发出来。

有位老师反思总结道："近年来，许多学校都在进行综合实践校本课程的开发，但是成功的并不多。通过实践和反思，我认识到要达到良好的教学效果，还要回到教育的本质上来，必须要遵循教育规律，把课堂落实到带领学生进行高质量思考上来，即通过恰当的活动，引导学生体验、思考、感悟。要避免'只有学习却无智力生活'的综合实践校本课程。经过我们的实践发现，不能过于依靠综合实践活动课程的新奇内容来培养学生的兴趣，表面的乐趣并不能长久持续。要培养真正的兴趣，就要让学生经历独立而深刻的思考，并有机会去探索、去感悟和发现；还要让学生有机会学以致用，去用所学的知识解决问题。有个学生在阅读《红色摇篮、三秦名校》教材时，被延安保小（我校前身）学

生三次转移的故事所震撼。解放战争时期，国民党大举进攻延安，保小师生在严酷的战争环境下，团结一心克服一切苦难，一路辗转，终于顺利转移到安全地方。他在学习笔记中写道：'这正是我所缺乏的——勇敢、坚强、克服困难的勇气。'在使用《中学生实用管乐教程》的综合实践活动课程中，学生常常有机会在日常教学活动中展示表演，如在升旗活动时演奏国歌等，让同学感受到了运用所学本领为大家服务的快乐。综合实践活动校本课程给学生提供了独立思考、展示个性、培养创新精神的平台。在'小小红军讲解员'活动中，学生自己查阅资料、撰写解说词，再给他人介绍学校的办学历史和校园红色文化景观，使自己也得到了充分的锻炼。"

育才中学的校本课程体系早已走向深入。反映育才中学发展历史的校本教材《红色摇篮、三秦名校》《圣地摇篮》两本书也已经成为校本课程的特色内容；《延安精神、红色文化——育才中学校史》不但是校园文化的传承，红色历史的发扬光大，更是新课程理念下具有校本特色的文化积淀；《人生规划》对中学生的成长具有指导意义；学习《中学生应知的国学常识》的目的在于丰富学生的国学常识，提升学生的人文素养。而且，学校正在研发编写新的系列课程教材：体育、音乐、美术等一系列校本课程教材，既能凸显学校的特色，又能体现教师的功底，还有助于丰富校本课程体系，促进素质教育的发展，提升教育质量。

附：西安市育才中学 2014—2015 学年校本课程安排表

初中部

时间	年级	课程设置	活动地点
周二下午第四节课	全年级	速度训练	操场
		舞蹈训练	舞蹈教室
	初一	拓展训练	初 101、102、103、104、105、106 室
	初二	数学拓展 1、数学拓展 2、信息实践、时事报告	初 201、202、203、204 室
	初三	化学实践 1、化学实践 2、历史讲座、素质拓展、英语拓展	初 301、302 室、初 303 室、田径场、305 室

时间	年级	课程设置	活动地点
周三下午三、四节课	全年级	耐力训练	操场
		大乐队排练	艺教中心
	初一	课外拓展训练	初101、102、103、104、105、106室
	初二	课外拓展训练	初201、202、203、204室
	初三	课外拓展训练	初301、302、303、304、305室
周四下午三、四节课	全年级	力量训练	操场
		管乐、木管、铜管、打击乐声部训练	艺教中心
		美术专业训练	美术教室
		击剑训练	击剑馆
	初一	课外拓展训练	初101、102、103、104、105、106室
	初二	课外拓展训练	初201、202、203、204室
	初三	课外拓展训练	初301、302、303、304、305室
周五下午第四节课	全年级	体育专项训练	操场
		大乐队排练	艺教中心
	初一	拓展训练	初101、102、103、104、105、106室
	初二	时事报告、地理讲座、美术欣赏、素质拓展	初201、202室、初203室、田径场
	初三	历史讲座、物理实践、素质拓展、化学实践、时政讲座	初301、302室、田径场、初304、305室

高中部

时间	年级	课程设置	活动地点
周二下午第四节课	全年级	速度训练	操场
		舞蹈训练	舞蹈教室
	高一	地理讲座、历史拓展、素质训练	高101、102室、田径场
		音乐欣赏、时事报告、生物竞赛	高104、105、106室

时间	年级	课程设置	活动地点
周二下午第四节课	高二	素质训练、物理实践、地理拓展	田径场、高 202、203 室
		课外拓展	高 204、205、206 室
	高三	生物拓展、化学实践、物理实践	高 301、302、303 室
		地理讲座、历史拓展	高 304、305 室
周三下午三、四节课	全年级	耐力训练	操场
		大乐队排练	艺教中心
	高一	课外拓展训练	高 101、102、103、104、105、106 室
	高二	课外拓展训练	高 201、202、203、204、205、206 室
	高三	课外拓展训练	高 301、302、303、304、305 室
周四下午三、四节课	全年级	力量训练	操场
		管乐、木管、铜管、打击乐声部训练	艺教中心
		美术专业训练	美术教室
		击剑训练	击剑馆
	高一	课外拓展训练	高 101、102、103、104、105、106 室
	高二	课外拓展训练	高 201、202、203、204、205、206 室
	高三	课外拓展训练	高 301、302、303、304、305 室
周五下午第四节课	全年级	体育专项训练	操场
		大乐队排练	艺教中心
	高一	时事报告、信息实践、生物拓展	高 101、102、103 室
		物理实践、素质训练、历史拓展	高 104 室、田径场、高 106 室
	高二	化学实践、生物拓展、时事报告	高 201、202、203 室
		课外拓展训练	高 204、205、206 室
	高三	课外拓展训练	高 301、302、303 室
		历史讲座、时政讲座	高 304、305 室

西安市育才中学高中部校本课程开课目录第一部分

时间	编号	类别	课程名称	授课教师	地点	班级	备注
（单周）周三下午第七节	1	人文社会	中国通史	贺竹梅	历史教室	（1）	
	2		语文阅读	冀晓芳	阅览室	（2）	
	3		地理与社会	胡娟	地理教室	（3）	
	4	科技与制作	陶艺制作	高西明	劳技教室	（1）	
	5		物理与生活	王亚玲	物理探究实验室	（2）	
	6		机器人	齐昌涛	机器人室	（3）	
	7	综合艺术	管乐	专业老师	排练室	乐团学员	
	8		绘画	专业老师	美术教室	美术学员	
	9	传统体育	田径	专业老师	操场	田径队学员	
	10		足球	专业老师	操场	足球学员	
（单周）周三下午第八节	1	人文社会	中国通史	贺竹梅	历史教室	（4）	
	2		语文阅读	屈卓	阅览室	（5）	
	3		地理与社会	胡娟	地理教室	（6）	
	4	科技与制作	陶艺制作	高西明	劳技教室	（4）	
	5		物理与生活	王亚玲	物理探究实验室	（5）	
	6		机器人	齐昌涛	机器人室	（6）	
	7	综合艺术	管乐	专业老师	排练室	乐团学员	
	8		绘画	专业老师	美术教室	美术学员	
	9	传统体育	田径	专业老师	操场	田径队学员	
	10		足球	专业老师	操场	足球学员	

　　诚然，校本课程的资源是动态的。一方面适应社会的迅速发展，另一方面结合育才中学红色文化的深厚底蕴，育才中学的校本课程融入了自身的特色元素，从而更好地促进了学生富有个性的全面发展。随着课程改革的不断深入以及对现实的反思，育才中学校本课程的开发必然会更加关注学生的精神生活（学生的精神生活是一个涉及学生认知活动、情感活动、意志活动和道德活动等方面内容的整体），提高学生的人文修养和综合素质，让学生拥有真实生活的愉悦体验，让学生在一个科学世界与生活世界、现实生活与传统文化相结合的时空里得到充分的自主发展。

第三章　提升教学能力，打造高效课堂

第一节　更新教学理念，提升课堂效率

发展课程就是发展教育，发展教育就是为培养社会型人才而服务的。学校通过课程实现对学生学习兴趣、学习能力、学习态度的培养和学生个性化的成长，为学生终身发展奠定良好的基础，从而培养出符合社会发展的人才，教育也因此更有意义与色彩。教育部中学校长培训中心主任陈玉琨教授在《一流学校的建设》中讲道："改变一个学校要改变这个学校的校园精神，改变一个教师要改变他的价值追求，改变一个学生要改变他的人生目标。"这是从"道"的方面讲的，那么落实这样的改变，从"技"的方面该如何？

作为一名教育工作者，尤其是要将课程改革进行到底的教育工作者，我需要对教育的本质进行学习和探索，对于"怎样培养人，培养什么样的人"进行长期的思考。总结下来，我认为改变一个学校的第一步，还是应该着眼于课堂，改变应该从课堂开始。

课堂是学生学习的场所，是育人指路的方向盘，也是思想教育的熏陶平台。在课堂上老师传道授业解惑，学生汲取人生智慧哲理。在课程深入改革的当下，从课堂开始的改革必然应该成为课程改革的第一步。

说到课堂改革，在我看来，这更多的是一种回归。回归教育本质，回归以学生为核心，回归因材施教。比如，延安时期保育学校的教师在教学中就充分体现了民主原则，教学是在充分了解学生的基础上进行的，教师制订教学计划

和教学方案时充分征求学生的意见。教师授课提倡质疑问难，允许学生提出问题，开展讨论。学生之间互相启发，取长补短，既开拓了视野，扩展了思路，又改进了学习方法，调动了学生学习的主动性，培养了他们的学习兴趣和爱好，同时开发了学生的创造潜能。

不难发现，教师是课程改革的主力军，更是课堂改革最直接、最重要的实施者，也是使得理想课程变成现实课程的关键。教师的教学理念是教学活动和学生客体在教师思维中形成的特定的看法和观点，是完整的综合的思想意识体系。教师的理念决定教师把握和从事教学活动时的价值观、世界观，决定对学生的评价和态度，是分析和评价教学活动与学生的先天思维框架。

在以往课堂上，教师是教学的绝对支配者，教师在讲台上耐心细致地讲课，学生在座位上认真听讲和做笔记。教师授，学生受，课堂一切教学活动都由教师主宰。再加上教师布置的练习和作业，就构成教师按既定的教学计划完成教学任务。但是在这种模式里，学生的精力主要用于模仿、复制教师所传授的内容，谈不上发挥学生的主体意识进行积极主动的学习，更不必说学生创新思维的发展。课程改革倡导的是一种新型的、以学生为主的课堂教学形式，这就需要教师重新认识自己的角色，主动转变自身理念。在课程改革的当下，教师的教学不仅是传授知识的过程，还是教师行为、教学内容与学生行为相互作用的过程，是一种复杂的知识性、社会性和心理性的交互过程。因此，教师需要不断学习并吸收新知识、新观念以适应时代发展的教育观念。比如在课堂上，教师应该注重与学生相互沟通，了解学生的心理状态和课堂反应，需要积极落实学生主体地位，更新学习观。

没有教师的成长就不可能有学生的成长，没有教师教学理念的转变就不可能更好地实现学生的高素质发展。为此，在所走过的学校中，我都积极落实教师全员培训、教师学历培训、教师外出交流等活动，促进教师思维转变、成长发展。比如选派优秀教师分批参加一些有针对性的调研学习或业务培训班，积极组织和鼓励青年教师参加各种教研活动等，切实推进教师教学理念的改变，让课堂改革迈出第一步。

比如大学区内教研互动：

2016 年 4 月，西安市育才中学大学区在学区长学校举办了数学学科同课异构活动。活动共安排了三节课，由来自大学区特立中学、同仁中学、育才中学的三位年轻教师，围绕同一个课题"用关系式表示的变量间关系"展开风格各异的教学设计授课。每位教师经过精心的准备，都设计出了各具特色和亮点的教学方案，展现了自己独特的教学风格，展示了同课异构的教学魅力。大学区内 30 多位教师参与了听课交流。课后，大家召开了同课异构反思会。授课教师进行了自我反思，雁塔区进校教研室刘旭亮主任对三节课进行了详细专业的点评，指出了每位教师的亮点和优点，也指出了授课中存在的不足，并结合讲课中发现的问题对青年教师进行了专业指导。

通过"同课异构"研讨活动，参与教师知道了不同的教师对同一教材内容的不同处理方法，看到了不同的教学策略所产生的不同教学效果，从而打开教学思路。通过相互学习、相互交流，教师们在不断的思想碰撞中，激发了创新的火花，达成了优化的教学共识，提升了教学水平，使自己更好地为学生发展服务。同时，此类活动推进了大学区内统一教研活动的开展，加强了大学区内教师之间的教学交流，促进了有潜力的青年教师的进一步成长。

朱永新语："教室一头挑着课程，一头挑着生命。一所学校的品质，在很大程度上是由一间教室的品质决定的。"课堂是提升我们教育质量的极其重要的阵地，而教研活动是推动力，是催化剂。为了让教师"守住自己的教室"，我们还要求不同岗位的干部每学期分别听不同数量的课，并且每周集中评课一次，集中反馈。我们把听课又分为评优课、示范课、研讨课和诊断课等，不同的听课形式解决不同的课堂问题。总之就是要以教研促进课堂。

2017 年，我已来到了西安高级中学当校长。环境变了，但是我支持有意义的教研活动的思想没有变。在我看来，西安高级中学有 125 年的悠久历史，有丰厚的文化积淀，有素质教育的丰硕成果，理应有自己的名师。

2017 年 5 月 9 日，西安高级中学大学区暨跨行政区域大学区在西安高级中学举行高中数学、英语同课异构活动。来自西安高级中学大学区的西安高级中学、师大锦园中学、西安市第十一中学、博爱国际学校以及临潼中学的五位英语老师和四位数学老师分别在高一年级同场竞技，研究高效课堂模式，深化课堂教学研究。

此次活动我们特邀陕西省教科所英语教研员王兰英老师及六所学校的英语、数学教研组长全程参与听评课。来自成员校的数学、英语教研组长和任课老师等共计 200 多人参加了听课研讨活动。

英语同课异构内容为"Body language"，数学同课异构内容为"等差数列"。参加英语同课异构的教师有：师大锦园中学丁晓玲、临潼中学任颖、西安市第十一中学陈琳、博爱国际学校李娟、西安高级中学周龙琴。参加数学同课异构展示的教师有：师大锦园中学黄娅丽、西安高级中学路领辉、博爱国际学校马定、西安市第十一中学周灵燕。各位参加展示课的教师，面对相同的教学内容，根据自己的教学理念、教材内容探究设计出不同的教学方案，呈现出不同的教学风格。

在上午的听课活动结束后，英语、数学两个教研组随即分学科开展了评课活动。英语评课活动在西高第三会议室举行，授课教师立足课堂实际及具体学情，深入反思了该节课的收获与不足；听课教师们畅所欲言，积极为授课教师出谋划策。王兰英老师从教学目标的设定、教学环节的展开、课程改革方向等多方面做出了专业而精彩的评析，既指出了每节课的亮点，又对其中的不足之处毫不讳言。同时，她对西高大学区务实深入的教研活动也给予了充分肯定和赞赏。我站在学科核心素养的角度，从高效课堂的积极建构、学生自主学习能力培养等方面，指出了此次同课异构活动对于转变教学观念，推进新课程理念，提升课堂教学效果的积极意义。数学评课活动在西高第一会议室举行，评课中，各位上课教师先就自己的教学设计和上课情况进行了说课和反思；之后，来自各校的数学教研组长和数学老师对四位老师的上课情况进行了细致的点评。

在同课异构活动中，教师在思想碰撞中激发出创新的火花，达成了教学共识，有效促进了教师课堂教学能力的提升，对大学区高效课堂的建构、核心素养的培育都起到了积极的推动作用。同一教学内容，来自不同学校的老师有不同的教学设计、不同的课堂风格、不同的处理策略，这些不同使课堂精彩纷呈，各具特色，从一个侧面反映了不同学校对当今课堂教学改革的极具个性的理解和追求，也反映出西高大学区各校追求教学改革的共性，如普遍重视小组互助合作，强调师生、生生交流，加强方法指导，注重思维训练，尝试将核心素养培养落实于课堂教学等。

同课异构教学研究活动，无疑是打造高效课堂最具价值的载体，也是深化常规教研的重要平台。它就像具有生命力的有机体一样，能在团队内部建立完善的自我学习机制，将教师的学习和工作有机地结合起来，可以使教师个人、团队和整个学校实现共同发展，同时也让课程改革得到充分发展。我在育才中学任职时，学校的科研氛围浓厚、教师科研能力得到了显著提高。此外，教师的论文发表和获奖数量均有明显增加，6 项国家级课题获得立项。

西安市育才中学教师 2013—2015 年获奖情况

年份	级别	获奖数量
2015	省级以上	12
	其他	85
2014	省级以上	14
	其他	92
2013	省级以上	26
	其他	72

西安市育才中学 6 项国家级课题一览表

年份	课题名称
2015	全国教育科学研究"十三五"规划重点课题"新课程背景下乐器进课堂的实践策略研究"
2015	全国教育科学研究"十三五"规划重点教师课题"中学语文课堂教学教师有效追问的现状及策略研究"
2015	全国教育科学研究"十三五"规划重点教师课题"思想品德导课的教学研究"

年份	课题名称
2013	全国教育科学研究"十三五"规划重点课题"学生环保和低碳生活教育研究"
2015	全国教育科学研究"十三五"规划重点课题"生命科学教师课堂教学自我评价与反思的研究"
2014	教育部基础教育课程改革委托项目"综合实践活动课程研究部与实践"子课题"通过综合实践活动、校本课程的开发，促进学校若干文化个性发展的研究与实践"

第二节　创新教学方式，促进自主学习

在教师的教学观念得到有效更新后，我们进行了教学方式的不断创新，比如分层教学模式、高效课堂教学模式等。教师形成灵活的教学方法，学生形成主动参与意识。这不仅使教师的自主性发展有了舞台，还让学生的个性化选择得以实现，真正让课堂回归到了学习本质，并向以学生为主的自主性学习过渡，带领学生对自身、社会价值的主动性进行思考与探索。

一、分层教学改革初探，形成以学生为主的教学原则

在我看来，在教学实践中提倡个人钻研和集体讨论相结合，讲课无论是采用讲授式还是谈话式，都要贯彻启发式教学原则。课堂方式灵活，不拘泥于一种方式，更不要把一种教学方法做成机械教条，应根据学生学习兴趣及实际活动中宏观环境之需要灵活运用：注入式、启发式、设计教学法、自学辅导式、教学做合一。自学辅导式是延安各校经常采用的教学方式。自学与辅导紧密结合，即提高学生的学习自觉性，使其对各方面的问题进行质疑，养成善于思考的能力。

在教学上以学生为主的原则简单地分列如下：

（1）集体的、主动的学习是我们教学的最高原则：各班学生根据学习程度、人数划分为若干个学习小组进行学习，教师从旁指导，以养成学生集体互助的精神和自动学习的能力。

（2）以实际活动为教学的中心，把学习实际生活和工作联系起来。

（3）教师与学生打成一片，以所有的经验知识指导学生，给学生以求得知识的实际方法，多做实际的帮助，少做消极的干涉与惩罚，让学生养成求知能力与习惯。

（4）讲授课方式要灵活，不拘泥于教条主义，在课外给予学生各个方面的实际指导。

（5）采取即知即传的"小先生制"的办法，教学法也就是师生共同的"做法"，主张在做上教，做上学，使学生一面教一面学，在教人的过程中教自己。

我还在西安市第五十四中学做校长助理，兼任政教主任、班主任等职务的时候，尽管工作非常繁忙，但我经常结合学校的实际情况在分层教学方面积极探索和思考。也许这种探索和思考不够细化，但是朋友仍笑赞我大胆创新，有办"大教育"的苗头。

附：在第五十四中学工作时写的工作思考（写于 2000 年 6 月 10 日）

为适应素质教育的要求，遵循学生发展的客观规律和社会对学校培养人才的客观需要，创建特色学校，结合我校实际，提出以下改革设想。妥否，请批示。

（一）分层教学，分类提高，因材施教

普及九年制义务教育后，小学毕业生全部进入中学，但是学生的认知水平、智力差异、知识储备差异比较明显。平行班教学要使全体学生全面发展，但受教学水平、教学方式的限制，这是不现实的。久而久之，后进生便形成了。研究表明，对大部分学生有效的教学方法，对某一部分学生则是无效的。而分层教学是在班级授课模式下，因材施教的最佳选择。

（1）在初一入学前对学生进行素质测试，按测试结果和学生的兴趣分班，按程度安排快中有慢、慢中有快的教学进度，发挥学生的特长，发展学生的个性。

（2）在实验年级，只进行数学和英语的分层。一种教材，ABC 三种进程。A 进度是对基础好、学习能力强的同学超前教学，让他们在完成国家规定的教学任务的基础上，拓宽知识面，加大深度，能学多少学多少，鼓励超前；B 进度是对中等水平的绝大部分学生按教学计划和大纲进行教学，不做过分要求；C 进度是对学习有困难的学生降低要求，"迈小步，不停步，积小步为大步"，使学生真正学有所获。

（3）三种进度，一周试听、比较，三周调整稳定，以学期为单位进行小规模流动。

（二）缩短课堂时限，开设活动课，培养学生的兴趣和特长

根据学生的注意力特点和多数学科的特征，40 分钟足以完成教学任务，这样就可以把剩余的 5 分钟集合起来开展活动课。

（1）每堂课 40 分钟。

（2）下午在国家规定的时间内进行学科辅导和活动课。

（3）将按周、月、学期安排活动课，开设的活动课有理化实验活动课、读书活动课、文体活动课和绘画书法活动课，等等。

三、进行课程改革，开设核心课程

核心课程是围绕人类基本活动来确定各年级的中心课程，兼顾学生发展和社会需要，加强学科间的联系及学生的兴趣需要和认识特点。

（1）对于地理、历史、生物、政治四科进行课程改革。

（2）地理、历史、生物学科在初一增加曲江乡、雁塔区的地理、历史、生物相关知识，初二增加西安市、陕西省的地理、历史、生物相关知识。

（3）政治课在初一进行文明礼仪的培训，初二进行家庭伦理道德教育，初三进行有关社会活动的实践课。

（4）开设心理咨询室，加强对学生的心理教育，对有心理障碍的学生采取措施进行疏导和教育。

（困惑：如何兼顾国家课程标准；思路：压缩调整必修课，但保证语数外三科。）

四、组建曲江教育集团，解决中小学教育的链接问题

九年义务教育是一个有机整体，而现在的情况是中小学各自为政，互不往来，出了教育问题互相埋怨，解决这一问题的办法之一就是使现在的自发联系变为一种联系实体。

（1）将乡、街教育办的部分职能并入中学。

（2）加强各中小学教师之间的业务、教研交流。

（3）建立中小学校长联席会议制度，互通教育教学信息，交流提高。

（4）恢复我校的高中，实行普职教一体化，实现曲江乡小学、初中、高中教育的一体化，为曲江乡的建设和国家建设培养各层次的有用之材。

二、创新特色高效课堂，推广"四步教学"新模式

因材施教不只是对学生，也是对学校。课程改革就是要基于不同学校的不同情况，进行因材施教的改革。"育才特色高效课堂教学模式"的实质就是新课程改革理念与学校学情相结合。具体地讲，就是要想办法让学生行动起来，学会自主学习、合作学习，从而提高教学效率，达成"先学后教""减负增效"的目标。推行的课堂教学模式改革主要是探究与推广"目标引导下的四步教学模式"，即通过"学、议、讲、练"四环节的课堂基本结构。

具体可以阐释为：

第一步，学。在教师的指导下，学生弄清本节课的学习目标，依托导学案和教材开展自主研读和思考，记录自学中发现的问题或困惑。

第二步，议。针对问题，学生在小组内开展有效交流，解决问题。在讨论中必须做到：（1）认真倾听，尊重发言同学。（2）大胆发言，交流看法。（3）不做无关事情，遵守课堂纪律。教师要深度参与，与学生交流，指导学生学习。

第三步，讲。这是一节课的精华，老师针对学生学习中的困惑和本节内容的难点进行精讲，要求学生注意力务必高度集中，手脑并用。

第四步，练。学生独立完成老师布置的当堂检测，对学习效果进行检测。教师要深入每个小组，关注学生解题的过程和结果，及时点评，发现问题，解

决问题。

此模式对学校教师教学方式提出了新的方法论。在实践"目标引导下的四步教学模式"之前，本着虚心谨慎的态度，我校先组织12名教师去山东省即墨二十八中、昌乐二中、杜郎口中学学习考察，38位教师到庆安中学、远东一中听课，学习兄弟学校的教学经验。我校还邀请高新三中部分教师进行"高效课堂"展示交流活动，邀请武汉市名师讲示范课，组织教师参加中国教育学会组织的示范课等。2015年，学校先后组织了20余次不同学科课堂教学研讨课活动，大学区内四所学校280人次教师参与了听课研讨。

经过一步步的学习、推进和实践，我们实施了小组"导师制"。每个课任老师，应负责2~3个小组，成为"小组导师"，负责督促帮助小组开展有效合作学习，并关注小组中可能出现的"边缘生"。

为了对课堂所学知识进行强化落实，有四个层次的目标需要师生共同去努力达到：

（1）堂堂清。尤其是基础性内容，确保当堂掌握，不留后患。教师既要善于发现本节课的优等生，还要特别关注学困生，加强对他们的帮助和指导。达标检测设计要有层次性，要关注学生基础的差异性。

（2）日日清。帮助学生养成"今日事，今日毕"的好习惯。要精心布置适当的课外作业，帮助学生及时巩固当日所学内容；教会学生建立"错题本"，及时订正；教会学生每天学习结束前"过影"。

（3）周周清。通过周末练习来完成。老师们结合一周的学习情况，设计有层次性的练习题，既注重基础，又强化对知识的拓宽和加深。以本周内容为主，也可适当添加前面所学内容。以当堂检测、及时批改的方式完成，确保效果。

（4）月月清。主要由年级组负责，关键在于出好考试题，进行比较正规的考试检测。通过考试，教师既可以督促学生进行阶段性复习巩固，又能对一个月的学习效果进行评估，为教学策略与方法的调整提供依据。

新的模式下，对于学生群体也需要进行小组建设和培训。学习小组是一个学习型组织，是为了更好地互相学习、互相协作、提高学习效率的组织。对小组成员有基本的要求：首先，学习态度端正，努力学习，为本小组的集体学习做出贡献；其次，自觉遵守课堂纪律和小组所指定的规章制度；最后，互相尊重，互相帮助，积极参与团队合作。

小组成员有各自的分工及职责：

（1）行政组长：全面负责本组的学习管理，并团结同学、帮助同学、组织同学，打造积极向上的小学学习团队，勇敢承担起学习小组的学习领袖角色，成为小组学习的榜样。

（2）纪律组长：指定一名同学担任，也可以由小组成员轮流担任，要有很强的责任心，主要负责维持好本组课堂纪律、自习纪律。

（3）回报员：作为小组发言人，在学习展示环节，准确流利地表达本小组的学习成果。

（4）记录员：填写小组学习日志，记录本组学习中的疑惑、问题等。

（5）学科代表（可兼）：负责本学科作业的收交和检查登记、帮助大家学习本学科内容，与课任老师保持沟通等。每个学科成立一个学科小组，由课代表负责，成员为每个学习小组的学科代表。其主要职责有：①讨论本学科疑难问题，帮助其他同学。②成为本学科学习标兵，为全班做表率。③定期向课任老师反映学情，对作业布置、课堂教学等提出意见。

刘伯承曾说："学习，一定不要赶浪头，赶时髦，要考虑自己的条件，从实际出发，循序渐进，扎扎实实，学一门就要努力学到手，要力求精通，否则就永远是个半瓶醋。"

为了进一步验证教学效果，2013年育才中学先后开展了展示课、研讨课、示范课、录像评比课、青年教师公开课等教学研讨活动，教师公开授课40余节，参与听课研讨教师600人次。学校组织教师团队去山东省即墨二十八中、昌乐二中、杜郎口中学学习考察；派多名教师到全国名校、省级示范学校听课，学习兄弟学校的教学经验；同时邀请兄弟学校教师进行"课堂教学"展示交流活动，邀请武汉市名师讲示范课。慢慢地，育才中学的课堂已发生了可喜的变化。以学生为主体，调动学生发挥积极参与作用，已成为主导方向。

三、拓展育人文化内涵，探究"双高""双强"育人模式

提升学生素养也是适应我国课程改革发展趋势、提升我国教育国际竞争力

的迫切要求。探索社会人文素质高、科学技术素质高、动手实践能力强、开拓创新能力强的人才培养模式是对提升学生素养的进一步细化和落实，是以人为本、促进学生全面发展的育人目标的要求，也是学生终身发展的基石。

2016年9月13日上午，中国学生发展核心素养研究成果发布会在京举行。核心素养，以科学性、时代性和民族性为基本原则，以培养"全面发展的人"为核心，将学生应具备的，能够适应终身发展和社会发展需要的必备品格和关键能力细化为人文底蕴、科学精神、学会学习、健康生活、责任担当、实践创新六大素养。

这也就意味着，课程改革需要着力于素质方面的改革。新一轮课程结构的特点是均衡性，促进学生全面和谐发展。为此，它要求加强课程与社会、科技、学生发展的联系，努力培养学生的创新精神与实践能力。新课程从小学至高中设置综合实践活动为必修课，其内容主要包括：研究性学习、社区服务、社会实践以及劳动与技术教育。学生通过研究性学习，构建一种积极的、生动的、自主合作探究的学习方式。通过社区服务和社会实践，培养学生关心社会问题并积极服务社会的意识和能力，逐步建立社会责任感。通过劳动与技术实践活动，学生养成良好的劳动习惯和热爱劳动人民的思想感情。通过综合动手实践活动，增进学校与社会生活的密切联系，丰富学生的学习经验，培养实事求是的科学态度，发展学生综合运用知识和解决实际问题的能力。

西安高级中学对学生"素养"的关注也是由来已久，并从不同角度对其内涵进行释义和归纳，提炼出"社会人文素质高、科学技术素质高""动手实践能力强、开拓创新能力强"的"双高""双强"人才培养模式。并且从2008年就开始围绕此培养模式进行了积极有益的探索和实践。为此，结合实际情况，学校除开齐开足必修课之外，还开设有选修课、实操课、活动课、社会实践课。在选修课开设上，分为必选课和任选课两种。高一年级在第一学期开设语文、数学、英语、物理、化学五科"学法指导课"，共20课时，均为必选课。高二年级开设写作、影评、旅游英语、地理摄影、律师法学、书法绘画等十多门任选课。高三年级开设美术、音乐、体育舞蹈、党史等任选课，此外还有志愿填报、生涯规划等微型选修课。在实操课开设上，高一年级开设简易机器人制作课，高二年级开设机械制图课，高三年级开设家电维修课，均为每周一节。活动课开设有：诗词欣赏、习作指导、影视评论、鼓乐队、音乐欣赏、学科兴趣活动（如天文观察）、手工制作、生物标本制作、无线电技术、球类训练等。社会实践课有：军事训练、社会调查、研学旅行等。各类课程的开设，有效地活跃了校园生活，更提升了学生人文科学素养，增强了学生的动手实践能力。

除此之外，西安高级中学也积极研发以核心素养为核心的选修课程，开发大学先修课程，不断进行课程优化整合。让学生在学业水平考试合格的基础上完成选修课程，取得选修毕业证，为高校自主招生和高考改革做好准备，实现"为学生终身发展奠基，以国家未来需要育人"的办学目标。同时，大力推动学校创新实验室建设，依据区域特色和实际，开展具有辐射意义与特色的诸如创客空间、比特实验室等全新学习空间，在新高考的背景下和高校未来自主招生的刚性环境下，为师生的高阶思维培养和实践能力提升，提供空间载体等。

通过教师教学理念的转变、课堂本体之上的改变，最终实现了学生学习兴趣、学习能力、学习态度的培养和个性化成长的教学目标，切实推进了课程改革。

第四章　重视常规教学，推进课程改革

第一节　推进三级课程，助推全面发展

课外活动是与学校正式课程并行的课程，它是以专业的手段、动员全校的方式，赋予活动等同于课堂的价值属性。课外活动具有很高的自主性。活动是在课堂教学以外进行的，组织者可根据教育教学的实际需要，随时随地组织形式多样的、内容丰富多彩的活动。其次，课外活动的形式具有很大的灵活性。课外活动的开展，可以根据学校的实际情况和受教育者的身心发展状况等来确定。活动规模的大小、活动时间的长短、活动内容的选择等都可以灵活掌握。另外，课外活动的内容具有广泛性。可以根据本地区、本学校的实际情况，或受教育者的不同愿望，开展内容丰富的活动。

活动课程的实施，在现今世界教育的发展中所发挥的作用是巨大的，因此也是课程改革的重点内容。在学校上课时间，学生们努力学习文化课知识；在课外活动中，学生则可以从学业中解放出来，这利于学生自主性和个性化的发展。在我任职校长期间，我都将课外活动作为推进课程改革的重点。学校不仅开展体育活动、演讲比赛、社团活动等常规活动，还设立生涯实践活动课，带动学生对未来自身发展的思考。

为突出以学生发展为中心的办学理念，彰显学校的办学思想，展现学校的个性特点，根据育才中学的发展实际（特别是管乐、美术、体育、击剑在全市乃至全省的地位），我们逐步建立"领域—学科—模块"的三级课程体系。按照

"学校的一切活动都在课程"的要求，我们将学校的德育活动、学科教学、管乐合奏、美术写生、社团活动等一系列活动有计划地纳入管理体系，构建以课程为中心，以活动为载体，以多元评价为纽带，以"开放性、选择性、综合性"为特征，适合学校发展的课程系统。

西安市育才中学开展的各种活动

比如育才中学的早操就是一门课程。每天早上由管乐团的同学吹响集合号，同学们整齐集合跑入操场，在独具特色的跑步音乐中开始锻炼身体。学校的校训、校风、学风等通过吹号深入学生头脑，学生最后在校歌声中调整步伐。学生在此过程中获得生命成长，包括知识与能力、过程与方法、情感态度与价值观的全面发展，这种发展就体现在学生的日常体验中。

体育活动是一门重要的课程。中学生正处于长身体阶段，加强锻炼一方面是为其拥有良好体质打好基础，另一方面可以让有此特长的校田径队学生更有信心，回击那种认为学习之外全都不足挂齿的思想。育才中学的田径水平素有声誉，在实施田径训练课程化以后，校田径队已取得了一系列优异成绩：在2013年全国第二十二届"飞跃杯"田径锦标赛中夺得4金3银；在陕西省体育传统项目学校田径锦标赛中荣获1金7银9铜，团体第五；在陕西省青少年田径锦标赛暨省第十五届运动会资格赛中荣获 6 铜，团体第二；在西安市体育传统项目学校田径比赛中有 3 人打破纪录，荣获 8 金 3 银 6 铜，团体第二；在西安市第十五届运动会上，获得 9 金 8 银 17 铜，并有 5 人打破市运会纪录；在雁塔区中小学生田径运动会上荣获初中组团体第一名和高中组团体第二名，并夺得 14 金 15 银 4 铜；在"西安城墙国际马拉松赛暨雁塔区 2014 年元旦越野赛"上，包揽了初中女子组、初中男子组、高中女子组、高中男子组 4 个组的个人前三名，并分别获初中组、高中组团队第一名。

另外，育才中学鼓励适当利用科技媒体，协助学生由"知道"之层次，进入"理解"及"体验"之层次。提供体验与探索课程，使教学兼顾"知识能力"与"方法能力"的培养。

第二节　实施生涯规划教育，领航未来

中国制造 2025 将在十大重点领域实现重点突破：新一代信息技术、高档数控机床和机器人、航天航空装备、海洋工程装备及高技术船舶、先进轨道交通装备、节能与新能源汽车、电力装备、新材料、生物医药及高性能医疗器械、农业机械装备。这些都意味着建设创新型社会的迫切性。创新型社会必须尊重个性，多元化发展，学校教育也要培养创新型人才。

高考同样也提出这样的新要求。高考改革就是要扩大学生选择自主权、扩大高校招生自主权，将"唯分数论"对学生全面发展的影响降到最低；就是要激发自主性（自主选择）、尊重个性（个性发展）、培养创造性（扬长而非补短），让每个孩子掌握自己的未来（主动规划）；就是要培养具有科学精神和探索意识、具有适应社会能力的新型人才。这就要求学生实现从被迫选择到自主选择的转变，学会根据自己的兴趣和特长选择学习内容，发展个性。这无疑对有学科特长，能够自我认知、自我管理的学生更有利。

基于此，我在西安高级中学启动了"五制"教育教学管理模式改革，是基于对学生的发展而进行的学校顶层设计，包括选课走班制、学部制、导师制、学长制、学分制，努力让每个学生都能得到最适合的教育和个性化发展。

学部制：成立六年一贯制度及年级学部，为不同学生提供针对性的课程和资源。走班制：学生基于不同的兴趣、程度和目标自主选择课程和老师。学分制：以学分记录学生成长轨迹，引导学生发展。导师制：每10名左右的学生配备一位导师负责学生的发展。学长制：优秀的学长、学姐引领学弟、学妹适应高中生活，寻找人生方向。

生涯课程建设包括：（1）教材开发：培育积极理念、形成多元体验、深入探索自我；（2）教师培训：重建育人目标、掌握知识基础、强化教学技能；（3）课程设计：体验为主、挖掘资源、校本特色。

通过生涯课程实现对人类、科学、社会、生活价值的探索和思考，通过认知学科领域内的生涯人物引领学生的信念。学科对应的大学专业、未来职业体现的是学生生涯的选择，学科所需要的综合素养是对学生生涯素养的培养。基于兴趣和能力的分层推动教师改变的动力，让学生不再只追求分数，而是回归到学习本源：这个科目的内在魅力和对未来的价值。

附：西安高级中学生涯发展课程体系

总指导思想	年级及主题	具体内容	配套设施	配套活动	配套社团课程
修身为家园	高一年级"准确认知自己"	开启高中生涯		参观校史馆	
		性格测评及性格认知	测试软件	团体活动	社团纳新及换届选举
		兴趣探索及发展	测试软件	团体活动	JA学生公司、金融课程、中医进校园、考古社、摄影社、播音主持社、航模社、化学社、烘焙社、欧美同好社、辩论社、书画社、合唱队、舞蹈队

总指导思想	年级及主题	具体内容	配套设施	配套活动	配套社团课程
修身为家园	高一年级"准确认知自己"	价值观及能力探索	测试软件	团体活动	研学旅行
		选科认知及决策	测试软件	家长讲座、个体辅导	
	高二年级"职业生涯认知和体验"	生涯测评及决策方法	测试软件		研学旅行、社团课程、职业体验课程（航空公司、证券公司、光伏产业、污水处理、农学体验、理化生创新实验课程等）
		人际沟通及礼仪		讲座、活动	
		团队及规则		团体活动	
		时间及效能		个别辅导	
		勾勒个人生涯图		个别辅导	
	高三年级"志愿填报"	复习计划及实施	测试软件	个别辅导	
		健康管理		个别辅导、团体活动	运动会、心理疏导
		缓解压力及焦虑	宣泄室、音乐室	个别辅导	
		了解大学及专业	测试软件	个别辅导及家长讲座	
		志愿模拟填报	测试软件	个别辅导及家长讲座	

在生涯教育模式下，通过包括职业体验、走进企业、城市探索、校外志愿者活动、"学长带我游大学"等生涯实践活动，让活动走向课程化，走向专业化，走向生动性和自主性。

附：部分生涯实践活动课程

"长安航空·JA中国青少年职业梦想"训练营活动策划

一、活动背景及意义

长安航空作为陕西的本土航空企业，是建设陕西丝绸之路重要节点的航空先行者。在快速发展的同时，长安航空不忘初心，始终秉承"为社会做点儿事，为他人做点儿事"的理念，用爱心回报社会，积极承担社会责任，践行"大爱无疆"的企业文化，充分利用多年行业经验及业内资源为青少年搭建优质航空机场教育平台。

本次青少年职业梦想训练营公益活动，即为长安航空与国际教育公益组织青年成就中国（JA）合作，一起为西安本地青少年打造的公益职业教育活动，通过实地参观、知识讲解、情景模拟、实操体验、小组讨论与展示等多种形式，使参与活动的同学对航空行业的工作环境、工作特点等有更加直观的认识，为他们提供丰富多彩的社会课堂，拓宽他们对未来职业规划的认知。

二、活动基本信息（暂定，根据具体情况协调）

活动时间：2019年5月底某个工作日的下午

活动地点：咸阳国际机场长安航空基地

参与人员：30名左右来自西安高级中学的在校高中生和至少一名学校带队老师

三、活动内容（暂定，可根据具体情况进行调整）

13：15—13：30 学生到达机场

13：30—13：50【破冰】公司代表欢迎致辞（20 min）

13：50—14：20【分享】长安航空企业、岗位等职能或业务知识简介，或加机组准备会展示（30 min）

14：20—15：00【职业体验互动】根据参加互动的员工职能分成4组，组内员工可分享一个工作情景问题，让学生思考解决方案，比如飞行员决策、机

上服务、遇气流颠簸等，不超过 4 个。操作流程：交代情景—学生思考并落在纸上—学生展示—员工点评（40 min）

15：00—16：00【体验】长安航空公司/飞机参观（60 min）

16：00—16：30【总结展示】学生在纸上画出或写出今天的收获，然后分小组展示（30 min）

16：30—16：40 提问环节（10 min）

16：40—16：50 长安航空领导/学校老师总结致辞（10 min）

16：50—17：00 合影，结束，学生离开

（由于长安航空 17：00 下班，因此活动须在下午 17：00 前结束）

西安高级中学生涯体验之长安航空职业梦想训练活动总结

关键词：西安高级中学生涯训练航空体验

少年壮志当拿云，规划人生正当时。2019 年 6 月 19 日下午，西安高级中学高一年级师生一行 30 余人来到长安航空公司进行了为期半天的生涯体验课程训练。

本次航空公司青少年职业梦想训练营活动是长安航空与国际教育公益组织青年成就中国（JA）合作，一起为西安本地青少年打造的公益职业教育活动。同学们参观了航空公司控制中心、飞机检修现场，学习了航空相关知识，进行了飞机实操体验，最后进行了小组讨论与展示。形式多样、内容丰富的活动，使参与活动的同学们对航空行业的工作环境、工作特点等有了更加直观的认识。这次活动为他们提供了丰富多彩的社会课堂，使他们对未来职业规划有了基本的认知。

面对课程改革，学生要对自己的人生进行尽可能早的规划，这就需要对社会上的各种职业进行广泛了解，对自己感兴趣的职业进行实践体验。本次报名参加的学生怀揣着"飞翔人生"的梦想，前来实地体验。这就是把常规课程搬到了实践基地，学生能更直观、更深刻地了解相关职业信息，从而在高中阶段

的学习和生活中树立壮志，合理发展。这次活动非常有意义。

　　教育，于我而言是一生的事业，是一辈子的生活。而坚定落实课程改革，是让这项事业更伟大、让这种生活更丰富的路，是作为教育工作者一辈子都要坚持做的事。如今在西安高级中学任职的我，仍在积极深化课程改革。正如迈克尔·富兰在《教育变革新意义》一书中的一句名言："课程改革不是一张蓝图，而是一个不尽的旅途。"当然，这不仅需要有自上而下的改革决心，还需要动员全校领导师生。教师改变教学方式方法，不断学习研究优秀课改案例；学生则需要改变学习思维，变被动学习为主动学习。唯有上下齐心，才能成功找到符合学校发展新风貌的课程改革模式。而这，最终又将服务于学校精神的构建。一次次与时俱进的课程改革，必将在全体领导师生心中自然而然形成一股共生共上的力量，学校精神随之而生，且随着课程改革的深入，其精神必然越发不可撼动！

第四辑

培养家国情怀，涵养学校精神

在中华民族传统观念里，家是最小国，国是最大家。"覆巢之下，焉有完卵"，家与国休戚与共，个人命运与民族存亡息息相关，对家与国的热爱是统一的，只有国家独立富强，民族繁荣兴旺，家庭才能幸福快乐。中华民族之所以能够自立于当今世界民族之林，离不开"生于斯长于斯"的家国情怀。

教育除了对个体的滋养外，更有实现文化传承的责任。优秀的教育工作者必须更有家国情怀，要勇于担当。时刻总结反省，引领教育风向，将优秀先进的文化辐射传播出去，让更多人受惠。只有这样，优质文化资源才可以源源不断，生生不息。对中学生进行家国情怀教育，强化其对国对家的认同感与归属感、自豪感与责任感，是落实立德树人根本任务的基础，也是中学教育教学的本源。

正因如此，学校、家庭、社会要携手共育家国情怀，在家、校、社合作平台上聚力熔铸家之风范、国之精神，将爱国主义深深植根于对血缘和亲情的热爱与尊重，进而扩展到报效祖国、服务人民、奉献社会。

第一章　家国情怀，立身立校之根

第一节　做有家国情怀的校长

《孟子》曰："天下之本在国，国之本在家，家之本在身。"《礼记》云："古之欲明明德于天下者，先治其国。欲治其国者，先齐其家。欲齐其家者，先修其身……"这一重要论述奠定了国人修身、齐家、治国、平天下的道德理想和行为准则。几千年来，在国人心目中，"家""国"的观念根深蒂固，"家"与"国"相互交融，并在此基础上衍生出了一整套以家庭为中心的文化体系、思维体系和生活方式——"家国情怀"。所谓家国情怀，本质上是一种基于情感认同、文化认同、民族认同、国家认同的价值观认同，其基本内涵包括家国同构、共同体意识和仁爱之情。简单来说，它是一个人对自己国家和人民所表现出来深情大爱，是对国家富强、人民幸福所展现出来的理想追求，是对自己国家一种高度认同感、归属感、责任感和使命感。家国情怀是传统文化的一个重要范畴，是增强个人民族向心力、国家凝聚力的重要体现，是沉淀千年的民族精神的重要组成部分。

宋朝范仲淹在《岳阳楼记》里写道"先天下之忧而忧，后天下之乐而乐"；明朝顾炎武提出了"天下兴亡，匹夫有责"的责任主张，他们把国家和个人的命运紧密联系在一起。此外，"人生自古谁无死，留取丹心照汗青""苟利国家生死以，岂因祸福避趋之""横眉冷对千夫指，俯首甘为孺子牛"等精彩诗句也体现了千百年来每当中华民族处于危难之中时，我们的人民表现出的民族大义、救亡图存、舍生忘死、视死如归的精神。家国情怀成为中华民族世代相传的精神支柱。

学校作为价值观养成的重要场域，在家国情怀的培育中扮演着重要角色。"教育为立国之本，兴学乃国民天职"，这句话为教育事业的终极目标定下了家国情怀的基调。教育的目的在于培养德才兼备的社会主义建设者和接班人，建设教育强国是中华民族伟大复兴的基础工程。民国时期，西南联大的掌门人梅贻琦先生曾经说过："我们做教师的，最好最切实的救国方法，就是致力学术造就有用人才，将来为国家服务。"那时的教育工作者，用行动诠释着知识分子的家国情怀，铸就了一段荡气回肠的岁月，更留下了绵延不绝的教育启迪。

时至今日，尽管社会环境发生了很大变化，但不变的是强国、富国之路，不变的是为国培养人才的教育情怀。习近平总书记在学校思想政治理论课教师座谈会上给教师提出了六个明确的要求，其中之一就是："情怀要深，保持家国情怀，心里装着国家和民族，在党和人民的伟大实践中关注时代、关注社会、汲取养分、丰富思想。"在致厦门大学建校100周年的贺信中，习近平总书记同样提出，希望厦门大学全面贯彻党的教育方针，切实落实立德树人根本任务，为党育人、为国育才，与时俱进建设世界一流大学，全面提升服务区域发展和国家战略能力，为增强中华民族凝聚力和向心力，为全面建设社会主义现代化国家、实现中华民族伟大复兴的中国梦做出新的更大贡献。

推动全校师生家国情怀的塑造，来自教育人生命主体的自觉。校长作为学校发展规划最重要的推手，自然也是培育和弘扬家国情怀的关键人物，更是涵养学校精神的先决力量。校长作为一校之长，为着一群学生，为着千万家庭、民族未来和祖国的命运和前途。

我深刻明白作为一名校长的责任、使命和担当。有人说，当校长有三种境界。第一种是当校长，第二种是办学校，第三种是办教育，我要做第三种。我觉得做校长要有一种办大教育的家国情怀。"家国情怀"一定起因于"家"，总是汇流向"国"，深植于大地，而其义直抵云天。校长的家国情怀就要表现为办学立意于千万家庭、民族未来和祖国的命运与前途，要有家国情怀的信仰。如果说，在当校长的初期，有追求个人事业、改善生活的想法，那是人的本能；

在当校长的中期，想为个人和学校获得一些荣誉，也能理解；但如果做校长5年、10年之后，还依旧有那些浅显的想法，我觉得就是一种"犯罪"。我常说："做校长，做教育，要有家国情怀。"在我看来，培养教师、学生的家国情怀，就能凝结为积极向上的学校精神，最终以一种巨大的激励力量推动师生形成积极进取、战胜困难、开拓创新的强大精神力量，加快学校可持续发展，使学校永葆生机和活力。

正是因为如此，无论在哪所学校，我都没有把眼睛死盯在提高分数、获取奖项上，而是关注培养学生的家国情怀，注重塑造学校精神，以文化和情怀为内驱力带领学校全面发展。

著名作曲家赵季平曾在西安市第三十中学度过他的少年时光，我在筹备第三十中学校庆的时候，了解到赵季平当年在学校读书时的一些经历。他谈起60年代的时候，有老师曾跟他讲："赵季平，你的发展是在音乐上，你在音乐好好努力，一定会取得成就的。但是不管你取得了多大的成就都不要忘记为人民创作。"在我看来，能讲出来的"要为人民创作"，确实是那个时候内心真实的情感表达和情怀。赵季平就是这样去努力的，所以他可以成为中国音协主席。我敬佩他刻在骨子里的家国情怀，这也让我更加懂得弘扬和培育家国情怀有多重要。

关于"家国情怀"，我也在育才中学的一次学生成人仪式暨高考动员会上谈过，当时我问了学生三个问题。

第一个问题，有以下几问：育才中学的首任校长是谁？（徐特立）现在的校长是谁？（辛军锋）徐特立是谁的老师？（毛泽东）我是谁的校长？是周淼森、吴雨桐、陈思亮、蔡如意、杜国浩、李宇航的校长，也是在座的每一位同学的校长。当我问我是谁的校长的时候，我希望大家都说出自己的名字。我是谁的校长？我想成为徐特立这样伟大的教育家，希望就寄托在同学们身上。我们育才中学以红色文化延安精神滋养师生成长，以素质教育艺体特长促进学校发展。所以，我第一个问题是想让大家知道，要立志成才。

第二个问题，学校延安石上刻了几个大字，是毛泽东的题词，题词的内容是什么？为教育中华民族的新后代而努力。从1937年建校开始，我们的老师就牢记使命，要培养中华民族的新后代。2015 年是抗日战争胜利 70 周年，也是世界反法西斯战争胜利 70 周年，从 1937 年到现在，育才学子始终牢记使命，努力学习，取得了许多辉煌的成就。中国发展到今天，是世界第二大经济体，中国这头狮子已经醒来，其中也有我们育才学子的努力。因此，我要求同学要有古代知识分子修身、齐家、治国、平天下的情怀，要像刚才在国旗下宣誓一样，有家国情怀。18 岁去迎接高考，要知道自己的责任担当，不仅为了自己，为了家庭，更为了我们国家的未来，这是我们育才学生必须有的担当。所以，我讲的第二点就是要有家国情怀。

第三个问题，有没有同学能记得尚学楼上两副对联的内容？这两副对联是我在高三听课的时候想到并拟好的。即：育才育英才苦学三年展卷挥毫，做人做真人奋斗一生经世治国。我们知道，樱桃好吃树难栽，不下苦功甜不来，幸福不会天上降，社会主义等不来。所以，不仅要立志成才，有家国情怀，还要脚踏实地，刻苦学习，奋斗一生，能够经世治国。所以，我一直希望同学记住这三个问题，要立志成才，要有家国情怀，还要脚踏实地。

如今，顺着育才中学的成长大道，还可以看到科技楼上的校训"责任、使命、担当"。我经常在例会上给师生讲这几个词的内涵，因为这几个词已经深入我心，也是这几个词让我时常感慨："做校长容易，做一个好校长是终生的事业。一个好的教育工作者、一个好的校长、一个立志要做大教育的人，还是一定要有家国情怀的！"

在多年的校长任职旅程中，我都将家国情怀的弘扬和培育贯彻在任何细微之处，多层次、全方面地让全校师生形成家国意识。"为教育中华民族的新后代而努力"，这是毛泽东同志为延安保小的题词，也是我们的育人目标。唯有校长有为国育才的胸怀，勇于担当，关注民族未来和师生未来，"想大问题，做小事情"，将学校发展愿景与个人人生方向、与国家大志、与现实发展目标有机地结合起来，才能让学生得到可持续发展，让学校得到更高发展，最终不负时代赋予我们的重任。

第二节 工作是明线，自修是暗线

一名校长一定要时常思考：我们为什么培养人？培养什么样的人？怎样培养人？回答这三个问题的实践就是校长工作职责的体现。回答"为什么培养人"时，需要校长的教育情怀和教育定位。对于一名教育从业者来说，教育之事就是国家大事。当今社会竞争的本质是人才竞争。为家为国培养人才是教育紧急且长久的目标所在。回答"培养什么样的人"时，校长要定位时代，培养时代所需之人。中国教育学会《中国学生发展核心素养（征求意见稿）》中指出：学生发展核心素养，是指学生应具备的、能够适应终身发展和社会发展需要的必备品格和关键能力，综合表现为九大素养，具体为：社会责任、国家认同、国际理解；人文底蕴、科学精神、审美情趣；身心健康、学会学习、实践创新。这就要求校长要培养具有核心素养的社会型人才。回答"怎样培养人"时，则需要校长给学生提供适合成长的课程，让学生在学习知识的同时学会辨别是非，在接受传统文化熏陶的同时学会明理崇德，培养学生正直、率真、善良、诚实的道德品质。同时需要校长主动作为，善于在地域文化中找准生成点，在时尚文化中找准薄弱点，在学校传统精神中找准突破点，在运筹资源中找准支撑点，以便形成符合学校实际的德育文化教育特色，同时通过提供丰富多彩的活动，引导学生把"人生第一粒扣子"扣结实，正直不偏、紧实不松、稳固不摇，让每一棵稚嫩的幼苗都能够茁壮成长。

我所走过的几所学校，过去、现在都不是五大名校或者十大名校之一，但他们培养的建设者和接班人却不逊于任何一所学校！我想我能做到的是：虽然我在每所学校的任职时间不同，但我能以同样的责任感和使命感，针对不同学校的现状做出最重要的创新改变，带领学校稳步发展。在我看来，这就是我作为校长，尤其是要作为一名有家国情怀的教育型校长的职责所在。

2013 年到西安市育才中学担任校长时，我用给学校"提气"的做法，让这所被誉为"红色摇篮"的三秦名校，走出了"平台期"的困扰。我传承光辉历史，弘扬红色文化，树立了"育才育人，奠基未来"的办学理念；我凝聚共识，形成了"艰苦奋斗，自强不息，爱岗敬业，团结协作"的育才特色家国情怀，让全校师生首先树立家国情怀的意识。

在西安高级中学任职时，我经过调研、对话历史、悟思前辈，慢慢提取了隐含于纷繁史料中的教育思想，细致梳理了西安高级中学的办学思想体系，结合西安高级中学"爱国爱校、果敢坚毅、严谨治学、追求卓越"的西高精神，"明体可强身心，达用以报家国"的办学理念，组织德育处拟定西安高级中学德育体系为"家国教育"。根据学校学生实际情况，学校将"家国教育"分阶段分年级完成。初一、高一年级以"养成教育"为主，在入学时的西安高级中学校史教育和仪容仪表要求中激发学生的荣誉感和自豪感，从而在自己的一言一行中注重礼仪和修养，在"修身"中体现"大家风范"。初二、高二年级以"感恩教育"为主，通过系列活动让学生感恩老师、父母、学校、老师乃至社会和自然，这样来达到"齐家"意识。初三和高三年级面临着毕业和走向人生更高阶段，所以以"责任教育"为主，通过社会实践、成人礼、放飞理想等活动，让学生能为自己、为父母、为社会、为国家负责，培养有担当精神的公民。

根据这一体系思路，学校一年的德育活动系统规划如下：

1. 主题活动

一月：传统文化活动

三月：感恩文化活动月

四月：健康、安全教育

五月：科技文化艺术活动月

九月：入学教育

十月：爱国主义教育

十一月：健康、安全教育

十二月：阳光体育运动

2. 常规特色活动

仪式教育：升旗活动、校史教育、仪容仪表检查

阵地育人：班会、课前演讲

环境育人：班级文化建设、走廊文化、校园文化等

其他：社团活动、击剑队等

3. 重新规划班主任工作要点

（1）工作原则：细化工作，扎实到位。

（2）过程管理：加强交流，有主题、有针对性地进行教育研讨，学期末进行论文评比，重视典型德育案例的总结归纳与整理反思。

（3）队伍建设：科学评估班主任个性气质、心理认知水平，采用定制式、个性化培训方式，有针对性地提高班主任班级管理水平，并使其常态化。

学校因我而发展。2015 年，我所在的西安市育才中学被陕西省教育厅授予全省教育系统"六五"普法先进单位，被中共西安市委、西安市人民政府授予"创建全国文明城市工作先进单位"称号，被共青团西安市委评为优秀志愿集体，被西安市教育局评为"西安市中小学德育工作先进集体""西安市语言文字示范校"，获得 2015 年校园文化建设优秀成果一等奖。

在不断推进学校完善发展的同时，我也因学校得到了更大成长。开学典礼上教育部校长培训中心主任陈玉琨教授曾提出：转变角色，从校长到学员角色的转变。是啊，要做好校长，还是要先做好学生。

第一，要教育好学生，校长要先做个好学生。每天按时上课，做好笔记，按期完成作业，讨论要发言，等等。不参加这样的培训，体验不到做学生如何不易。坐在教室三个小时能否坚持注意力的集中，如何按时保质完成作业……努力地做着这些事，心中有学生，就会先做个好学生，做学生的良师益友，让学生快乐成长。

第二，要引领好教师，校长要先做个好学生。小组发言争先恐后，经验分享精心准备。中心要求的研修感悟、案例分析、考察报告、行动计划和我们要求的老师的教案、反思、计划、总结、卷面分析、读书笔记异曲同工。教师的辛酸苦辣，喜悦感受，只有坐在教室才能体会。我们常常给学生讲：对教师的最好报答就是认真听课，做好作业，有好成绩，有进步。当我从学生角度出发时，就知道怎样对待老师的付出了。

第三，要做好校长，校长要先做个好学生。"活到老，学到老。"终身教育要求校长应该永远像小学生一样对待新生事物、教育发展。生产力的发展、社会的急剧变化，导致人们必须更新知识观念，以获得新的适应力；教育事业及校长自我价值的实现要求不断高涨。学校内涵式发展要求校长自己要端正态度，不断进行学习，更新自己的知识体系，培养自己各方面的能力。这样才能做学校精神的引领者，带领全体师生走向世界，走向未来。

有句话说得好："你得先装满自己的杯子，然后别人才能饮用。"作为一名校长，我需要把自己充实起来，才能给师生奉献能量。自从2000年参加西安市中学校长提高班培训以来，做了近十年的校长，我并没有参加过系统的培训。在原来的学校，六年我一直忙于事务，没有参加高级研修班。2008年到西安市第三十中学，因为要参加省里的高级研修，我错过了市里的高级研修，我分外遗憾。如今终于有机会参加培训，而且是教育部校长培训中心的高级研修。聆听大师的声音，和全国的名校长交流，考察苏沪众多的知名学校，讨论分享，众多的信息滋养心灵，充实头脑，感觉像植物拔节一般，每天都在吱吱作响，不断成长。在年过不惑之际，能有这样的机会参加国家级高级研修，收获甚大。宏观政策的学习提高了我执行教育方针政策、实施素质教育的自觉性，使自己能从国际视野的角度理性认识和把握教育动向；教育考察，同行交流，使自己能够将国际视野与本土智慧有机结合，深化对新课程改革的认识和实践，提高管理能力，为学校的持续发展奠定基础。

此后，即使身心疲惫，我都会在心底告诉自己：我还有一件事要做——给自己充电，以便再次释放光芒。而且对于自修，我自己有一个非常好的心态，就是把它当作一种休息，是换一种头脑的另类休息法。因为享受这个过程，所以我在研修培训、自学的时候，虽然文采一般，却忍不住写写记记，或记述，或总结，或反思。比如2015年11月，赴上海参加"影子"培训研修时写下的一段：

这些年参加过许许多多的培训，"影子"培训却还是第一次，既兴奋，又忐忑，带着任务再一次来到上海，参加教育部——中国移动"影子"校长培训项目的培训。

今天一大早，我们一行四人来到了上海市实验性示范性高中晋元高级中学。在校办郑丽华老师的热情接待和精心安排下，我们上午参观了校史陈列馆，了解了晋元高级中学的办学历程，并和高一年级组长张蓉主任进行了交流；下午，我们考察了学校的结构创新实验室、金融创新实验室、艺术结构创新实验室，并和高二年级组长战伟叶主任进行了交流。最后在组长湖北省监利县朱河中学校长董尧的主持下，召开了第一次组会，我们回顾了一天的收获，对下一步的培训问题进行了安排。

第四天没有了平日的检查、接待、考评、汇报，心无旁骛一上午听了三节课；中午1点30分开始参加走进大师系列报告，又观看学生的高空落蛋比赛，紧张、充实，有收获。上午的三节课都是没有准备原生态的常规课，教师基本功扎实，师生配合默契，没有华丽的形式，就是导入、讲解、互动、反馈、练习，印象不是很深刻但平实有效。而下午的创新素养培育实验项目课程——走近大师，由同济大学材料科学与工程学院黄佳教授讲的"魔法报纸与柔性材料"一下子把学生带入了一个很前沿的领域，这种相当于大学先修课程的课程对激发学生学习动力的作用很大，尤其是科技节上让学生想尽办法从四层楼高的地方把鸡蛋投入靶心又不碎掉的高空落蛋比赛，更是体现了学生的创新精神和实践能力。

这就是晋元高级中学的优秀之处，他们把坚守与创新完美结合，基础知识扎实，创新活动出类拔萃。其实，教育并不华丽，它就发生在普普通通的每一节课中。正像高一（12）班语文老师秦桂芳讲的《邂逅霍金》一文中所说，我们应该生活在一个人的价值得到充分尊重的时代，像常人一样生活，不必随时面对镜头、鲜花、握手和掌声，不用应付集会、宴请、报告和表彰，因为大家都懂得个人的价值和时间的可贵。这也是一个普通教育工作者的心声吧。晋元高级中学是上海市政府建造的11所示范性寄宿制高级中学之一，占地140余亩，有新颖整洁的教学大楼，匠心独具的现代化实验设备，标准的足球场、室内游泳馆、体育馆、多功能演播厅、下沉式音乐广场……这所具有国际水准和国内一流水平的现代化高级中学，是培养造就卓越人才的基地和学生成长的精神家园。短短的几天，晋元中学几个创新实验室的建立和扁平化管理的创新，给我留下了深刻的印象。一方面这是校长和领导团队的创新精神体现，另一方面也是学校领导力和教职工执行力的体现。这些都是我们后面几天要着重学习的。当然，晋元中学对教职工的激励机制和学校的办学特色、首席教师的作用发挥、教师的综合考评等很多特点和创新的做法也是我们"影子"的观察和学习点……

在写的同时，我也在反思：我们要把握核心，提高核心竞争力。第一，要有战略思维的高度。想大问题，做小事情。第二，要提升组织协调能力。第三，提升课程领导能力。第四，要取得社会各界支持……

研修虽然是短暂的，却帮我树立了终身学习的理念。这些年来，我研究伟大的柏拉图、亚里士多德、马克思、苏霍姆林斯基、孔子、陶行知、鲁迅的教育思想，我学习朱永新、魏书生、李镇西等人的著作，勤做笔记，经常写教育感思，参加各级培训，收获颇多。

2015年，我被西安市教育局评为西安市教育改革创新先进个人，学校在西安市教育局直属单位目标管理综合考评中被评为优秀单位。荣誉固然重要，但给我的压力也很大。因为成绩的取得就像上了一个台阶，站在更高的一级台阶上抬头看，又是一个新的起点，要想在此基础上更上一层，自然是更大的挑战。我在内心鼓励自己：下一步还是应该多读书，夯实理论功底；多学习，拓展视野思路；多思考，凝练办学思想；多实践，为学校创造更大业绩！

附：美国东部海外研修之心得（写于 2017 年 11 月 7 日）

让每个孩子享受公平而有质量的教育

在赴美研修之前，我对于美国教育的了解来自美国著名哲学家、教育家约翰·杜威撰写的《民主与教育》，以及国内关于美国教育的畅销书籍，如黄全愈的《素质教育在美国》《"高考"在美国》等。庞杂的信息汇入脑海，使我对美国教育有了一个粗浅的了解。

而有机会与美国基础教育进行一次近距离接触，从而更直接、更深入地对其进行了解，则始于教育部在 2017 年 10 月 9 日—23 日组织的"校长国培计划"首期中小学名校长领航班学员赴美东部研修活动。这是贯彻落实《国务院关于加强教师队伍建设的意见》精神，加强基础教育高层次人才队伍建设，落实第七轮中美人文交流高层磋商成果之"中小学名校长领航班"的研修项目，目的是学习借鉴美国基础教育改革发展的最新理论研究成果、办学理念和实践经验，拓展国际视野，加强我国基础教育高层次人才队伍建设，培养造就一批在国内外具有较大影响力的教育家型校长。

在美国每一天的所见所闻所感，让我们真切体会到：他山之石，可以攻玉。美国在实现教育公平与提高教学效率方面，有很多值得我们学习借鉴的做法。

一、不让一个孩子掉队：高度重视特殊学生，积极扶助特殊群体

10 月 13 日，我们在 Horace Mann School 随堂听课，发现每天每个班级中都有 2 ~ 3 名成年人和身边的学生一起听讲，一起做探究实验。经过了解才知道，这些成年人是这些学生的辅导教师。在塞拉姆地区，一些心智比较特殊但又无须送到特殊学校就读的学生，就由政府安排顾问教师随班辅导。实际上，这种面对全体学生的心理辅导和针对特殊学生的个别辅导在美国中小学非常普遍。整合多种力量开展心理辅导正是美国基础教育的一个显著特点。

例如，美国很多学区会安排有关健康、教育等方面的社会工作者，和学生家长、学校合作应对学生中的精神疾病与行为不端、厌学等问题。有些地方如纽约市还有"以学校为基地的辅助组"，为特殊学生进行日常的服务，辅导组受学区"特殊教育委员会"领导，由管理人员、心理专家、教师、家长等成员组成。

每个学生都是鲜活的生命，在面向全体学生的教育中，特殊个体得到特别关爱正是教育公平的具体体现。

二、让学生成为最好的自己：因材施教，关注特殊家庭学生的培养

在美国，义务教育普及之后，提高教育教学质量就成了当务之急。联邦政府于 1982 年开始实施"蓝带学校"计划，引导各地提高中小学办学质量，促进学校发展。联邦及州政府鼓励不同的学校，结合自身校情及学情，为学生提供丰富多样的教育选择机会及教学内容。2002 年后，政府开始对相对落后地区倾斜，促进教育均衡发展，重点关注不够卓越但进步明显的学校。我们考察的南卡罗来纳州的一所大学先修高中就是美国政府 2017 年授予的蓝带学校，学校专门为来自从未出过大学生的家庭的孩子设立。政府为这些缺乏良好家庭教育传

统的孩子提供高中直升大学的机会。政府扶持，项目支持，鼓励奖励学校。这些学生学习中等，并非出类拔萃，考上大学都很难，在这样的高中完成两年学业，然后通过职业技能专业培养完成大学学业，取得大学文凭。

这样的高中为特殊家庭的孩子提供上大学的机会，教会他们职业技能，培养他们的自信心。让这些孩子成为对家庭、对国家有用的人，意义重大。

三、从优秀走向卓越：积极探索拔尖创新型人才的培养模式

人的智力、爱好、兴趣、能力有差异，未来社会既需要高素质的劳动者，又需要领袖和精英。因材施教也要保证出类拔萃的学生能够出人头地。因此，在美国中小学，普及教育和精英教育同样重要。很多优质高中会开设丰富的大学先修课程，鼓励学生积极参加社会实践，供学有所长的学生完成从优秀到卓越的转变。培养优秀学生成长为敢为人先、勇于创新、贡献社会、具有领袖气质的精英人才。

我们此次考察的南卡罗来纳州瓦卡茂高中，生源来自全地区优秀的初三学生。全校200多名学生，成绩基本位于全州同龄人中的前百分之二，也有学籍不在该校的优秀学生在此修学分。该校的教育教学水平接近"磁石学校"，采用严格的考试选拔学生，实施学术性、超前性教育，为拔尖创新人才奠定基础。

在瓦卡茂高中，我们随堂听了五节课，该校教学方式灵活多样，既有讲授式也有启发式。学校普遍采用走班制，分层教学，满足不同学生的需求。优秀学生可能被发现并得到重点培养，出类拔萃者，则可能受到专门指导，拥有创新发展的机会，这正是兼顾公平与效率的有质量的教育。

四、肩负使命、勇于担当：打造高效专业的师资团队

高水平的教师队伍，是公平而有质量的教育能够实现的关键。美国教师的素养以及选拔和培养值得我们认真思考研究。王定华司长认为教师在课堂中的作用就像血液对于生命一样重要，教师塑造孩子的未来，也在塑造国家的未来。基础教育的质量的关键取决于教师队伍的职业软实力。

美国教师的入职门槛很高，考核很严。州政府对在本州任教的教师有具体的资格要求，教师在该州任教必须取得本州的教师资格。除此之外，学区在州政府的基础上还有一些附加要求和条件。教师一旦取得资格认证，有效期一般

为三到五年，到期后，必须经过一段时间的脱产培训并通过考试，才能延长资格。教师的聘任合同一般为四年，完成了四年合同，可签终身合同。在美国，每位教师都要参加教育工会，教师待遇由教育工会与学区谈判达成一致，其待遇一般取决于教师的学历、经历、水平与业绩等。

美国教师的来源多样，除了教育科班出身的，还有很多人是通过加修教育学、心理学科目，经考核合格而成为教师。美国中小学教师在职培训形成于19世纪中叶，进入20世纪80年代后，美国展开了以提高教师职业素养为主要目标的教师教育改革。1996年，美国教育与未来全国委员会发布报告《什么最重要：为美国未来而教》，指明了提高美国教育质量应致力于：通过提高学生和教师的标准、改革教师培养和专业化制度等措施，使学生和教师获得成功。2011年，美国全国教师教育认证委员会组建"蓝带小组"。"蓝带小组"认为，教学是一种实践性专业，教师教育必须培养实践专家，应该将实践置于教师培养的中心。该小组围绕教师准入与毕业、课程设置、绩效评价、机构合作、认证标准以及人员配备等，提出了全国性的教师教育改革政策。

教育离不开国情，更与各国的历史发展、经济状况紧密相关，不存在任何一条放之四海而皆准的评判标准。虽然我们有自己的国情，不必照搬西方的社会发展模式；但是学习借鉴别国好的方法和经验，仍然是迅速成长、不走弯路的最便捷途径。我思考更多的是西高的未来和发展。面对处于转型期的新西高，面对教师、学生、家长及社会各界的期待，我深感使命重大、时不我待。一方面我们追寻学校历史，追本溯源；另一方面，我们更要面向世界，面向未来思考教育者应担当的时代使命，追问学校教育的深远意义。

我将秉承西安高级中学"养德以正气，崇文以化人"之校训，围绕"明体可强身心，达用以报家国"的办学理念，着力培养"社会人文素质高，科学技术素质高，动手实践能力强，开拓创新能力强"的现代中学生，为学校的长远发展奠基。

第三节 共享资源，弘扬家国情怀

教育者追求的至高境界是"有心无痕"，即：教育者要心怀天下，情系家国，是为"有心"。"心忧天下"的家国情怀，是最深沉的家国情怀。如果说培养自己做有家国情怀的教育型校长是校长迎合时代之需，那么通过校长之间的互帮互助形成教育型校长的聚合力，则是当前时代下教育发展之势。

一名教育者，尤其是一名具有家国情怀的教育者，就是要有为行业发光，为社会发热的精神，不仅不断提升自己，也帮扶他人。因此，在我走过的多所学校中，我始终将"责任、使命、担当"作为自己的行动准则。我既要明确学校的特色定位与发展方向，紧抓德育教育，以此不断丰富学校精神文化建设的内涵，又要着手成立校长工作室；不仅充实教师的专业知识，培养教师的德育教育思想，还在帮扶薄弱学校和兄弟学校的过程中，让家国情怀成为众多学校及校长的发展共识。正如行动教育全国校友会执行总秘书长曾讲到的："让一群人走到一起，互帮互助，合作共赢。"

一、以工作室为抓手，担起弘扬家国情怀大任

成立校长工作室，能够发挥好名师、名校长的辐射带动作用，为组内成员提供具有自身特点的教育情怀、教育教学经验以及专业支持，帮助成员校校长更新教育观念，提升管理能力，帮助学校提炼学校精神，提升办学水平，形成富有特色的研究成果。考虑到工作室成员校校情各异，诉求各异，各校校长对自己学校的发展定位也各不相同，为此，工作室积极通过导师指导、名校长引领、成员合作交流等途径，不断强化各成员校校长专业功底，拓展专业视野，提高自我的思想境界、理论修养与管理水平。

2016年12月1日上午，我带领工作室全体成员赴陕西省中小学校长、幼儿园园长培训中心参加了名校长工作室集中研修。培训中心作王央新主任、工作

室首席导师梁朝阳教授参加了活动并做了专题报告和工作指导。我作为工作室主持人将前期开展的主要活动进行了汇报，各位成员校校长也围绕自身的教育教学管理和学习工作情况进行了汇报。

当天下午，工作室的全体成员在西安高级中学又进行了深入的研修活动。我结合自己的办学经历，向工作室成员介绍了自己的教育思想、教育理念，与校长们分享自己多年积累的办学经验和感悟。希望借助工作室这一平台，开展切实有效的行动研究和成果研究，促进我和每一位成员校校长向教育家型的好校长不断迈进。这几年来，借助工作室平台，工作室成员相互交流和沟通越来越多，互相促进提升。工作室成立后的一年多时间，我分别为参加教育部中小学影子培训的 8 位陕西省基层学校校长、教育部"边远、贫困地区农村校长助力工程"的 7 位西部地区中学校长，以及陕西省 15 批 400 多人次的校长教师做了专题报告。

工作室赴西安高级中学研修活动

多年来，在工作室无数次的报告与交流中，我更加明白在新时代，教育的发展需要我们以人为目的，关注滋养人的灵魂，注重人的精神提升。而校长作为关键人物，应该具备从"观物"到"观人"的能力。切实加强成员校长的自学能力和素质提升，牢牢把握培训抓手，帮助校情各异的成员校找准定位。在创新专题研讨、教育考察、校长论坛等学习过程中，成员校长逐渐转变教育立场和观念，提升了自身的管理能力，为培养有情怀的全面型人才打下坚实基础。

附：工作室成员帮扶总结

黉学门中学帮扶工作总结

我校本着"求实、创新、发展"的工作原则，与长留初中建立了结对帮扶关系，开展了多层面、多形式的交流合作。虽然最初帮扶是名校长工作室的要求，但我也深知"独木不成林"的道理，各校之间只有共同合作、互相帮扶，整个教育质量才会提升。所以我不仅严格要求自己、大胆实践，更是和我校同事、长留初中积极肯干的领导和同志携手合作、互相学习，从本校发展需求出发，坚持教、学、研、用相结合的原则，努力多培养骨干教师。相互之间的交流，对双方学校教师的教育教学工作、日常学习都起到了极大的促进作用。现将一年来的工作总结如下：

一、高度重视，拟订工作计划和实施方案

确定我县长留初中为帮扶学校后，我校迅速成立帮扶薄弱学校结对帮扶工作领导小组，我任组长，分析校情，制订计划，明确任务，以确保帮扶工作的顺利实施。

二、营造氛围，积极做好结对帮扶工作

开展结对帮扶工作，加强薄弱学校建设是一项重要的教育工程。为了推动和促进此项工作的开展，我们一是加大宣传力度，及时召开校领导会议和全校教职工会议，宣传结对帮扶工作的深远意义；二是鼓励中青年骨干教师到结对帮扶学校从事支教工作，并将支教与职称评审、年度评优晋级挂钩；三是定期组织教师深入结对帮扶学校开展教育教学研究、交流活动。

三、资源共享，促进双方共同提高

作为乾县唯一一所完全中学，我校教学教研条件优于兄弟学校，而受援学校是一所农村初中，因此，我们及时成立了帮扶结对教学研究会，主动承担初中教研工作。我校教师外出培训、学习的机会多，带回的先进教育理念或教学方法，我们总是主动与帮扶学校交流、沟通。帮扶学校办公、试验有困难，我们也总会尽力帮助。通过结对帮扶，我们收获很多：一是双方都有了新的办学理念，明确了办学目标。二是支教教师在偏远学校艰苦创业、自强不息、乐于奉献教育事业的精神得到了发扬和升华。三是处在困境中的学生奋发向上的学习积极性得到提高。四是有限的优质教育资源得到了共享，促进了教育人事制度改革的进一步深化和农村基础教育的均衡发展。五是我校虽然资金一直困难，但还是想尽办法支援帮扶学校，受援学校得到的教学上和物质上的资助，改善了办学条件，增强了发展后劲。

四、加强联系，建立稳定的互访机制

为加强联系，共同提高，我们还建立了稳定的互访机制。一是领导互访，及时了解帮扶工作实施情况，确定下一阶段的工作重点，相互协调，保证帮扶工作顺利开展。二是教师互访，开展教研活动。我们主要以公开课、示范课、讲座课为载体，来提高帮扶学校教师在实际教学中的应用能力。三是学生互访。我们组织我校的学生与受援学校的学生建立"手拉手"互助互学活动，鼓励学生捐款、捐物，使受援学校生活困难生和学习困难生得到精神上、物质上和学习上的帮助，从而达到共同进步的目的。

一年来的帮扶工作让我深刻认识到：开展结对帮扶工作是教育改革中的一项战略举措，在今后的工作中，我们将继续坚持从实际出发，注重实效，使帮扶双方都达到相互促进、共同提高、优质资源共享的目的，为逐步改变农村薄弱学校的办学条件，实现城乡基础教育均衡发展做出应有的贡献。

携手发展　共育桃李
——富平中学对刘集中学帮扶工作总结

刘集中学是 2016 年由三所初中合并而成的一所新学校，位于富平县东部刘集镇，生源质量一般，学校暂时没有形成统一有效的文化氛围和教学模式。站在推动教育均衡发展的高度，本着"求实、创新、发展"的工作原则，我校与刘集中学建立了结对帮扶关系，开展了多层面、多形式的交流合作，对双方学校教师的教育教学工作、日常学习都起到了极大的促进作用。我们所做的工作主要有以下几方面。

一、高度重视，认真部署

（1）富平中学和刘集中学的领导高度重视，共同组成了帮扶互助小组，明确了"结对帮扶"工作的目标任务，并将此项工作专门安排部署，组织全体教职工认真学习教育局文件，统一思想认识，还成立了由校长刘海涛任组长，刘集中学校长刘经过、富平中学副校长尹小昌、富平中学副校长王智平任副组长，相关负责人为成员的"结对帮扶"工作领导小组，以确保帮扶工作的顺利进行。

（2）我校每学期都与刘集中学负责人协商结对工作，带领骨干教师到刘集中学送教或开展专题指导活动。开学初，两校领导共同交流学校的发展规划，就学校的教育管理、教学研究、教育科研等进行深入探讨，了解帮扶工作实施情况，制定帮扶实施方案。

（3）凡两校举办的大型教育教学活动，两校领导和相关教师均共同参加，如我校开展的"同课异构"、校级示范课、全员育人导师制等活动，刘集中学开展的校园文化节、班主任经验交流、师德师风演讲等。

二、互相切磋，周密实施

自我校与刘集中学结对后，始终以实现互动双赢、促进教育均衡为宗旨，立足双方学校的常规工作，着眼教师日常教学行为，为提升双方学校教师业务素养、教学水平及教育教学质量做了大量有效的工作。

（1）为落实帮扶工作的实效性，我们从开始就积极开展调研活动。我们了解了刘集中学教育教学的基本情况，结合校情，帮助其确立教研工作目标。

（2）搭建研修平台。研修以校本培训为主，通过对刘集中学教研组长的培训，将我校开展的"天天教研"模式引入到该校，再进行阶段性的总结，不断优化调整，力争使该校的教研活动走上制度化和常态化的路，引领教师的专业发展。

（3）帮助刘集中学改变课堂教学模式。从示范到研究，研究课堂教学中存在的问题，探讨解决问题的方法和途径。我校先后派出忽小娜、杜娅、代望等备课组长，到该校送教评课，带去课改的理念，与该校教师一起探讨高效课堂的模式和具体操作流程，分析学校课堂教学中存在的问题，积极采取有针对性的措施。

（4）帮助刘集中学完善管理体制。通过对办学模式的分析讨论，帮助该校改善规章制度，优化办学理念，准确定位，挖掘潜力，优化师资，实现办学目标。

三、多管齐下，落实责任

（1）学校选派骨干教师跨校交流、结对带徒。

（2）加强信息沟通与交流，资源整合与共享；实行教改信息、科研信息、前沿教学动态的定期交流。

（3）每学期举行三次课堂教学研讨活动，切磋教艺。并且组织帮扶学校校本培训和外出考察活动，开展理论学习交流。实现了教育优质资源共享，缩小了校际间的差距。

（4）按照县教研室组织的期中、期末统一考试，两校进行考前商讨、考后交流成绩，并进行详细的数字分析。从分析结果看，刘集中学的教学成绩在原有基础上有了很大提高，这极大地鼓舞了教师的士气，使他们更有信心迎接新的挑战。

四、感受与启发

虽然与刘集中学校际结对帮扶的活动时间不长，但给我们的感受和启发很多：一是校际间的优质教育资源得到了共享；二是参与教师的教学理念和教学技能得到了相互促进；三是为广大农村的孩子搭建了一个更好的成长平台。

在今后的工作中，我们将借助帮扶活动的开展与刘集中学共同学习，携手发展，为实现城乡基础教育均衡发展做出更大的贡献！

携手并进　共同提升
——韩城市西庄中学城乡结对共建工作

为提高结对共建工作的实效性，促进学校间均衡、和谐发展，现将我校与东庄中学结对活动开展情况总结如下：

一、加强组织领导，完善共建工作计划

活动开展伊始，学校就成立了结对共建活动领导小组，由校长亲自挂帅。领导小组定期召开会议，分析结对共建工作的现状和其中存在的问题，并出台了攻坚计划，保证了共建活动的有序、有效开展。党敏增校长带领中层领导到东庄中学进行交流，两校领导就这一学年的教学工作思路及工作重点进行研讨，并最终达成共识：要求教师之间以教育教学研讨为重点，加强师资互动。学校中层领导经常互访交流，落实结对交流工作措施，相互协调，保证结对交流工作的有效开展。

二、精选外派教师，严格教师纪律，为两校发展做努力

在东庄中学交流的两位教师身负重任，张晓武担任英语教学，卫亚茹担任数学教学，此外，张晓武还负责学生的美术等其他学科。一学年来，两位教师克服了种种困难，以孜孜以求的好学精神和吃苦耐劳的精神，立足本职，扎扎实实做好了学校分配的各项工作，充分显示了交流教师的高素质、高品格。学校要求这两位教师严于律己，时刻谨记自身的任务和职责，在课堂中为学生展示较高的课堂教学水平，并且在评课活动中积极踊跃发言，抓住每一个锻炼机会，提升自己的业务水平。

三、搞好座谈研讨，注重实际效果

根据校际结对的相关要求，我校选派的张晓武、卫亚茹两名教师在东庄中学得到了领导和教师的指导和帮助，备课、上课、参与教研等能力提高很快。

一学年以来，以教育教学研讨为重点，加强教师互动，定时联系，完成了相应的交流学习任务。

（1）以教研组为单位，进行交流。

我校教师每周都参加东庄中学组织的教研会讨论，并且分享自己的教学经验和想法，与东庄中学教师进行沟通交流，通过参与教研讨论，促进教学能力的提高。

（2）听课评课活动，重在评课，通过"评"达到会诊的目的。

我校选派的两名教师，按照教育教学要求，坚持听课和评课。本年度听课和评课次数多达80余次，同时，我们他们还开展了多次示范课、公开课，围绕一节课，从课堂教学的有效性是什么、怎样的课堂是有效的、如何实现课堂的有效教学等方面进行了详细的探讨，通过"提建议，谈方法"，促进受援学校教师基本素质的提高。

四、关注教师的成长，促进学校共同发展

本学期双方学校本着扎实推进，追求实效的原则，实实在在搞好每次活动，做好教学工作，对双方教师起到了积极作用，较好地促进了教学工作的开展。

通过一年的校际结对共建，我们分享了很多教学、管理资源。深刻认识到开展城乡帮扶活动，必须真抓实干，要与学校教育教学工作密切联系，将交流

落在实处，城乡帮扶活动要达到真正意义上的互助与合作，要真正地为教师、学生的发展服务，真正解决教育教学中遇到的问题，真正把好的经验做法落到实处。同时，我们也应认识到自身存在的不足，如教研工作缺乏新意、不够扎实等。在今后的工作中，我们将继续坚持从实际出发，注重实效，相互促进，共同提高，为实现城乡基础教育均衡发展做出我们应有的贡献。

优秀，是一种习惯；情怀，是一种境界，追求卓越永远没有终点。培养一批有情怀的教育家型校长队伍，既是校长领航班的责任使命，又是名校长工作室的重要旨归。自成立以来，校长工作室一如既往地以合作交流为主体，促进成员校共同发展；以研究创新为主体，促进工作室引领辐射。为教育事业立心，为学校发展力行，不断省察自我价值取向和办学行为，坚守对教育的美好信念，用智慧和汗水让自己成为有学术眼力、管理能力、人格魅力、胆识魄力的教育家型的好校长，让学校成为有学校精神、有学校风貌、有发展前景的好学校。

第二章　以身立德，发挥教师榜样作用

第一节　以德育人，教师要有"四爱"

百年大计，教育为本；教育大计，教师为本。在所有的教育资源中，教师资源是第一资源，教师问题是教育教学中的根本问题，教育的发展取决于教师，教师对推动教育改革和发展具有决定性作用，而教师的精神风貌是重中之重。情感是具有感染力的。教师作为成年人，自身的家国情怀水平会直接影响对教学内容的解读以及学生家国情怀的培养。因此，教师不仅是知识的传播者，更要当爱的传播者。学校要特别注重加强对每位教师的职业理想和道德的教育，唤起教师强烈的教育责任感和使命感，发挥教师对学生知识增长和思想进步的影响力，做学生的指导者和引路人。

教师要严格按照习近平总书记提出的"有理想信念、有道德情操、有扎实学识、有仁爱之心"的"四有"标准要求自己。在我看来，这"四有"也可以对应为四爱，即爱学校、爱同事、爱职业、爱学生，努力做一名学生喜欢、家长满意、校长放心、社会称赞的好老师。

一、要有理想信念——爱学校

学校不仅是我们养家糊口的地方，也是我们很多人成家立业的地方，更是我们实现人生价值和人生理想的地方。因为学校只是没有生命的一个载体，很多人谈起学校的时候，常常会强调在学校进行教学活动的主体老师，说某某老师曾经为学校做过多少贡献，做过多少事情，曾经多么辉煌。每当此时，我一边表示赞同和钦佩，一边也会换个角度想：也正是因为有了学校这个载体，我们的教学活动才得以开展；正是因为有了学校这个平台，学生求学有门，老师求职有路；有了这个平台，我们才能够去奉献；有了这个平台，我们才一步步有了发展，拥有了更多。所以我想，当我们退休老去的时候，回忆起自己的学校教育生活，不仅要自问为学校做了些什么，还要以感恩之心不忘学校为我们带来了什么。时常想一想当初我们是如何应聘或者分配来到学校的，学校是如何接纳了我们，我们又是如何在学校一步步前进的……

能够这样想的一个前提那就是对学校的热爱之心、感恩之心。

我们爱学校，不仅是爱我们能看到的学校里的一草、一木、一高楼，不仅是爱学生、爱同事、敬领导，还要爱和学校相关的无形的东西。比如，爱学校就要爱学校的荣誉。我过去在一所很普通的学校任职，当有重点学校的老师让我给学生辅导时，会要求我说自己是某某重点中学的。相信许多老师都遇到过这种情况。我们应该意识到：当我们走出校门，或者在课余之际给学生辅导的时候，身后的这所学校依然与我们密切相关，社会对我们的期待也是和学校密切相关的。无论何时，无论身处何地，我们应该把我们学校荣誉看得很高，进出校门一步，肩负学校荣辱。比如：爱学校，就要爱学校的一切仪式。每所学校里都会有各种各样的仪式活动：开学典礼、集会、升旗仪式、运动会、教师节庆祝会、表彰会等。

爱学校，不是单一、狭窄的爱，而是广博的爱，不限内容，不限形式，不限时间，是爱学校的所有，从学校精神到学校人文，从学校历史到学校未来，从学校桌椅到学校草木……都是作为教师的我们，应该热爱的。

二、要有道德情操——爱同事

无论在哪一所学校工作，我们都要爱自己的同事，相互取暖，相互关爱，相互支持，这样我们的心情才会愉悦，工作才会顺利，记忆才会温暖而深刻。

我至今常常回忆起最初在第五十四中学的温暖的日子。多少年过去了，离开第五十四中学的日子越积越长，但是当时和同事们友爱相处的一幕幕，像一块块石头沉入我的心海，很深很重。

　　爱同事，就是在一起同甘苦，共生活，把日子过出味道。在第五十四中学，我精力旺盛，幽默合群，想法很多。那时因为学校太偏远，交通极不方便，所以很多老师都住在学校，中午不管谁做好吃的，聚在一起吃时都喜欢把我叫来一起享用。大家都说我的幽默诙谐让大家心里充满阳光，饭能够吃得更加有滋有味。我受到欢迎和鼓舞，肚子里的笑话更多了。

　　当时偏远农村的学校生活，对于一批年轻教师来说是很枯燥的，学校的生源质量又急速下滑，所以很多老师情绪低落，日渐消沉起来。我作为同伴，意识到了这一点。于是在校长的支持下，我协调办公室和工会等部门人员组织老师们利用晚饭后的时间学习电脑，组织年龄大一些的老师练习保健操，组织年轻老师练习健美操，每周都同其他学校进行一场篮球或足球比赛，还常常组织啦啦队去助威添彩，元旦时组织别开生面的教师联欢会……这个大家庭充满了朝气和活力，我也以自身的幽默感和老师们建立起和谐亲密的关系，把生活中的种种艰苦都化作趣味性的谈资，大家一起清贫着，也一起开心着。但是在心底，我希望通过一种途径，通过大家的共同努力，让大家的工作生活条件好起来。我一度在心底萌发一个朴素的梦想：种一片菜地，我带上老师和学生们一起耕种，过一种自给自足的田园般的生活。

　　我爱学校，爱同事，但有时这种爱也需要以一种"严格"的方式表达。当时第五十四中学的生源质量在不断下滑，为了遏制这种现象，增加学生数量，我费了一番功夫。首先我认为留住学生不是靠宣传，而是靠好的教育教学。当时因为地处偏远，所以学校一直没有实行坐班制，老师长期以来都是上完课就走，缺乏责任意识，生源质量一时无暇顾及。但我认为，可以通过提高教师教学质量来吸引学生。于是我主张并实施了一系列改革，所有的新规定给当时教师群体带来的感受就是两个字"严格"。因为我要求大家要开始严格签到，严格规定上下班时间，严格备教案，严格进行课堂教学，严格考评教研活动……总之，新措施就像一记重拳，打掉老师们身上长期以来的懒散习性和不规范行为。这让许多老师叫苦，但我知道这样对学校、对老师、对学生都好。

　　我想方设法给老师们安排正规的办公室和办公桌，下课把大家拉到一起坐在办公桌前聊学校定期要进行的检查和教学竞赛，无形中发现老师们慢慢愿意多花心思去琢磨教案和认真备课了。此外，我还组织学校的领导们隔三岔五随机进课堂听课，组织每个月上公开课，课后由教学经验丰富的教师进行指导和点评，不定期地请来外校教学高手来讲课……后来发现和真的以前不一样了，老师的责任意识强了，学生们的成绩不但有了显著的提高，还在作文、小报、书法、绘画等比赛中频频获奖。

爱同事，就要带着他们一起谋发展。第五十四中学是我的起点，在第五十四中学的日子是我最血性、最自我、活得最舒畅的时候。当时工作上结交的同事朋友，也都很真实、很走心。后来我当了别的学校的校长，他们中有的人也换了学校，但是不管职位、地方如何变化，我们的交情一直都很好。比如林主任的人品、人格我非常认可，他的能力也很强。我在学校和他共事的时候他支持我，后来我辗转几个学校，在哪个学校他都关心我。我想这就是同事之间的爱吧，如同爱学校、爱学生一般纯粹和真切。

三、要有扎实学识——爱职业

教师是学生成长的引路人，肩负着启迪智慧、塑造心灵的职责；教师是教育大厦的建设者，肩负着推动教育跨越发展的重要任务；教师是民族文化的传承者，肩负着弘扬传统继往开来的历史责任；教师是国家振兴的奠基者，肩负着建设人力资源强国的时代使命。要做好这一行，首先要爱这一行。我们要敬业爱岗，不仅仅是在口头上，更要体现在我们的每一次备课、每一次上课、每一次检测、每一次班会、每一次和学生的交流中。我们把职业看得无比神圣，职业给我们所带来的成就感才愈加高尚。

大学毕业后，我当过一段时间团委书记和政教主任，然后就走向了副校长、校长的岗位。借用刘彭芝校长一本专著的名字——人生为一大事来，冥冥之中，我的职业发展历程与做校长的使命越来越靠近，直到真正做了校长。在这十几年的校长生涯中，我把自己的心路历程分三个阶段：积累期、瓶颈期、挑战与得心应手并存期。这些年能够坚持一步步向前走，这三个阶段能够一步步成长，依靠的就是自己对教育工作的执着和热爱。

第一个阶段是积累期。这个时期初生牛犊不怕虎，大刀阔斧、勇往直前、披荆斩棘。当时我34岁，被派到一个发展态势不被看好的完全中学去当校长，人称"末代校长"。所谓"末代校长"就是被视作随着这个学校的沦落消失而结束任期。但是我去任职的时候，便下定决心要把学校管理好。年轻的我，不怕得罪人。和老师讨论问题的时候，急了会吵架，甚至还打过一次架。在这个阶段，我本着一颗朴素简单的初心，依靠有所作为的雄心，强势地推进工作。尽管跌跌撞撞，自己也受了很多委屈，但这种作风也确实压下去了一些不正之风。别人看到我不是来做"末代校长"的，不是他们想象的混混就走，而是"咥实活"（陕西方言，意为"实干"），于是他们也开始认真工作起来。如今想起来，当然能发现自己当时的不成熟，但是也佩服自己当时的血气方刚，甚至还有些许成就感。我想，如果不是有十分的热爱，很多时候都可能放弃或退缩，从而改变自己的人生经历。

第二个阶段就是当曾经的困难都克服了之后的瓶颈期、倦怠期。作为校长，当一个学校在几年的管理下运转有序后，每到新的学期，开学第一天紧张充实，一切安排妥当后，第二天心就放松下来，因为一切照着既定轨道运行即可。我在第四十六中学当了六年校长兼书记，经过几年全身心投入管理，学校步入正轨，学生人数从我刚去的300名左右增长到1 200名左右。我本该欣喜和满足，但我却感到自己似乎枯竭了。看到学校有序运转，总觉得学校不需要我了，没有什么事情能够让我感受到挑战，我知道自己到了瓶颈期。我知道，自己带领这个学校确实上了一个台阶，但是如果想要更进一步，需要另选合适的人来做。从我的工作经历来看，我擅长把一个学校从较差的状态转变为好的状态，但是要将这个学校变得更好，却不是我的强项。每当这个时候，我就觉得我应该离开，去新的工作环境另辟天地了。因为热爱这份工作，即使当自己困惑的时候，甚至怀疑自己对学校的贡献非常有限的时候，我都没有怀疑自己的职业选择，只是会想办法调整工作环境，而从未想过更换职业。

当我到了西安市育才中学，然后是现在的西安高级中学，应该算是第三个阶段，这个阶段的工作既有挑战又得心应手。我制订了各种计划，我的想法在一步步地落实，却没有觉得倦怠。我每天仍然有干不完的事情，有很多的想法没有实现，我开动脑筋不断尝试，一步步地创造条件落实这些想法。我对这种生存状态感到很满意：事情的顺利开展、和各方进行有效沟通、上级的信任、下级的支持。当然，如果我的想法都实现了，可能我会再次感到不满足。

回顾做校长的历程，没有碌碌无为，没有枯燥烦闷，想起很多困难以及后来困难的解决，现在觉得甚是有趣。我的职业生涯像是波浪线，是对教育事业的热爱之心，串联起了我的成长和成熟。

四、要有仁爱之心——爱学生

苏霍姆林斯基曾经有个十分精彩的比喻，他说："教师要像对待荷叶上的露珠一样，小心翼翼地保护学生的心灵。晶莹透亮的露珠是美丽可爱的，却又是十分脆弱的，一不小心露珠滚落，就会破碎不复存在。学生的创造心灵，就如同露珠，需要教师加倍地呵护。"这种呵护，就是爱。

没有爱，就没有教育；没有爱，就没有学生的一切；没有爱，教师的存在也就失去了意义和价值。爱是教师职业特有的道德准则，也就是说，一名教师，必须真心诚意地关爱自己的学生，否则教书育人就达不到预期的目标。

不难发现，真正爱学生的教师，就会想留住学生，就会自觉想把学生教好。做过班主任的老师一定深有体会，每当班里有转出的学生时，心里都有点儿不是滋味。每到新学期之初，总是会有一些学生办理转学手续，我觉得这并不是明智的选择，更不是符合教育规律的选择。每当这时候，我总会暗下决心，我们一定要用教学质量、用爱心让每一位学生心甘情愿留下；我们一定要把留下来的每一位学生教好，一定要让留在我们学校的学生学有所成。这样做，才无愧于我们的学生，无愧于我们自己，无愧于我们的学校。

我们爱学生，就想让他们增长知识，就想让他们取得好成绩。我们一定要把进入学校的每一位学生教好。我们爱学生，就要博爱。不管是成绩好的学生；还是成绩一般的学生；不管是家境好的学生，还是家境平平的学生，不管是乖巧的学生，还是淘气的学生，我们都要一视同仁，爱护他们，关心他们，并提升自身作为老师的个人魅力，从而取得学生们的信任，促进教学工作的开展。

我们真的爱学生，学生是可以感受到的。知识让我们联系在一起，相遇相伴三年，但是爱可以让我们这三年在记忆中化作永恒。我们爱学生，就会不受校园外车水马龙、熙熙攘攘的纷扰，而时常感受到校园内书声琅琅、庄严肃穆的美好。感受到老师的爱的学生们，即使毕业走出校门，也不会忘记他们曾在校园里一起面对国旗庄严肃立，耳畔雄壮的国歌声久久回荡；不会忘记学校老师的培养，同学间的帮助；不会忘记和老师同学一起美化校园，提升自我，使校容校貌发生了许多变化。

我们有爱，学生才能德才双修，勤奋学习，勇于探索，为幸福人生打下基础；我们有爱，学生才能常怀感恩之情，永存善良之心，孝敬父母，服务他人，回报社会。

我在每个学校任职，都会强调这"四爱"：爱学校、爱同事、爱职业、爱学生。我认为，爱，就应该成为校园的底色，只有在爱的沐浴下，师生才能共同享受教育的幸福！

第二节　家校联合，共育家国情怀

苏联教育家苏霍姆林斯基说："儿童对人的世界的认识，是从父母开始的。他首先认识的是，妈妈怎样跟自己说话，爸爸怎样对待妈妈。由此而生成了他关于善和恶的最初概念和理解。家庭是一个人应该学习做好事的起源之地。家庭每时每刻都在和学校集体的精神生活相接触，学校不能没有家庭的配合，学校里集体主义的道德文明在许多方面，就是开在家庭里的许多花朵的果实。"他表示："教育的效果取决于学校和家庭教育影响的一致性。如果没有这种一致性，那么学校的教学和教育过程就像纸做的房子一样倒塌下来。"

当前，教育越来越从封闭走向开放，家庭教育的重要性越发突出，发挥家庭教育和学校教育成为教育工作中缺一不可的存在。作为教育工作者，尤其是承担着教育主力军的教师，成为一头连接学校，一头融通家长的关键人物。这就需要教师不仅做好自己的育人工作，还要积极与学校、与家长配合起来，使家校两方形成合力，达成共识，扭紧一根绳为孩子的发展搭建一座桥梁。

这要求教师成为家校合作的策划者。一个优秀的教师不仅是一个教育家，还应该是一个领导者，教师应该为家校联合出谋划策，提出新理念，创造新方法；同时教师也要成为家校合作的组织者。最重要的是，教师要成为家校联合的参与者。与校方领导一同打通家校联合的壁垒，最终形成学校、家庭、社会"三位一体"的教育合力。在这方面，我采取的主要方式是与家长面对面的家长会、家庭教育报告会等，并且都收到了满意的效果。

在每年开学之初，我们会召开初一、高一新生家长会，充分联合学校和家长，促进双方协同教育。还记得 2015 年 9 月 8 日与 9 日那次家长会：我首先代表学校致欢迎辞，并做了"好学校的样子"主题报告。从学校性质、办学理念、校园建设、教师团队、教学科研和学生发展等方面对学校进行了介绍，使家长全方位了解了学校所取得的荣誉及发展前景。教务处主任王荣、副主任刘根祥向高一、初一家长介绍了学校在教学改革方面一些新的举措和做法；德育处主任云小英结合德育管理改革向家长介绍了学校的制度和规定，并简要分析了小学教育与初中教育、初中教育与高中教育的有效衔接问题，并就家长如何帮助孩子适应初中及高中学习生活，如何实现学校教育与家庭教育的有机结合提出了四方面的建议。初一年级组长赵博、高一年级组长张国华也分别从年级管理角度与家长做了交流与沟通。随后，家长与班主任一一见面，班主任就校规和班规与家长进行了深入交流。最后，陈一君副校长发言，希望家长继续支持学校、配合学校，在家校共同努力下，促进学生全面发展，成人成才。会后，家长们纷纷表示：家长会开得及时，让他们受益匪浅，学校高度重视、办学思路清晰、发展势头良好，他们对孩子的成长也充满了信心。

召开新生家长会

另一个典型的例子是，2016 年 5 月 7 日在育才中学多功能厅举办的家庭教育培训报告会。教育专家王占宏老师为家长做了"成长自己，成就孩子"的专题报告。王占宏老师从近年来中高考政策的变化、青春期学生的主要表现特征、新课改下对学生的评估标准、社会发展给学生带来的变化和冲击以及学生学习习惯要求上要注意的事项等方面做了详细的讲解。很多家长都从王老师的讲话中受到了启发。我觉得，只要认真领悟和实践，家长们一定能够帮助孩子不断提升综合素质，让孩子在未来的社会中发挥出更大的力量。

教师和家长的关系是现代教育和谐发展的关键之一，处理好教师和家长的关系就是为学生的成长发展加油，而学生的发展成长就意味着教师的幸福、家庭的和谐。为了进一步增强家长对家庭教育的重视，促进家长积极主动地配合学校和班主任的工作，在家庭教育培训方面，我还邀请许多的专家，举办各种形式的家庭教育讲座，并在适当的时候，开设家庭教育课程，帮助家长进一步完善家庭教育。家校携手才能实现"学生成才，家长放心，社会满意"的目标。校长工作室成员之一的刘海涛校长对家庭教育进行了深入思考，值得我们深刻学习：

对家庭教育问题的思考

富平中学　刘海涛

接受教育是一个人生存成长的必修课，一个人的一生要接受来自家庭、学校、社会三方面的教育，家庭教育、社会教育、学校教育构成了教育的三大主体。家庭教育作为教育的一个方面，随着家庭的产生而产生，同时也随着时代的发展变化，其教育行为、教育内容、教育方法、教育艺术等方面也在发生着巨大的变化。在今天，大家可以强烈地感受到，孩子的成长成为家长关注的热点，家庭教育也越来越受到社会的普遍重视。被誉为"知心姐姐"的卢勤编著的关于家教方面的图书《献给年轻妈妈》销量达230万册。中共中央、国务院《关于进一步加强和改进未成年人思想道德建设的若干意见》中指出："各级妇联组织、教育行政部门和中小学校要切实担负起指导和推进家庭教育的责任。要与社区密切合作，办好家长学校、家庭教育指导中心，并积极运用新闻媒体和互联网，面向社会广泛开展家庭教育宣传，普及家庭教育知识，推广家庭教育的成功经验，帮助和引导家长树立正确的家庭教育观念，掌握科学的家庭教育方法，提高科学教育子女的能力。"我作为一名教育工作者，同时也是一名学生的家长，同大家一样都积极地参与到这一教育活动实践中来，在工作和生活实践中自己也产生了对家庭教育问题的一些思考。

一、家庭教育的特点

家庭教育是指在家庭中，由家长通过自己的言传身教，对子女产生一定影响和作用的实践活动。这一教育活动往往是在潜移默化中实施的。家庭教育是学校教育、社会教育的基础，相对社会教育和学校教育来说，这是一种特殊的教育活动，其特点表现在以下几个方面：

（1）在教育时间上具有早期性。这一教育活动从家庭一产生就开始形成自己的特点，孩子一出生，首先接受的就是家庭教育，比如让孩子学站立、学各种动作、学走路、学说话、学拿筷子等都属于家庭教育的内容。而且早期的家庭教育要独立地进行相当长的一段时间。

（2）在教育者身上体现特定性。从教育者和受教育者双方来看，一般情况下二者具有血缘关系，关系最密切，父母成为孩子的天然教育者，是孩子的启蒙教育者，是孩子的第一任教师，也是孩子终身的老师，父母的形象及特点直接影响着孩子，其作用也是其他人员无法替代的。

（3）在教育内容上具有侧重性。家庭教育涉及孩子成长的方方面面，即思想品德、学习、能力锻炼、习惯养成等方面，但和学校教育相比，这一教育活动更侧重于孩子的思想品德、礼貌礼节、习惯养成等方面，即如何培养孩子成人的问题。

（4）在教育方式上具有多样性和随意性。这一活动与家庭生活紧密相关，教育的方式也体现出多样性与随意性的特点，不像学校教育那样，由老师有计划地对孩子进行系统的教育。家长给孩子辅导作业是教育，家长和孩子谈心是教育，家长教孩子说话、走路是教育，家长早睡早起的生活习惯、助人为乐的思想、干净利落的作风，甚至夫妻两个人的谈话、对某件事情发表的见解等都是家庭教育，不拘一格，方法多样。

（5）在教育时限上具有长期性。家庭教育既是早期的教育，又是长期的教育，它对人的教育是终身的，不论你年龄大小。

（6）在教育目的上具有一致性。家庭教育虽然很特殊，但是教育孩子的目的同社会与学校教育是一致的，都是解决如何把孩子培养成人、培养成才的问题。

二、家庭教育存在的主要问题

目前，家长对家庭教育的普遍关注，是值得广大教育工作者欣慰的事情，对孩子来说也是件好事，但是这一教育活动由于受家庭环境、家长素质、教育体制、社会环境、思想观念等因素的影响，仍存在一些不容忽视的问题，应该引起学生家长及学校的重视。主要表现在：

（1）思想认识上有偏差。有的家长认为自己的孩子很好，不需要太多的投入；有的认为自己的孩子很差，再怎么投入也没有用或者已经太晚了；有的认为教育哪有那么多讲究，我们父母就从来没有管过我们，我们不也长大了吗；有的认为自己太忙，又没有什么文化，能学好教育管好孩子吗；有的认为我们不行了，做好经济后勤工作，送孩子上好学校，给孩子请家教总可以了吧。凡此种种，都是没有认识到家庭教育在孩子成长中的重要作用，造成家庭教育的机会和权利缺失，给孩子的成长带来缺憾。

（2）尊重孩子的意识淡漠。有的家庭中家长作风严肃，始终用一种居高临下的态度对待孩子，总认为孩子是自己的，自己想怎么样就怎么样，想干啥就干啥，随心所欲，不许孩子反抗，不许孩子有异议，教育方法简单粗暴，缺乏耐心，把孩子看成家长的附属，不关注孩子的思想，不关注孩子的反应，不尊重孩子的人格。孩子首先是人，人是有情感和人格的，孩子也需要尊重，决不能用成人的标准来刻意地要求孩子。

（3）忽视孩子的思想品德教育。受应试教育的影响，大多数的家长十分关心孩子的学业成绩。孩子成绩好，一好百好；孩子成绩差，就觉得孩子什么都不行。家长想得最多、谈论最多的是孩子的成才问题，从而忽视了对孩子的德育。比如，如何让孩子养成良好的习惯，如何让孩子有礼貌，如何让孩子团结同学、尊重老人，如何让孩子具有爱心，如何让孩子自信、坚强、上进……说到底，就是没有教会孩子如何成为一个健全的人。

（4）把关心爱护变成溺爱。在很多独生子女家庭中，家长把对多个孩子的关爱集中在一个孩子身上，家长们众星捧月，围着孩子转，孩子上学替孩子背书包，孩子吃饭替孩子调味，孩子上床替孩子暖被子，孩子洗漱替孩子倒水、挤牙膏，孩子考完试替孩子看成绩、取通知书，孩子考学替孩子填报志愿，孩子要啥买啥有求必应。家长该想的都想到了，该做的不该做的也都做到了，孩子呢？什么都不想，什么也不做。有语云：真理往前多走一步就变成了谬论。那么关心爱护多增加一份，也就变成了溺爱，使孩子错失了锻炼提高的机会。

（5）轻视身教的作用。常言说："身教重于言教。"在言传身教的问题上，大多数家长重视了言传，言传也成了大多数家长教育子女的主要方法，但是却忽视了身教的作用。承诺孩子的事情出尔反尔；夫妻经常在孩子面前吵架；在孩子面前议论自己父母的是非；说话粗话满篇；经常酗酒、打牌；整天精神萎靡，缺乏自信……这些生活的细节或自身的行为，家长可能觉得没有什么，可它却在默默地影响着孩子。

（6）不善于用激励的办法教育孩子。在对表扬与批评方法的使用上，很多家长是表扬不足批评有余。家长总爱用成人的眼光看待孩子，这使孩子的许多缺点和不足暴露无遗。家长也总是爱拿自己孩子的缺点和别人孩子的优点比，而总是批评、批评、再批评，有的甚至用"你真笨""不可救药""你看人家谁谁的孩子"等一些伤孩子自尊、伤孩子积极性、令孩子反感的语句，不善于发现孩子的进步和孩子的闪光点，不善于正面地鼓励孩子、激励孩子，不善于帮助孩子树立自信心。

（7）不注重与孩子沟通。大多家长想方设法地为孩子找家教补课，买补品补身体，买好吃的图高兴，为孩子的学习生活提供优质的全方位的服务，总害怕自己孩子受苦。但是他们不注重和孩子进行思想交流，不注重和孩子进行沟通，不善于观察孩子的精神状态和心理变化，更不知孩子的心理需求和精神需求。孩子在心理上和精神上得不到帮助，内心逐渐封闭起来，并形成一堵墙，和家庭分离开来，变得孤僻、自封、古怪，有的甚至走上轻生的道路。

（8）对孩子的期望过高。上海市的一项调查结果表明：几乎100%的家长认为最高兴的事就是孩子学习成绩好，最恼火的事是孩子学习成绩差，80%以上的家长希望孩子成为脑力劳动者，这足以见得家长对孩子的期望之高，家长都希望孩子考好成绩，出人头地，光宗耀祖，用两个词来形容就是"望子成龙""望女成凤"。家长的盲目期盼，过大的压力，使许多家庭"穷"得只剩下"分"了，感情贫乏，亲子之间的话题只有考试和分数！当他们看到孩子的学习成绩并没有他们要求的那么高时，当他们看到孩子没有按照他们设计的模式发展时，他们着急了，于是对孩子实施精神钳制，给孩子带来极大的精神压力，当这种压力超过孩子承受的限度后，就会出现不可想象的后果。

三、家庭教育要处理好的几个关系

家庭教育作为教育的重要组成部分，理应随着教育形势的发展、新一代孩子成长的特点、孩子成长的环境等因素的变化进行更新。家长要顺应时势，积极地探索做好新时期家庭教育。具体地说就是在家庭教育中要处理好以下几个关系：

（1）养与育的关系。我国《民法典》规定："父母对未成年子女负有抚养、教育和保护的义务。"就是父母对子女提供衣、食、住、行、用等方面的物质生活条件，承担必要的经济责任，并按法律和道德的要求保护孩子的安全和利益，更重要的是父母要配合学校对学生进行思想品德教育，帮助子女学习科学文化知识，掌握劳动技能，使孩子得到全面发展。家长不能提起教育就认为是学校的事情，只养不教，而是要积极承担抚养教育的职责，把抚养与教育结合起来，养教并举，培育后代。

（2）成才与成人的关系。在教育孩子的过程中，在关注孩子学业成绩，期望孩子成才的同时，更应注重孩子的优良品德教育、良好行为的养成、能力的培育。要让孩子先成人，后成才，既成才又成人，让孩子做一个健康的、完整的人。现在一些"天才少年"因缺乏生活自理能力，缺乏应有的心理素质而辍学，最终没能完成学业。我们要从中吸取教训，正如陶行知说的："不要让孩子成为人上人，不要让孩子成为人下人，也不要让孩子成为人外人，要让孩子成为人中人。"即成为一个平常的人。

（3）严格要求与关心爱护的关系。家长对孩子的学习生活、行为、语言等提出一定的要求是应该的，这也是对孩子的一种督促和约束。但是我们不能一味地板起面孔来教育孩子，而要根据场面和时境给予孩子适当的关心，和孩子进行沟通，拉近家长和孩子之间的距离，也让孩子体会家长浸透在严格要求中的亲情与期盼。同时关心爱护也要有度，不能孩子想怎样就怎样，想干什么就干什么，一切任由孩子的个性，使关心爱护变为溺爱，错失教育孩子的良机。要爱而不溺，严而不厉，爱中有严，严中有爱。

（4）家长与身教的关系。家长要利用见多识广、知识储备足、经验丰富的优势，对孩子进行正面的言语教育，这是最常见的、具有显性的教育方法。同时要注意身体力行，言行一致，表里如一。要求孩子做到的家长首先要做到，如孝敬老人、尊敬老师、讲求信用、文明礼貌等。要求孩子不做的家长尽量不做，如不随地扔垃圾，不讲粗话、谎话等。给孩子做出榜样，使孩子从家长的言传身教中潜移默化地受到教育。要坚决杜绝对孩子只说不做或说一套做一套的行为，因为那样会使家长的教育丧失说服力，也在一定程度上降低了家长在孩子心目中的威信与地位。

（5）正面表扬与批评引导的关系。表扬与批评是教育孩子的两种不同的方法，家长要对孩子取得的好成绩、些许的进步、文明的举止、助人的行为、表现的爱心等积极的方面及时地进行表扬，给予赞誉，如"你真认真""你能行""虽然你的成绩不高，但进步很快，我们很满意，请继续努力"等语句，以激励孩子上进。同时要对孩子的不良行为、不文明的语言、不好的习惯等进行批评，及时或逐步地对以上表现予以纠正。家长要把表扬与批评有机地结合起来，适时应用。表扬要注意分寸，不能夸大其词，或无原则的表扬，助长孩子的虚荣心，使孩子经受不住挫折的考验。批评要注意场合，讲究技巧和艺术，切忌在众人面前或在不明事由的情况下，对孩子妄加指责甚至打骂。要尊重孩子的人格，要善于使用对比的、说理的、民主的办法对孩子进行批评教育，使孩子知道为什么被批评，究竟错在哪儿，并自然地接受家长的批评，这样的批评才能达到预期的目的。针对不同的对象侧重应有所不同，对各方面表现突出的孩子，要表扬批评并举；对于学习较差，有自卑心理的孩子，要多发现孩子的优点，多发现孩子的进步，哪怕是一点儿，多用表扬的办法及时地予以肯定，让孩子享受到成功的喜悦，培养孩子的自信心，正如人们常说的"好孩子是夸出来的"。对于学习较好、虚荣心较强、心高气傲的孩子就要讲究批评的方法，及时对孩子进行敲打，使孩子保持一个良好的心态。

（6）期望与现实的关系。时下为了家庭的幸福、孩子的未来，甚至家长的荣耀，"望子成龙""望女成凤"已成为众多家长对子女的期盼。那么，"都想当官，谁来抬轿"？所有子女都"成龙成凤"了，那也就没有"龙""凤"了。因此家长要调整好心态，摆脱功利思想，把自己对孩子的期望值同孩子的现实情况对接起来，把对孩子的期望值建立在与孩子现实相符的水平上，这样才能使家长的期望成为现实，失望才会变小。特别是在近几年来，许多家长不顾学生的实际，盲目地让学生补课，盲目地追风去择校转学，让学生转到他可能根本不喜欢的学校。要知道，比尔·盖茨在中学毕业后，按照家人的愿望考入了令人羡慕的哈佛大学，但一年过后，他毅然离开哈佛，去开创令他痴迷的计算机事业，并创办微软公司。试想，如果比尔·盖茨墨守成规地上完大学，那么可能就扼杀了一个计算机天才。所以学习成绩好的学生，可以选择上大学；学习成绩一般的孩子，可选择职业类的技术学校；对于有特别爱好、有特长的孩子，可在家长指导下，沿着孩子的爱好和特长走下去，充分施展才华。

7. 处理好身体健康与心理健康的关系。心理健康和身体健康同样重要，而心理不健康比身体不健康更危险、更可怕，有的孩子甚至因心理不健康走上了犯罪的道路。因此家长不仅要关心孩子的身体健康，让其加强体育锻炼，而且要更关注孩子的心理健康，要教育孩子正确地认识自我，正视自身的优缺点；要教育孩子善于和同学相处，团结协作，共同进步；要教育孩子学会自信，积极地表现自己，要注意孩子心理变化，特别是在孩子的青春期，要和孩子交心，走进孩子的心理世界，在孩子感到迷茫，特别是需要帮助的时候，给孩子指明方向。同时家长要注意孩子的情绪变化，在孩子忧郁、焦躁、悲伤的时候，要带孩子走到户外去放松和排解，或做孩子平时喜欢做的事情，如打球等。我们要帮助孩子控制不良情绪，改变不良情绪，恢复正常情绪。对于真正心理上有问题的孩子，自己无法解决的，可进行心理咨询，对症下药，尽力使孩子保持健康心态。

家庭教育事情虽小，但意义重大，新时代的家长要树立家教新理念，掌握家教的好技巧，创新家教新办法，探索家教的新路子，为我国的现代化建设培养出更多身心健康的劳动者和建设者。

第三节　送教下乡，输送教师光热

具有家国情怀的教师，眼里不只有学生，还有民族和未来。教师的职责，除了知识传授的"小道"，更要肩负起弘扬精神、追求真理的"大道"，要具有家国情怀、拥有济世的志向。

沿着时光轴往前追溯，可以清晰看见从启蒙众人到传授新知，再到教育救国，教师总是伫立在时代潮头之上。近代，有说出"教育是立国的根本"的陶行知，有被毛泽东尊称为老师的大教育家徐特立，有随着国运颠簸却"无问西东"的西南联大教授们……在风云激荡的历史背景之下，他们具有高度的爱国主义，关心国家的前途和命运，愿意为国家的繁荣富强而努力奋斗，那一颗颗饱含家国情怀的赤子之心，闪耀出彪炳青史的强国之光——"致天下之治者在人才"，教师为中华民族的伟大复兴保存了最为珍贵的火种与命脉。

多年来，我国对义务教育的发展尤为关注。而义务教育均衡发展更是事关教育公平的大事。义务教育均衡发展是我国义务教育的战略性任务，是基础教育的重中之重，是解决了"有学上"之后，逐步解决"上好学"的一项重大民生工程。推进义务教育均衡发展的关键就在教师，这强烈要求教师具有浓厚的家国情怀。教师必须认识到时代赋予我们的伟大使命，必须时刻忠诚于党和人民的教育事业，要把自己的工作与国家的繁荣昌盛紧密联系在一起。

在我看来，家国情怀，是一个教师从事教育工作的精神支柱，是实现自身价值和理想信念的动力源泉。可以说，教师自身拥有家国情怀是基本，培养学生具有家国情怀是教学目标之一，而能置身于教育事业，为教育奉献才是家国情怀的最高内涵。教师只有把自己的责任和使命，汇入这个时代、这个国家和这个民族的发展中，同呼吸，共命运，才能真正培养出具有爱国主义热忱的未来一代。这也就意味着，教师不是只在讲台上，不是只服务于自己的学生，更是从讲台走下去，从学校走出去，为更多的学生服务，为培养更多的时代人才而发光发热。

工作室在培养校长的同时，也在培养教师的家国情怀。工作室地处省会城市，教育资源相对良好，工作室成员的积极研修，更为工作室储备了丰富的教育资源。工作室成员力争将自己的光热输送到乡镇中学，实现工作室"走出去"的目标。

2015年10月20日—21日，工作室派出专题调研组，对工作室成员校安康市宁陕中学和商洛市柞水县营盘镇九年制学校进行了"下校诊断"，与成员校校长、教师们一起研讨学校发展。

2016年10月20日上午，我带领部分中层干部及一线教师到西安博爱国际学校开展教学研讨活动。随后我们分头召开了教师座谈会和学生座谈会，就学校管理、教师专业成长、学生发展等展开讨论与交流，对博爱国际学校未来发展提出了一些意见和建议。

与此同时，我们还多次组织工作室到西安市蓝田县文姬中学、延安市黄陵县田庄中学、安康市宁陕中学等学校开展调研和教学观摩活动。我们通过指导、交流、资源共享、师生联谊、资金投入等多种形式更新了受助学校的观念，加强了受助学校的师资力量，提升了受助学校的管理水平和办学质量。

附：支教感言

支教的感动

支教老师　郑若彤

作为校长工作室的一名成员，我去往山区学校帮扶送教。在短短的支教日子里，收获的却是深深的感动。

我被学校的老师们感动着。在朴实的乡村教师们看来，咱是城里人，是专家名师。于是，简单艰苦的条件，单调忙碌的日子，总是被他们赋予最丰厚、最富足的回馈。我的宿舍里，会多出东邻的烙饼，西邻的枣子，冬天燃得通红的蜂窝煤，夏天风大力足的大蒲扇。我的办公室里，会有提前擦得一尘不染的桌凳，灌得满满当当的暖水瓶；会有带去优质资源、先进理念时，老师们一丝不苟的探究与研讨，获取学术指导、方法技能时，寻寻觅觅的执着与热切！

我被学校的学生们感动着。在底子薄弱的乡村孩子们看来，咱是无所不通、学富五车的教学权威。课堂上，会有错误得到纠正时，孩子们羞红可爱的小脸；疑难得到化解、豁然开朗时，孩子们兴奋满足的眼神。课堂下，会有叽叽喳喳围着你问长问短，对名校无限神往的渴望；临走时，会有依依不舍拉着你、人未离去就问归期的依恋和情谊！

感动是，你来了，乡村学校给你点点滴滴的厚爱；

感动还是，你走了，支教经历给你难以忘怀的记忆！

教师支教

　　将家国情怀确定为学校的育人思想，就能够通过强化家国同构、共同体意识和仁爱之情，增强师生的认同感与凝聚力，进而形成学校特色的学校精神。有了它的丰润，学校精神才能落实，才能孕育出一个全面发展的人，才能成就教师、学子非凡的人生。

第三章　德育为首，厚植学生家国情怀

第一节　树立家国情怀，爱校是责任

爱与教育的密切关系是与生俱来的。在社会发展与人民需求都空前活跃的当今时代，用爱培育下一代已成为对教育的普遍期待。大爱成为时代赋予大教育的神圣使命。我经常在心底对自己说："我虽然只是普普通通的一名中学校长，我虽然管理着一所普普通通的中学，但我要做'大教育'，培养'大写的人'，在心底要拥有'大爱'。"

一、以爱育爱，培养大写的人

自改革开放以来，中国基础教育发展经历了以恢复常规、尊师重教为特征的启动阶段，以教育体制改革为中心的宏观变革阶段，以推进"素质教育"为中心的微观改革阶段以及以提高质量、均衡发展和制度创新为重点的教育改革深化阶段。如今，当科技和经济发展到一定阶段，人文素质的提升更是成为不可忽视的点。人文素质教育将有助于学生人格的完善，为学生未来的发展提供强大的精神动力和情感支持。

在人文素质教育中，大爱精神因其重要的思想内涵成为学生素质教育的基石和核心。以"大爱"为核心词，积极践行"大爱教育"办学思想，构建协同发展、多方共赢的大爱育人校园，最终指向"每个个体都能得到发展"的大爱教育本质，成为每所学校发展之需。

古今中外的教育家的教育思想不尽相同，但有一点是相同的，那就是"爱的教育"。"爱的教育"应该建立在"平等、理解、尊重、信任、支持、赏识、鼓励、宽容、体贴"的基础上，离开了"爱"，一切的成功教育都将成为无本之木、无源之水。"爱的教育"不分年代，不分疆域。魏书生在《我这样做老师》中写道："在和平环境里，在家庭经济条件都比较好的现代社会，师生之间不可能有战争年代师生之间生死与共的那种感情，也难以有许多文学作品、影视作品中歌颂的那种教师为学生献出生命的机会。更多的还是这种在平平凡凡的日常生活中播下的一粒粒平平凡凡的互相关怀的种子。我们不能因为平凡就不重视它，甚至忽视这些平凡的种子，幻想一下就种出一棵值得歌颂的感情的大树。轰轰烈烈的机会很少，如果等不来轰轰烈烈，又放过了平平凡凡，岂不是一无所获。"

因此，我们应该从大爱出发，从人性的需求出发，重视人文素质教育，关注孩子们的性格和人格的养成，结合中国国情和历史文化背景，对我们的教育实践一步一步地进行完善。

二、让大爱情怀注满校园

我们从事的是培育幼苗的工作，我们要教育孩子，就需要讲大爱，要以大爱之心育人，培养出具有大爱的人。庆幸的是，多年来我一直坚持人文素质教育中的大爱教育。作为教师，我不但要当好"经师"，更要自觉地当好"人师"。这些年我一直将"大爱教育"作为一种教育理念在课程教学中渗透，举办多种多样提升学生人文素养、提升德育素质的活动。

附：我在育才中学"三爱教育活动"中的讲话

爱学习　爱劳动　爱祖国

——在纪念毛泽东同志诞辰 120 周年主题活动上的讲话

尊敬的老校友、老师们、同学们：

今天，我们在这里举行"爱学习、爱劳动、爱祖国·纪念毛泽东同志诞辰120 周年"主题活动，是为了深入贯彻落实十八届三中全会关于开展"爱学习、爱劳动、爱祖国"活动的精神，深切缅怀毛泽东同志的丰功伟绩，继承和弘扬延安保育精神，坚定理想信念，进一步增强全校师生的道路自信、理论自信和制度自信，坚守我们共同的精神家园。

我校是一所具有光荣革命传统的学校。1937年教育家、革命家徐特立同志创建延安干部子弟小学。1949年5月西安解放，学校迁至城南兴国寺，1952年迁入现址。1971年改名为西安市第三十七中学。1983年12月1日，改名为西安市育才中学。

学校的红色文化，底蕴深厚。学校强调，政治领先，理想第一；品德教育，改造思想；劳动生产，自力更生；自理自治，培养人才；与时俱进，继往开来。

学校的办学思想，知行合一。学校的教育思想强调：知而必行，行而必果。教育为革命战争服务，教育与生产劳动相结合。学校的教育方针提出：我们有没有认识清楚为谁而教？要教出什么样的人？我们在教谁的子弟？怎样去教他们？学校还尤为注重生产劳动教育、文体活动开展和卫生保健工作。

学校具有民主办学的光荣传统。学校在民主办学中坚持学生自治制度，在办学中贯彻民主办学的原则。

育才师生要好好继承和发扬保小精神。保小人重任在肩，团结友爱，自理自治；政治教育，必须领先；刻苦求知，互帮互学；良好纪律，重在教育；生产劳动，培养作风。在革命战争中形成的保小精神是一种以真为美，以善为美，以淳朴为美的独立的人格，对党对人民忠心耿耿，为革命为真理可以赴汤蹈火，为人豪爽耿直，襟怀坦荡，不图名不图利，不计较个人得失，对同志与人为善，助人为乐，对坏人坏事疾恶如仇。

上半年，我们在全校教师中开展"我是育才人，我为育才思"建议征集活动。广大教师坦率直言，献计献策，初步达成了关于育才精神的共识，那就是"艰苦奋斗，自强不息，任劳任怨，不甘落后，爱生敬业，团结协作"。下一步我们将提炼沉淀凝聚的共识，形成独特的育才精神，以激励师生，保证育才中学稳定持续发展。

同时，经过纵横调研、对话历史、悟思前辈，慢慢锤炼隐含于纷繁史料中的教育思想，我认为我们育才中学应该确立"红色文化延安精神滋养师生成长，素质教育艺体特长促进学校发展"的办学思想，这是主观和客观的统一。我希望它能成为我们育才人今天坚守的教育信念和价值取向，成为我们发展的精神财富和实践智慧，并在引领与辐射中彰显力量。

爱学习、爱劳动、爱祖国，简明清晰地表明了青少年健康成长的要求，充分体现了党中央对青少年的亲切关怀和殷切希望，也与我们确立的办学思想高度统一。深入开展"三爱"教育，对培育和践行社会主义核心价值观，深化"我的中国梦"主题教育活动，帮助学生树立正确的世界观、人生观、价值观具有重要意义。

通过开展"三爱"教育活动，我们将更加坚定理想信念，坚持立德树人，用毛泽东思想和延安保育精神的精髓指导学校的各项工作，为培育中华民族的新后代而努力。

现在，我对于教育的热情没有丝毫减退，并且越来越能从内心感悟教育的真正内涵，是基于人性的爱，而不是功利的结果。

三、公益活动传递校园大爱

对于公益性活动，有的人可能会觉得这种事情没有物质回报还浪费时间。但是"十年树木，百年树人"，树人不是简单地把工具性的"硬知识"灌进学生的脑袋，而是塑造一个立体的、有爱有温度的、活生生的人。

我在第四十六中学当校长的时候，认识了"千盏烛"的发起人左莉。左莉是该校的一位普通教师，是一位很努力、很用心的教师。"千盏烛"成立之初，左莉曾经和我沟通相关事宜，我非常赞赏她的行为，竭尽全力鼓励她、配合她的活动。

2009 年 3 月，左莉前往陕西省紫阳县蒿坪镇，开始了为期一年的支教工作。蒿坪镇仙佛小学只有 13 名学生，其中有两个智力有缺陷，一个是聋哑人，另一个手部有残疾。有的学生家离学校很远，每天早上六点就从家里出发，需要走两个小时山路才能到达学校……左莉被此行的所见所闻深深地震撼到，于是她萌生了为孩子做实事的想法。就这样，一个群体诞生了，这些志同道合的朋友们，将爱心活动取名叫"千盏烛贫困山区教育公益计划"，简称"千盏烛"。短短一年内，他们奔赴紫阳县蒿坪镇七八次，给孩子们送去了学习用品、衣物和体育用品，共捐助了80余个孩子，总金额达到9万余元。同时，左莉还将自己的爱人和7岁的女儿也带到蒿坪镇，让女儿做起了山区孩子与城市孩子沟通的"小信使"，将爱心传播到城里的小伙伴中间。

关于"千盏烛"，她还有太多的计划与愿景，她一直致力于开发山区孩子的综合实践能力，希望教会山里的孩子认识当地的资源。她说："我想在那里的小学建立实验班，开展综合实践课，如果建成了，想在黑板上方写下'种瓜得瓜、种豆得豆'，教孩子在心里种上善良、爱心、勇敢的种子，让孩子长大之后成为拥有这些品质的人，来建设自己的家乡。"在2010年举行的"红烛奖"西安年度教育人物颁奖典礼上，"千盏烛"获得了"2009年度教育人物"的荣誉。

左莉说："'千盏烛'是我们传递给山区孩子的一束温暖之光，让更多的孩子能接受教育，用我们的爱心照亮他们今后的人生。"后来左莉一直在助学，她所做的"千盏烛"公益事业稳步前行。考虑到当时社会各界人士给孩子们捐助的学习用品已经很多，我再三思考，结合当时所在学校的实际情况，决定带领一批教学能力强的骨干教师，到紫阳县蒿坪镇送教下乡，为孩子们送去知识，送去精神食粮。

支持"千盏烛"支教活动

除此之外，我也经常组织学校学生参与公益事业。在我管理这几所位于市区的中学时，我觉得让这些备受父母疼爱的城市学生们去参加一些公益活动，是非常有意义的。比如我在育才中学任职时，学校组织的"走进儿童村""慰问空巢老人"活动，就让学生认识到，他们不是只能被"点燃"，他们也能够"点燃"别人。

案例一：

走进儿童村，暖暖冬日情

三原县东周儿童村是一家民间慈善机构，宗旨是救助特殊困难环境下的少年儿童，专门代养、代教因父母犯罪伏法、服刑、劳教而无人抚养的少年儿童，给这些无辜的孩子提供一个健康成长的场所，帮助孩子们渡过生活难关。我校学生会干部在听闻儿童村的情况后自发地在校内组织了学生募捐活动，许多同学都献上了自己的一份爱心。

2015年11月28日，西安市育才中学团委组织学生志愿者走进陕西大三原县东周儿童村，为他们送去600余件衣裤，也送去了来自校园的一份温情和祝福。孩子们一看到志愿者们，飞奔而来。这一幕瞬间感染了我们，学生干部张金珠说："老师，我想哭，我想抱抱他们！"儿童村的杨村长接待了志愿者，并简单介绍了儿童村的情况，并对育才师生的爱心表达了由衷的感谢。我方表示，我们会长期与儿童村建立这种友谊，了解村里孩子真正的需求，让更多的育才学生加入到关爱他人的行列中来。

参观了儿童村孩子学习生活的环境后，学生志愿者与儿童村的孩子们度过了短暂而愉快的时光，他们一同做游戏、玩手机、自拍修图，学生志愿者还主动帮儿童村小伙伴扎起了马尾辫……每个人都沉浸在这种爱的交流中，被深深感染着，震撼着。

案例二：

九九重阳节，浓浓敬老情

2014年9月29日下午，西安市育才中学校团委组织学生志愿者社团，到育华社区看望慰问空巢老人，向他们送上祝福和问候。

在看望老人的活动中，团员们走进空巢老人的家中，帮助他们打扫卫生，与老人们促膝谈心，祝福老人们健康长寿，并与老人们共同迎接重阳佳节的到来。同时，志愿者们为空巢老人带来了他们精心准备的才艺，有唱歌、跳舞、小品、相声、乐器表演等节目，节目赢得了阵阵掌声，博得了老人的喜爱。老人们给志愿者们讲述了他们过去的故事，讲述了雷锋的精神，并高度赞扬了学生开展的有益活动。

育华社区卯主任对热心参加本次活动的青年志愿们表示感谢，希望他们在今后的学习和生活中继续弘扬无私奉献的雷锋精神。

百善孝为先。孝敬老人，爱护老人，是我们中华民族的传统美德。这次活动让老人们感受到了快乐，也让学生们在活动中体会到了敬老爱老的传统美德，了解了重阳节的意义，激发了学生孝老爱亲的内在品格，对营造敬老、亲老、爱老、助老的社会风尚有重要意义。

育才中学走进敬老院看望老人

"要有信仰、有情怀、有担当，树立高远理想追求和深远的家国情怀……"习近平总书记在多种场合多次提到"家国情怀"。"知责任者，大丈夫之始也；行责任者，大丈夫之终也。"家国和世界、责任和担当是一股永不衰竭的精神涌流。

在我看来，教育工作者不一定要使所有学生的成绩都令人满意，但必须使所有学生都心怀爱国之心、知书达理、遵纪守法、诚实守信、知恩图报……这些良好的品质会影响他们的一生。在当代，强调家国情怀的培养不仅是学校精神的重塑过程，也是我国文化自觉、文化自信的体现，是文化传承的必然途径，是打赢未来文化战争的必由之路。

第二节　树立家国情怀，立德是本质

立德为先，树人为本。德育活动是树立学生家国情怀的重要载体。作为一种教育方式，德育活动对学生德育过程施加外在的影响，使学生的品德修养、技能实践在形成过程中的内在结构发生变化，通过内外的交流互动而起到积极有效的教育作用。不同的时代有着不同的德育载体，德育载体必须随着社会的发展和变化而不断变更。

在当代，社会主义核心价值观将国家、社会、公民三个维度的价值要求融为一体，其价值内核实为中国人的家国情怀。社会主义核心价值观倡导的是具备"家国情怀"的东方君子形象，明大德、守公德、严私德，这是立德之所指，树人之根基。在课程改革不断深入的过程中，德育实践活动也已成为学校教育体系的有机组成部分，是学校德育工作的重要阵地，是学生成长成才的必由之路，是学生道德品质形成和发展的重要途径。学校通过丰富的德育实践活动使广大学生树立正确的世界观、人生观和价值观；使学生坚定信念，确立远大的理想；培育和强化学生的民族精神；增强学生道德意识，提高道德水准，形成健全的人格。

在我看来，德育教育只有和时代同步，和学生同步，继承创新，顺应潮流，德育工作才能入脑入心。比如一群玩耍嬉闹的孩子中有一个小孩儿被撞倒，大哭起来，妈妈往往责问："哭什么，谁把你撞倒的？"表情和语气似乎在告诉孩子："吃亏了很生气，责任在别人。"但是怨别人能够减轻孩子的疼痛吗？我认为妈妈更加理性的做法应该是趁此机会进行安全教育，教会孩子嬉戏打闹时候应该注意怎么保护自己，而且告诉孩子玩耍时发生碰撞是很正常的事情，没关系，要学会宽容，并鼓励孩子继续投入玩耍之中。

因此，在基础教育阶段，培养人才固然重要，但首先应该是培养作为人、作为一国公民最基础的素质，先解决做人的问题，让孩子做有文化根基、诚信有道德、从容生活有常识、辨是非求真理、客观公正有担当、克己内省有思想、博爱宽广有心胸的人。青春期是中学生人生观、价值观的重要形成时期。我们首先应该让孩子学习遵守基本道德，遵守基本规范。比如，办事排队、过马路看红绿灯、踩到别人说对不起、上完厕所冲马桶等，这是最基本的常识和道德。多年来，我都始终明确教育的根本目标，积极落实德育教育。坚持"要成才先成人"的育人理念，坚持德育树人的教学理念。

一、坚定文化自信，推进红色文化教育

加强传统红色文化教育，是学校践行德育教育，形成德育校风的重点所在。长期以来，西安市育才中学都秉承延安精神和延安保育小学精神，以"红色文化延安精神滋养师生成长，素质教育艺体特长促进学校发展"为办学策略和途径并开展德育，树立了良好的德育校风。

1. 理想信念的德育导向价值

党的十七届六中全会提出："加强爱国主义教育基地建设，用好红色旅游资源，使之成为弘扬培育民族精神和时代精神的重要课堂。"当今世界，经济全球化趋势不可阻挡，形形色色的文化相互激荡，冲击着那些没有坚定信念的学生。在新的形势下，我们要与时俱进，不断丰富理想信念，用科学的信仰武装学生的头脑，使他们在人生之路中视共产主义为指引前进方向的灯塔。重新挖掘红色文化实践活动的特点，充分、合理地利用红色文化实践活动的优势，对于提高学生理想信念教育的实效性有重大的积极作用。

育才中学红色文化实践具有内容丰富、深刻的特点，可有效提高学生理想信念教育的深刻性，增强感染力。如延安时期的革命活动场所等红色文化资源，将有效帮助学生树立正确的信仰，增强他们的爱国主义情感和民族主义情感，

帮助他们提高自身的思想道德修养，增强他们的社会责任感。探索形式多样的育才德育红色文化实践活动，可加强学生理想信念教育的生动性，可为学生理想信念教育提供可能性。

2. 高尚道德的德育教化价值

西安市育才中学的德育实践活动已经成为学校教育体系的有机组成部分，是学校德育工作的重要阵地，是学生成长成才的必由之路，是学生道德品质形成和发展的重要途径。学校通过丰富的红色文化德育实践活动使广大学生树立正确的世界观、人生观和价值观，使学生坚定信念，确立远大的理想，培育和强化了学生的民族精神，增强了学生道德意识，提高了道德水准，帮助学生形成了健全的人格。

3. 爱国主义的德育情感价值

峥嵘岁月里，红色文化给了一代又一代人新鲜的、具有时代气息的精神渲染，激发了人们的爱国主义热情。但在物质生活越来越富裕的今天，一些人的心灵深处出现了"荒漠"，精神需求逐渐成为人们工作生活必不可少的一部分。红色文化、爱国主义精神是一份弥足珍贵的精神财富，爱国主义教育是红色文化的精髓。育才中学具有悠久的历史，丰富的红色文化题材，尤其是延安保小时期丰富感人的革命事迹，都是对学生进行爱国教育的最好题材。挖掘红色文化资源，探索爱国主义教育模式，育才中学的历史具有极大的爱国主义教育价值。

4. 艰苦朴素、勤俭节约的优良传统价值

"艰难困苦，玉汝于成""居安思危，戒奢以俭"。中国人民历来以勤劳勇敢、不畏艰苦著称，历来讲求勤俭持家，勤俭办事。我们党正是依靠艰苦奋斗、自强不息的精神成长壮大、走向辉煌的，是靠勤俭节约、自力更生的精神发展事业、建设国家的。育才中学在延安诞生、在延安成长，经历了抗日战争、解放战争血与火的洗礼。艰苦的条件铸造了育才师生的坚强意志，磨炼了育才人追求卓越的崇高品质，艰苦奋斗、自力更生是育才精神的生动写照与伟大传承。育才中学挖掘历史资源，发展红色文化，通过德育实践活动充分弘扬了艰苦朴素、勤俭节约等核心价值。

5. 与时俱进的创新价值

红色文化具有鲜明的创新性。作为红色文化载体的德育实践活动，也是在原有活动上的创新。育才中学在延安那段特定的历史时期，不断创新生产方式，创新生活方式，创新革命文化。现在的育才，继承了历史上的创新精神，结合时代特点，谋求学校发展，谋求师生发展，是德育实践活动应承载的历史使命。

不难发现，育才中学的红色文化德育教育拥有着鲜明的育人价值，它如同一股巨大的同化力、促进力和约束力，促进师生成长。

二、落实"法"活动，增强法律意识

为了培育懂法、守法的好学生，也为了深入普及城管法律知识，提高师生知法、守法的自觉性和积极性，不断提高师生的文明素质，我觉得在学校教育中，有必要使师生熟悉城管法律知识的各项内容，理解和加强城市管理的重要意义，提高主动参与城市管理的意识。

在第三十中学任职的时候，我带领大家紧紧围绕教育教学改革发展的目标，认真开展城市管理知识宣传月活动，从"三抓"入手，把城市管理知识宣传月活动落实到具体工作中推进依法治校工作的深入开展，取得了较好的成绩。我们的具体做法是：

（一）抓教育，提高师生法律素质

我们在已取得的普法成果的基础上，继续深入抓好两个方面、三个层次工作，促进了教职工法律素质不断提高。一是抓好点、面。在面上，我们利用宣传栏、校园网站、领导干部会议、职工代表大会等形式，对全校师生进行有计划的法制教育，处处引导和教育员工学法用法，不断拓展法制教育的覆盖面。在点上，建立一支十几人的法制宣传员队伍，以讨论会、主题团队会、巡回演讲等方式，开展法制宣传教育活动，提高师生的法治观念，加深广大师生对具体法律条文的理解，提高学法用法的自觉性。二是分层次抓好各类人员的法制教育。第一层次是中层以上领导干部的法制教育。我们把法律知识与政治理论相结合，把开设法律知识讲座与观看法制教育录像相结合，用综合考核与依法治校相结合的方法推进领导干部法制教育工作。第二层次是中层干部、年级组长和教研组长的法制教育。结合这些人员所在部门工作特点开展《中华人民共和国劳动法》《中华人民共和国未成年人保护法》《中华人民共和国教师法》等专门培训和讲座。第三层次是教职员工和学生的法制教育。结合学校实际，开展多种形式的、以遵法守纪等内容为主题的演讲和法律知识竞赛活动。活动月以来，共展出《西安市城市管理综合执法条例》《西安市城市管理综合执法局行政处罚自由裁量权执行标准（试行）》及配套制度等法制板报、黑板报10多版，印发法制宣传资料1 000多份，为法制教育奠定了坚实基础。

（二）抓活动，提高师生法律实践能力

在"城市管理法律知识宣传月"活动不断深化的过程中，西安市第三十中学主要开展了如下活动：

取缔校门口非法停车。学校地处西华门十字繁华街区，门口停靠车辆太多，阻碍了学生通行，有严重的安全隐患。鉴于上述情况，学校请示教育局后联合城市管理执法局和西一路派出所共同取缔了校门口东西两侧的停车场，消除隐患于未然。

举行"人人争做城市家园的维护者"为主题的演讲比赛和"城管法律知识征文"活动。各班组织学生在班会时间开展"告别陋习，走向文明，人人争做城市家园的维护者"为主题的演讲比赛和征文活动。

开展"小手拉大手"活动。学校开展了"小手拉大手"活动，把自己学到的城市管理法律知识讲给爸爸、妈妈和其他亲戚朋友听，牵起整个家庭的"大手"参与到保护城市环境、建设美好家园的行动中来。

邀请执法机关进校宣传。学校联合新城区执法局法规科、新城区交警大队以及西一路派出所工作人员，走进校园进行城管知识、交通安全等知识的宣传教育活动，面向广大学生宣传法律知识。城管队员不仅向学生普及了城管知识、为全校师生上了交通安全课、宣读了《文明出行倡议书》、向学校赠送了交通安全宣传资料，还从学生们日常生活中容易触犯的乱扔垃圾、随地吐痰、损坏绿化等不文明行为着手，要求大家从我做起，从身边的小事做起，自觉遵守城市管理有关法律法规，从小养成良好的行为习惯，共建美好城市。

三、创新德育教育形式，落实立德树人根本

家国情怀和德育教育都是贯穿于千年历史之中的。处在新时代的历史方位下，需要对家国情怀、对德育教育有新的理解，也应当对应新的培养策略。德育为先，要在继承的基础上创新。在我看来，这就要通过创新理论教育及实践活动将其培养成习惯。树立一种意识就会形成一种自觉，成为自觉就会养成习惯。习惯成自然，自然就是一种不必坚守的常态，常态不仅是坚持，还会是一种不需倡导督促的保持。因此，艰苦奋斗、勤俭节约、惜物爱物应成为习惯，成为素质教养的一部分，于人善莫大焉。

（一）校园清扫活动

为贯彻校史文化中教育与劳动相结合的方针，培养学生自力更生、艰苦奋斗的劳动意识和劳动技能，西安市育才中学将 70 多亩校园按年级、按班划分清洁责任区，由学生打扫。每日早操前、午课前、放学前三打扫，晨课间、午课间进行卫生保洁。各班清扫区域面积较大，清扫工作量较重，尤其是秋天大量的落叶，更是加重了清扫的难度。但多年来学校一直坚持，学生定时打扫，自扫自查，自行管理，很好地培养了自力更生、艰苦奋斗的优良品质。

（二）组织爱物惜物专项活动

如今人们物质生活水平提高了，加之现在的中小学生大多是独生子女，在家长的呵护下，他们往往物质丰富，以自我为中心，日常生活中不爱惜物品、浪费粮食等行为也屡见不鲜。不管时代和社会如何发展，人类所拥有的资源都是非常有限的，勤俭节约无论何时都值得提倡，"爱物惜物"的话题永远不会过时。特别是在资源有限而又污染严重的今天，我认为提倡爱物惜物的道德品质犹如倡导勤俭的美德一样，对于现代化建设乃至人类未来的生存与发展都具有重要的现实意义。为此，育才中学组织了多项专项活动，以培养中小学生惜物爱物的品质：

一是校园节水、节电活动。第一，杜绝"白昼灯""长明灯"现象。各处

室、教研组、会议室、教室等场所在自然光照足够的情况下，不允许使用照明灯具；办公照明要实行分路式控制，根据需要开启照明灯；公共楼道、卫生间的照明灯由自动控制开关控制；校内道路及校内广场照明灯由专人负责，定时开关。在体育课、课间操、眼保健操、课外活动时，必须关掉电灯、电扇和多媒体。全体师生员工要养成平常看到"白昼灯""长明灯"就关的习惯。

第二，合理使用各种电器设备。在校内禁止使用电炉子、电暖风、电暖器等大功率耗电设备。使用的空调设备在人员离开时必须及时关闭电源。夏季办公室、会议室等办公区域的空调温度不得低于26℃，冬季的空调温度不得高于20℃。夏天室外温度低于30℃，冬季室外温度高于5℃时，原则上不得使用空调。

第三，电脑设置休眠状态。要尽量减少计算机及音箱、打印机、复印机、传真机、饮水机等办公设备的待机时间，长时间不使用时应及时切断电源。下班时要切断办公室各类电器设备的电源。

第四，加强用水设备的日常管理。及时更换老化的供水管线，严禁跑、冒、滴、漏和长流水现象。水龙头应尽量开小，用完随手关闭。如果发现有水电设施设备失修，要及时报告总务处修理。

二是光盘行动。学校提倡大家节约食品、反对浪费，开展"光盘行动"。学校针对全校近三百名师生在校就餐的实际情况，提倡大家在餐厅就餐时吃多少打多少，把打来的饭菜吃光吃净，不做浪费食物的人。还要求全体师生在家庭餐桌上合理搭配荤素菜，每顿饭刚好吃饱、吃完，吃光碗里的最后一粒米、盘中的最后一根菜。同时，组织各班级召开一次主题班会，制作一份手抄报，引导学生签名承诺积极参加"光盘行动"。班主任给家长发短信宣传"光盘行动"。学校在餐厅门前喷绘制作了大幅"光盘行动"倡议书，并在餐厅各处张贴了"我光盘，我光荣！""加入光盘行动，节约从我做起""有一种节约叫光盘，有一种公益叫光盘！""争做光盘贵族，时尚轻松愉快""我是光盘族，坚决对浪费说NO""今天，你光盘了吗？"等多幅标语，营造了浓厚的活动氛围。活动开展后，在就餐节约方面取得了良好成效。通过这样的活动很好地培养了学生惜物、勤俭节约的习惯。

三是校园义卖活动。随着社会经济发展和人们生活水平的提高，学生已经成为消费领域里一股不可忽视的力量，由此引发的过度消费、铺张浪费等问题越来越多。学生手里拥有很多闲置的东西，毫无用处又弃之不舍，造成严重浪费。通过举办"让爱传递"校园义卖活动，我们在校园建立了一个互通有无的平台，同时提高了物品使用效率，减少了浪费，把废置的东西通过义卖的形式变换成现金，直接帮助需要帮助的人或捐助给红十字会。

义卖活动吸引了很多媒体，相关媒体还进行了新闻报道。

附：相关报道

市教育局副局长赵春平参加西安市育才中学举行的
"小葵花"品牌义卖活动

2015 年 5 月 14 日中午，市教育局副局长赵春平参加了西安市育才中学举行的"小葵花"品牌义卖活动。

这次活动是由西安市育才中学团委组织的，主题为"同城同心，能帮就帮"。活动是为了积极响应市教育局"小葵花"阳光关爱活动号召，关爱西安市农民工子女，为西安市农村留守儿童、进城务工人员子女募集爱心捐助资金。育才中学初一、初二年级 11 个少先中队，高一、高二年级 12 个团支部参加了活动。

到育才中学参加中考新闻发布会的赵春平副局长也来到义卖活动现场，为学生鼓劲，购买了学生手绘的 T 恤，并参加了义卖中的游戏活动。这让很多学生既激动又感动。辛军锋校长和张晓黎书记都亲临现场给孩子们指导，并购买了物品。很多老师们积极参与并给予学生大力支持。

在活动中，同学们把家中闲置的书籍、文具、生活用品、手工作品等都拿出来参加义卖。义卖所得款项将按一定比例捐给西安市教育局团委捐资助学中心，用于暑假期间开展"小葵花"爱心银行感受城市爱心之旅活动、爱心书柜援建项目、爱心园地援建等活动，为农民工子女提供更多帮助。

活动现场气氛热烈。同学们在售货、推销、算账的过程中体验着做"小掌柜"的乐趣，前来购物的同学络绎不绝，许多同学都选到了自己满意的商品。

育才中学义卖活动现场

活动结束后，许多未能参加活动的团支部都希望能参加此类活动。这次活动践行了"奉献、友爱、互助、进步"的志愿精神，为广大队员、团员青年搭建了锻炼自我、历练才干的实践平台，推动了学雷锋活动和志愿者行动深入持续开展。

四是校园爱绿护绿活动。校园内的花草树木和基础设施构成了校园环境。爱护一草一木，爱护桌椅板凳，爱护美丽的校园，应该成为每名学生的基本素养。为进一步加强校园文化，我校德育处、团委、生物教研组共同组织高中近30位学生环保志愿者对学校名贵树木进行标识挂牌。通过此次活动，学生增长了见识，进一步增进了学生对环境、对周围事物的爱护。

（三）组织诚信教育，培养诚信品质

诚信是民族之魂，诚信也是一个人的立身之本。作为社会主义核心价值观和未成年人思想道德教育的主要内容，诚信教育也是学校考前教育的重要内容。为了培养诚信习惯，弘扬诚信精神，育才中学在每一次考试前都会设立无人监考诚信考场，考生签订诚信承诺书，自觉履行诚信誓言，弘扬传统美德。越来越多的学生加入诚信考试队伍中，为学校形成良好校风和学风奠定了坚实的基础。

（四）拓展活动＋军训，培养自立自强人格

1. 雅森拓展活动

为了培养学生的团队合作意识，学生走进大自然、走进社会，提高实践和创新能力，学校每年五月都会组织高二、初二学生前往西安雅森体验教育基地进行为期一天的社会实践暨研学旅行活动。参训学生组建 10 个训练团队，在教练员的带领下，分别参加"鼓动人心""平步青云""大摆船""通天大道""生死电网""千足虫"等体验拓展活动。拓展活动使学生在体验中感悟，在体验中成长。该活动对培养学生团队意识、合作意识、挑战意识，激发潜能，形成自立自强品格等方面具有积极作用。

2. 军训活动

为了培养学生严明整齐的纪律观念、团结互助的集体主义精神、艰苦奋斗、积极进取的意志品质，每年秋季，学校都会组织初一、高一新生参加为期一周的军事训练。600 名学生在教官的带领下，整理内务，训练军姿，打军体拳，学习军事知识，通过各种方式强健体魄。通过军训，学生们的行为规范，组织纪律观念和精神面貌大为改观，自立自强的品质得到锻炼。

"德为才之帅。"德是一个人成长成才的根基。当今我国正处于开放的国际环境与多元文化的背景之中，而青少年学生又正处在世界观、人生观、价值观形成的关键时刻，德育为先更具有必要性和紧迫性。在根植于中国人血脉之中的家国情怀的文化传承下，德育教育以促进人的成长与发展为根本功能，成为人的灵魂的教育。不断推进德育教育，让家国情怀成为与时代更相适应的文化精髓，成为每一位学生具有的精神。

第三节　树立家国情怀，爱国是方向

家国情怀贯穿于中华文明的历史进程中，是中华民族优秀传统文化的宝贵精神财富，是中华民族历经多次磨难而不灭的重要精神力量，更是中华民族爱国主义传统的一个重要体现。因此，家国情怀最具核心的内涵就是爱国。近年来，习近平总书记对弘扬爱国奋斗精神做出一系列重要指示，他指出爱国主义是中华民族精神的核心，爱国主义精神激励着一代又一代中华儿女为祖国发展繁荣而不懈奋斗；幸福都是奋斗出来的，社会主义是干出来的，新时代是奋斗者的时代，要把爱国之情、报国之志融入祖国改革发展的伟大事业之中、融入人民创造历史的伟大奋斗之中。

这也就意味着培养学生的家国情怀首先就要培养他们的爱国意识。教育部党组成员曾表示，青少年学生是思想品德教育和爱国主义教育的重点群体，学校是重要阵地。教育系统贯彻落实《新时代公民道德建设实施纲要》和《新时代爱国主义教育实施纲要》，必须以习近平新时代中国特色社会主义思想铸魂育人为核心主线，以提升道德素质和厚植爱国情怀为落脚点，在一体贯穿中落细落小落实，在循序渐进中融入日常。

一、培养爱国意识具有现实意义

当今世界正在经历百年未有之大变局，要想实现中华民族伟大复兴的中国梦，我们必须把爱国主义教育作为新时代宣传思想工作的重中之重。爱国主义教育对于中华民族精神传统的继承和弘扬，对于社会主义现代化事业和中华民族伟大复兴的支持和推动，具有独特作用和重大意义。习近平总书记指出，弘扬爱国主义精神，必须把爱国主义教育作为永恒主题。爱国，就是要热爱自己的祖国，具体来说就是要热爱社会主义，热爱我国的大好山河，热爱中华民族灿烂的传统文化。爱国既是每一个中国人应尽的责任和义务，也是中华民族的优秀文化传统。一个人没有爱国精神不行，一个民族没有国家精神更不行。一个民族、一个国家，如果没有自己的精神支柱，那就等于没有灵魂，就会失去凝聚力和生命力。

奋进新时代新征程，我们要大力开展爱国主义教育，激发全体人民爱党爱国爱社会主义的巨大热情，凝聚实现民族复兴的磅礴伟力。培养家国情怀，弘扬爱国主义精神，提倡爱家爱国相统一，不仅与培育和践行社会主义核心价值观相得益彰，还使社会主义核心价值观成为有源之水、有本之木。

二、强化爱国意识需要立足教育

"一年之计，莫如树谷；十年之计，莫如树木；终身之计，莫如树人。"教育是典型的长期事业，是百年大计。教育引导全国人民把自身的理想同祖国的前途、把自己的命运同民族的命运紧密联系在一起，树立和坚持正确的历史观、民族观、国家观、文化观。如果最基本的做人的教育、作为一国公民的教育缺失，那么，教育就会变成没有灵魂的躯壳。

因而，承担培养社会主义合格建设者和接班人历史责任、加强未成年人思想道德建设、解决好"培养什么人""如何培养人"这两个根本问题的关键，就是学校的爱国主义教育。爱国主义教育是学校教育的永恒主题，重视和加强对学生的爱国主义教育是学校培养家国情怀工作的核心和灵魂。树立培养学生的爱国意识，是学校培养家国情怀，形成良好校风的关键所在。既要增强爱国意识和爱国情感，增强民族自豪感和自信心，让爱国主义精神牢牢扎根，又要坚持爱国和爱党爱社会主义相统一，保持爱国主义的鲜活和真实。深化未成年人的爱国主义，教育引导广大青少年"扣好人生第一粒扣子"，勤学、修德、明辨、笃行，身体力行爱国和社会主义核心价值观，是我们必须长期坚持的教育大事。

虽然我历经了几所不同学校，但是培养学生拥有一颗爱国的心、做爱国之人的理念一直没有变。我在西安市三十中学工作时，把培养全体学生成为爱国的、具有社会公德和良好行为习惯的、遵纪守法的好公民作为办学的宗旨之一，教会学生起码的做人准则，教他们做一个合格的中学生、一个大写的人。在育才中学任职时，我基于学校深厚的红色文化基底开展多元化的爱国主义实践活动，并及时给予青少年最新的阐释和解答，以保证他们能够更客观、更理性、更冷静地去看待、认识和理解自己的国家，努力让他们热爱自己的祖国，关心祖国未来的发展。让学生不忘历史先辈，立足时代之需，牢牢记住自己是一名中国人，了解祖国的历史，展望祖国的未来。

三、设计主题活动，做实爱国主义教育

有爱国意识是第一步，落实爱国实践活动才能让爱国意识更深入人心。爱国意识不是冥思苦想出来的，也不是语言表达的存在，而应根植于学校的教育实践当中，在实践当中探索、提炼，并以实践来表达、来培育。只有通过实践基础的探索过程，才能够获得多数人的认同，也才是有根基的。开展爱国主义活动，是贯彻落实习近平总书记重要指示精神、加强团结引领服务知识分子的重要举措，对于把各方面优秀知识分子集聚到党和人民的伟大奋斗中来，形成不懈奋斗、团结奋斗的生动局面，具有深远意义。

我在几所不同的学校当校长期间，一直都把德育教育活动尤其是爱国主义实践放在首位，一是因为这是学生成长发展的基础，也是学校教育教学的根本；二是因为目前社会上的一些浮躁气息使得德育教育方面存在些形式主义的问题，需要认真抓一抓。比如针对出国的学生越来越多的问题，我们就应该重视民族精神教育，有根的世界公民不仅是民族精神的传承者，更是世界各个民族文化的欣赏者、沟通者……无论在哪所学校，我都结合学校客观条件和学生实际，积极组织开展基础系列性德育活动，开展对爱国主义情感的培养，让德育教育真正落到实处。

（一）升旗集会活动

作为一所历史文化底蕴深厚的名校，西安市育才中学把每周一的升国旗活

动作为开展爱国主义教育的重要内容来抓，也把这样的活动当作实施德育的"大课堂"来完成。为更好地引导学生学会爱国、学会做人、学会立志、学会成才，学校一直非常重视发挥升旗仪式的育人作用，致力于开展程序规范、内容科学、形式生动的升旗仪式。学校每次举行升国旗仪式时全员参与，集合迅速，队列整齐，会场安静，衣着整洁，精神饱满，歌声洪亮，程序规范，组织高效。在高一、高二学生中挑选品学兼优的学生组建了国旗班，聘请教官进行了正规化训练。为了让升旗活动焕发出新的生命力，凸显育才中学艺术教育的高水准，学校管乐队齐奏国歌，使得升旗仪式更加庄重、神圣，激发了学生的爱国热情和为中华民族伟大复兴奋发向上的责任感、使命感。

西安市育才中学升国旗仪式

国旗升起的是尊严与感动，国歌奏响的是拼搏和进取。这种国旗下的爱国主义教育活动，不但加强了学生的思想道德建设和校园文化建设，而且对帮助学生树立正确的人生观、价值观发挥了积极的作用。

（二）校园歌咏比赛活动

每年五月，西安市育才中学会定期举行以"弘扬延安精神，展现时代风采"为主题的校园艺术节。艺术节内容丰富，形式多样。校园艺术节开幕式以管乐演奏开始，先后安排舞蹈大赛、器乐大赛、歌咏比赛、美术作品展及涂鸦墙展示等多项展演活动，育才中学全体师生及家长千余人同享此次艺术盛宴。歌咏比赛中，各班规定曲目为校歌《一代英才在这里崛起》，另一首歌为歌唱祖国的歌曲。通过这种歌咏比赛，同学们表达了对革命前辈的敬仰之情，对美好时代的歌颂之情，对伟大祖国的热爱之情。

西安市育才中学校园歌咏比赛

（三）特色跑操活动

在西安市育才中学，跑操也是一门课程，每天早上由管乐团的同学吹响集合号，各班学生在教学楼下以班为单位集合，伴着"一代英才在这里崛起"的校歌跑入操场，在节奏明快、独具特色的跑步音乐中开始锻炼身体。跑操音乐贯穿着学校的校训、校风、学风等元素，使学生在健体中感受校园文化，红色文化，在歌声中激发对学校的热爱。学生在此过程中受到纪律教育、校情教育，获得生命成长，包括知识与能力、过程与方法、情感态度与价值观的全面发展，这种发展会体现在日后学生的日常行为中。

通过树立爱国意识，落地爱国主义实践活动，让家国情怀得以全方位渗透。作为教育者，我们就是要在积极的教育中，引导学生适应时代发展的要求，正确认识祖国的历史和现实，增强爱国的情感和振兴祖国的责任感，弘扬伟大的中华民族精神，真正把爱国之志变成报国之行。

附　　录

在我对自己的教育心得进行梳理的过程中，我发现自己曾经的同事或友人用不少新鲜的视角记录了我工作的方方面面。"横看成岭侧成峰"，我很乐意通过他们的眼睛认识自己，以期更好地提升自己。

王彬武：一所学校的温度

2011 年 5 月 21 日，西安市第三十中学举办了庆祝建校 70 周年的校友专场演出。半个多世纪以来的历届毕业生同台演出，作为献给母校生日的一份特殊礼物。从头发花白的长者到花季少年，编导、指挥、演出、伴奏都是各届的校友。这种形式的晚会我是第一次看到，我询问坐在旁边的商子雍老师，他也是第一次看到。我虽不是校友，但当主持人介绍表演者是 58 级校友某某某、指挥者是 76 级校友某某某，我心里仍然泛起一种归属与认同的温暖。

校友演出

这不是一台简单的自娱自乐式的晚会，相反，它具有相当的舞台规范和艺术水准。西安市第三十中学是一所普通高中，70 年代曾经因艺术教育而名扬三秦，《白毛女》《收租院》是他们的招牌节目，这里曾经走出过国际级的大师。很多毕业生因为在这里的求学经历走上艺术工作的道路，但大多数校友则是因为这种艺术文化氛围的滋养，保持着对艺术的热爱和坚持。参加演出的是各届学生，他们在不同的行业做着不同的工作，却为了这台晚会重新走到一起。这样一台晚会的成功需要大量的排练、磨合，而这些已经工作在各行各业的校友，在这样一个以忙碌为生活主色的时代，两个多月以来每周都坚持花费大量时间排练。校长说，他们排练时的那种认真、那种热情让现在的教师感到敬佩不已。

不管是专业的还是业余的，在舞台上他们都充满自信、精神饱满。化妆后，那些离开母校三四十年的学生，仿佛又找到年轻时在舞台上的感觉。可能腿脚有点儿不灵便，可能动作无法完全到位，但可以看出他们在努力完成好每一个动作，站好每一个位置。校友里有的是已经成名的职业艺人，也许他们演出无数，登上过更大的舞台，拥有更多的观众，但是都没有今天的演出让他们温暖动情，台上演出的是自己，台下观看的是另一个自己。

观众也是不同年代的校友，很多耄耋老人都是在儿女的陪同下来观看演出的。我看到，那些中年的校友们脸上挂着孩子般纯真的笑容，仿佛回到当年的快乐时光。他们跟熟识的校友互相招呼着，也许平时各自忙碌，没有机会叙旧，即使有也不如今天这样轻松和愉悦。他们不时举起手中的相机，对着舞台，对着观众校友不断地按下快门，生怕漏掉一个精彩的瞬间。

这一刻，大家都是一家人，是同一个母亲的孩子，其乐融融。

我一直想，现在的学生与母校会是一种怎样的情感关系。一个人的中学时代是最美好的时代，青春、梦想、憧憬、激情、爱，都在这个年岁里萌生、发育，有太多需要记取的时光。在传统意义上，对母校单纯的眷恋、怀想总是相伴一生。

但是，我一度觉得在这个日趋功利、虚荣和世俗的时代，人与人之间的关系开始冷淡，学生对学校的感情似乎并不那么简单，也没有那么单纯。学生为升学而来，学校为升学而教，学生变成学习的机器，被驯服的工具，更有一些学生高价入学，认为到学校就是花钱买服务，对学校、对老师根本谈不上什么感情。这是多么可悲的一种纯真情感的失落。还有一些学校也以功利的标准评价学生的发展，只为成功的学生感到光荣和骄傲，那些普通岗位上的学生好像就不值一提，平凡岗位上的学生自然觉得一生都无颜回到母校。我希望学校能够像母亲包容孩子一样包容每一个曾在自己身边的学生，无论他们是富足还是贫穷，无论他们身居高位还是平凡普通，甚至他们犯了错误，走了弯路，都能宽恕他们的过错，而不是马上与他划清界限。

今天，我看到了一所学校的包容与气度，它接纳了每一个孩子，无论你走了多远，这里都是你们的舞台，如果你愿意，回来展示一下你的风采，也让你感受母校那永远存在的温度。

演出结束了，很多人久久不愿离去，多想让这一时刻多停留一会儿。也许他们一生都不会再有这样的机会了，但这一刻会成为过去的和现在的校友们巨大的精神财富。

这是鸟对旧巢的眷恋，这是孩子向母亲的回归，这种眷恋与回归带给人的精神力量，让你即使走得再远，也不会偏离人间正道。

（本文作者王彬武就职于陕西省教育厅）

周植辉：辛军锋校长的教育理念与思想实践

辛军锋校长于 2008 年 9 月任西安市第三十中学校长，2013 年 5 月任西安市育才中学校长。在这五年中，他的教育思想逐步走向成熟，并逐步形成体系。以下从办学、育人和管理三个方面，回顾辛军锋校长的教育理念与思想实践。

一、把学校办好是校长的天然职责

辛军锋校长常说："人家说一个好校长就是一所好学校，那么一个校长的天然职责就是要把学校办好。"他来到西安市第三十中学后，深入了解、分析学校现状，研究总结文化传承，经过两年多的调研和思考，提炼出了西安市第三十中举办学思想体系，涵盖教育理想、培养目标、"一训三风"、校歌等十二个方面。在他任校长的第三年，三十中举办了 70 周年校庆，正式发布了这一办学思想体系，为学校的长远发展打下坚实基础。

他把西安市第三十中学的办学理念确定为"立德树人，和谐发展"。这一办学理念既是对学校创建者和历任校长办学实践的总结概括，又是他个人对学校的社会功能与育人目标的深入思考。这一理念在今天看来无疑走在了时代要求的前列，与党的十八大提出的"把立德树人作为教育的根本任务"这一要求相吻合。他说，一所好学校并不仅仅是把很多学生送入名校，这样的标准有点儿简单、低俗和急功近利。前人对于好学校的标准早已明确：大学之道，在明明德，在亲民，在止于至善。意思是最好的学校和教育，应该是让学生不断发扬光大人类天生就有的好德行，让个人不断进步提高，让人类一代比一代更优秀文明，最终达到最大程度的完整、美好和善良。因此，好学校的标准应该用更长远的眼光和历史视野来衡量，那就是为国家、为社会培养杰出的、具有重大社会贡献和历史影响的人。能培养出张艺谋、赵季平这样一批杰出艺术家的三十中学，在国内外没有几个，其他学校也难以做到，这说明三十中就是一所好学校。

他认为，我们西安市第三十中学要创建一流特色学校，和一些名校相比，我们要有自己的特色和内涵，而且必须有鲜明的特色、深刻的内涵。我们的办学模式和方向应该是"重点＋特色"，培养的学生应该是"优秀＋特长"。我们可以不为清华北大培养学生，但我们一定还要培养出张艺谋、赵季平这样的在电影和音乐艺术领域代表民族文化品牌、有国际影响力的里程碑式文艺大家。如同"人无完人"一样，没有哪一所学校可以称为最好，有独一无二的特色就可以称得上好学校。好学校还应该有一个最基本的标准：快乐学生，幸福老师，和谐校园。我们的学生在学校能够感受到快乐，老师在学校能感受到幸福，整个校园应该是和谐美好的。也就是说，好学校应该符合教育规律、坚守教育伦理和彰显人性光辉。

辛军锋校长认为，我们三十中地处城市核心，位于最能代表西安传统文化的古都区域，也是市教育局直属和窗口学校，我们有责任把它建设成为最具"西安精神"的学校，培养的应该是具有"西安精神、中国灵魂、国际视野"的现代中学生。2010年8月，他正式提出：三十中以"精品化、高品位、有特色"为发展定位。这一定位与2011年市教育局提出的西安教育发展定位"高品位、精内涵、强特色"不谋而合。

二、因材施教是培育人才的实践基础

辛军锋校长经常说，培育人才是学校的职责，我们必须从实际出发去思考"培育什么样的人才""如何培育人才"这两个问题。把握这两个问题的出发点和归宿点的实践基础在于因材施教。他认为，每一个孩子生来就是一个独特的生命体，生来就具有独特的个性和潜能，我们的教育教学必须建立在这一认识的基础上。

刚到三十中，他发现很多孩子到校后总是喜欢在操场上嬉闹玩耍，而不是全身心投入学习。于是他提出了一个要求：我们的教学要能够把学生从操场上吸引到教室来。后来，当他发现一部分孩子总是在课堂上打瞌睡，他又提出：我们的课堂要能够让学生不在课堂上打盹儿。所以，他后来着力于课堂教学改革，让学生在课堂教学中动脑、动手、动嘴，激发学生的自主学习习惯和学习兴趣，提出了目标导引的"学议讲练"课堂教学改革，即课堂设计的四个环节：学生自主学习，研究讨论，老师集中讲解，学生练习实践。教学改革方面他提出：我们的教学活动要以学生为中心，课堂上要做到让学生在认真阅读、熟悉教材的基础上，主动获取知识，获得学习方法，并在教师指导下主动探索，积极参加课堂讨论，把书本知识变成自己的知识，并通过实践训练学会运用，并形成能力。这一改革的目的在于大力构建以学生为主体、以自主学习为核心的新型课堂文化。当时有部分老师对这一改革提出质疑，他说："我们的课堂对学生要有吸引力，我们的教学对学生要有发展作用，这就是我们改革的理由，我们必须要向这个方向改。即使不成功，我们也要尝试，不断地探索。"他曾形象地说："不改革是'死'，改革了，即使是'死'，也死得无怨无悔并且精彩。"

他发现，三十中位于闹市区，在喧嚣的周边环境下，学生们的阅读习惯和阅读意识普遍不好。他大力推进"书香校园"这一校园阅读活动，提出把三十中建成"闹市中的静书斋"。他倡议在学校设立"西华讲堂"，定期邀请专家学者、作家、教授等来校进行高品位的专题讲座。在教师中倡导"在工作中读书，在读书中工作"，向老师推荐教育教学专著，提倡撰写读书笔记，每年给每位老师发放200元的购书卡。他还以身作则，自己每天早上到校后就坐在校门口的银杏树下看书。他要求将图书室的书放置在教学楼的东西走廊转角，设置了开放式阅览书柜，供学生自由阅读。

后来，他又把一架钢琴放在实验楼大厅，让孩子们课间自由弹奏。面对一些教职工的质疑，他持这样的观点："没有学生自由弹奏的琴声，哪是一所省级艺术示范校该有的样子，一架钢琴与其闲置放坏，还不如让学生弹坏有价值。"

三、以人为本是学校管理的精髓

辛军锋校长常说："进了三十中的门，大家就是自家人，三十中学是一个大家庭，既要有严格的制度管理，还要有温馨的人性化关怀。"他上任后，系统梳理了学校的各项规章制度，通过校代会修订确认后，印发执行，形成了较为完善的制度管理体系。在推进学校制度管理工作中，他曾说："老师看中层，中层看领导，领导要示范，我要做给大家看。"他首先要求校级领导严格要求自己，要求老师做到的事情校级领导首先要做到，如上下班按时打卡，遵守劳动纪律。他自己坚持做到三个不走：时间没到不走，工作没完不走，良心过不去不走。他经常是从下班最迟的人之一。

对于经过多次学习谈话仍不能适应教学岗位、不愿改变教学态度的个别问题教师，他坚决调整到服务岗位。其中有个人后来多次找麻烦。他说："我宁可他恨我一辈子甚至报复告状，我也不能让他贻害一批孩子，误人子弟。"在这件事情的处理上，他对我们说："老师的天职在于教书育人，我们必须坚守这一底线，要弘扬正气，抵制邪气，对于不适合的老师，我们决不能迁就和容忍，如果这样做，我们就是渎职，就是丧良心，就是在'犯罪'。"

他常在行政会上说："我们管理者要严于律己，宽以待人，要了解和理解普通老师的想法和需要，我们的工作一定要符合实际。"在2009年召开的教职工代表大会上，学校通过了针对大龄教师的较宽松的坐班管理办法。办法规定：45周岁以上的教职工每个月可以有两个半天公休，45周岁以下的教职工每个月可以有一个半天公休不打卡；离退休只剩两年的教职工只要按时上课可不打卡。

为增强办学的管理内涵和凝聚力，他还提出并实施了"六个一"活动：每年举行一次教育教学总结表彰会、德育及班主任工作交流研讨会、校园文化艺术节、师生元旦城墙越野赛、教职工联谊会、教职工拓展训练。这些活动的持续开展，为学校发展起到了凝聚人心、激发活力、促进和谐的作用，推进了学校人际关系的优化和文化环境的和谐。在他任期的五年中，他十分关注教职工的身体健康。他要求校工会每年拿出专款为在职教师和退休教师开展体质健康检查，排查疾病。凡有教师生病住院，他必亲自探望病情。

辛军锋校长为人亲和，喜欢开玩笑，善于沟通协调，没有领导架子，老师们喜欢和他拉家常开玩笑，这无形中也拉近了和大家的距离。他经常用睿智的话语化解同事间的一些小矛盾和小问题，他经常深入一线教学，同教师一起听课评课，一起吃饭聊天，一起跑步锻炼。在他任校长的五年中，学校里找事挑事的人少了，越级上访的人没了，学校在稳定和谐中得到稳步发展。

（本文作者周植辉就职于西安市第三十中学）

商子雍：和辛军锋校长相识

因参加对几所学校语言文字工作的检查验收工作，我从北边的夏家堡小学，到南边的曲江一中，奔波了整整两天。其中有件让人高兴的事情，便是在位于西安不南不北位置的育才中学，见到了辛军锋校长。

与辛军锋合照

认识辛校长是好多年前西安市第四十六中学 50 年校庆之时。由于 20 世纪 60 年代初我在这所学校当过一年俄语教师，所以收到一份邀请函。可能是怕我不去参加吧，当时在四十六中当校长的辛军锋打来电话，交谈中告诉我："赵乐际书记是咱们学校的校友。"我回答："知道，不过我在四十六中教书时赵书记才四五岁，连小学都没上，遗憾！"哈哈，一来一回的交谈中，我们两个直爽的关中人就熟了起来。

后来，辛军锋调到西安市第三十中学当校长。在他以前的两任三十中校长，都和我相熟，好像还在他们那儿领取过一纸"顾问"证书。辛校长就任以后，我延续了和三十中的友谊，给老师们讲过课；三十中校庆时，还给他们写了一篇《西安市第三十中学赋》。

两年前，辛军锋调到西安市育才中学当校长。

中学校长难当。据我所知，辛军锋校长在几所学校都有不俗表现，不容易！

（本文作者商子雍系资深报人、著名作家）

陈栋："自嘲"达人新校长——辛军锋

美国学者赫伯·特鲁曾说："幽默的最高境界就是自嘲。"想必一个敢于自嘲的人一定是自信且从容的。2017年7月初，刚放暑假，我们迎来了一位姓"辛"的新校长，两个月的接触中，很难说我对这位刚刚履任的校长有更为全面深入的了解，但从几件小事中，从这位校长颇具个性的谈吐中，我却多少能够感受到：这是一位不乏幽默细胞，兼具"自嘲技能"，率性自然的性情中人。

辛校长刚来西安高级中学，组织的第一件事，就是带领学校的教研组长等业务骨干去北京参加为期一周的人大附中暑期新课程培训交流活动。可能是因为学校已经有很长时间没有组织过这么扎实丰富的校际教研交流活动了，所以大家的兴致都很高，一周的学习安排得很充实；而同时，大家更是对这位新来的校长充满着好奇，不知这位校长是一个什么样的人，会给学校带来什么变化。大家有期盼，但更多的是观望。

西安高级中学近六年来已经送走了五位校长，校领导的频繁更迭，常常使得学校人心惶惶，老师们往往缺乏对领导的信任。于是，对于新来的领导，很多教师渐渐形成了如下刻板印象：新任校长通常眉头紧锁，抱定克难攻坚的决心，一副惨淡经营甚至勉为其难的神情；下车伊始就如临深渊、如履薄冰；小心翼翼地说话、谨慎低调地表态。平心而论，校长们的这种表现无可厚非，毕竟处于北迁后发展转型期的西安高级中学，问题众多，矛盾突出。来这所学校当领导，并不是件轻松的事情。可见，大家对领导形成这种看法，也着实情有可原。新来的校长若如此做派，倒也算形势使然。那么，这位辛校长是否也会"涛声依旧"呢？

没有！而且，让我有点儿"大跌眼镜"。

在京培训交流活动结束前的最后一个晚上，辛校长自掏腰包请大家聚在一起吃了顿饭。饭桌上，开始时大家还都有些拘谨，似乎在斟酌着自己该怎么说话，有几个老师在互相低声交流，随意拉家常，有意无意地想打破这种尴尬。辛校长倒并不刻意打破这种气氛，他眯着眼睛，嘴角边挂着一丝浅浅的笑意，敬完酒之后先平静而悠闲地倾听。他说话很有特点，并无一般领导语重心长、慢条斯理的讲话风格。他言辞不多，总是在倾听别人谈话之间迅速捕捉到他感兴趣的话题，然后冷不丁地用一种错落铿锵的方式，以极快的语速"蹦"出一句你绝对意想不到但却精致得足够精彩的话，又迅速戛然而止，在你还未回过神时，笑眯眯地看着你，那神气仿佛在问你："我说的你明白了吗？你跟上我的思路了吗？"席间，他听到有老师在讲自己配隐形眼镜的经历，突然发话："你配过隐形眼镜？""你们知不知道，我原来也想配隐形眼镜，但经过医生检查，就不配了。"说完，他环视四周，云淡风轻地盯着我们一个个好奇而疑惑的表情，眼睛的余光从镜片下滑过去，扫视了一下酒杯，顿了顿，嘴角边再不是浅浅的笑意，却掠过一丝不易觉察的狡黠。那一刻，我觉得他不像是一位卓有声望、令人心生敬意的校长，倒像一个吊足了听众胃口的说书先生，陡然在大家引领而望时抖开包袱："医生说我眼睛太小，没办法撑开，镜片塞不进去。"大家笑得前仰后合，先前拘谨的空气一扫而空。辛校长嘴边又挂上了浅浅的笑意，依旧云淡风轻地看着我们，再不多说。但这表情里的潜台词分明是："你们太少见多怪，这算什么！更精彩的还在后面呢。"

心扉敞开，大家话也多了。辛校长则态度依旧，总是先笑眯眯地听着，永远对你所说的投以赞许的目光。他的语调并不激昂浑厚，普通得我们常会将他的声音与另一位老师相混淆。但他只要开口，就能抓住人心，调侃而绝非调戏，轻松但并不轻薄，玩笑之间皆可抛砖引玉，自嘲自黑只为自明心志。于是，笑过之后，我们更记住了他做出的"要让西安高级中学恢复它应有的尊严，要让西安高级中学老师有尊严地生活，有尊严地工作"的庄重承诺，以及他曾讲过的"卷柏"的故事。辛校长说，自从他14年前当校长起，先后曾在三所学校任职，如今来到西安高级中学，他决心像"卷柏"一样，在这里扎下根，不走了。我很喜欢他的一个观点：当官总有当到头的时候，总有你无法逾越的那块"玻璃天花板"，但要想成为一个好校长，则是没有尽头的。在这里，辛校长说道："自从参加了校长国培计划——名校长领航班后，我就心潮澎湃的，要决心当个好校长。"

自嘲式的幽默对于辛校长而言，不是一种姿态，而是一种气质，一种对自己能力的自信。记得新学期开学第二周的新入职教师拜师仪式上，辛校长又一次将"自嘲"进行到底。当他谈到好的师傅对青年教师业务成长的重要性时，继续拿自己"开涮"。他不无风趣地说道："我真的很羡慕你们能够遇到这么多优秀的老师。我记得我刚参加工作时，是在一所农村学校。学校条件差，谈不上什么优秀的师资，所以我也就没有遇到好的师傅指导业务，最后书教得很一般，没闹出名堂，只能另辟蹊径，参加学校的管理，从政教主任做起，最后做了校长。当了校长后，我争取要跟对师傅，所以参加名校长领航班，拜人大附中的校长刘彭芝为师。"好一个"另辟蹊径"，辛校长举重若轻地道出了学校教学与管理的关系。教得好不一定管理在行，能管理学校也不必非要教书出色。真正高明的校长总会让正确的人，在正确的位置上，做正确的事，人尽其才。

这就是两个月来，我眼中的辛军锋校长：其人有趣，其论不俗；其态可亲，其志可敬。也许，当你漫步在西高校园中时，不经意间，他正从你身边走过，又会冷不丁地幽默一下，突然提高音量，冲口而出："你说说……"

（本文作者陈栋就职于西安高级中学）

华志奇：掌声中的迎送

2008 年前我们相识在区属四十六中，在市直属三十中有缘相遇。几十年来，学校在掌声中迎来了首位公招的辛军锋校长。

他很有特点，是位个性非常鲜明的人。中等个头，国字脸，常带笑容，热情又坦荡。从同行到共事，从认识到熟知，坦诚地实话直说，心相通，道相合，很融洽。在教育职业生涯中，他给我留下了很深的印象。

他曾任过三所中学校长，俯下身子，甩开膀子，实打实干事。听他讲话，简短明了，妙语连珠，不烦不厌，透出过人的机敏与聪慧；知书达理，与人处事，宽厚大度，真诚相待；处理校务，尽心尽力，持之以恒，勇于付出。面对薄弱校情，有思路，敢出招，勇担当；校园文化，教学质量，全面创新。躬腰下问，善解人意，排忧解困；老教工，病重危，瘫床多年，捐款解困。教师有爱，学生有梦，家长有情，才算得上一所有温度的学校。

2013 年 5 月初，市教育局党委决定，工作急需，调离外校。急促突然，大局为重。教工大会，最后感言，情绪激动，感慨万千，难尽友情，眼含泪水。仅 15 分钟肺腑之言，全场多次掌声雷鸣，经久不息。走下讲台，百名教工起立鼓掌，目送这位与我们风雨同舟的好校长。

此情依依的场面，实属少见。此情此意，流淌在教工的心中，也让我铭记久远……

（本文作者华志奇就职于西安市第三十中学）

史建奎：清平乐·叩师

曾经是风华少年，归来时是社会栋梁。

大学室友军锋兄，经历丰富，敏达干练，敢闯敢为，敬业乐群。从地缘上讲，先后从教于农村边远学校、城乡接合部学校、城市学校；从办学层次上看，先后就职于待创建标准化学校、省级标准化高中、省级示范高中；就校史而言，先后供职于五十年、七十年和百年学校。业内人士谓之，"从小卖蒸馍，啥事都经过"。

他是一个善于在逆境中彰显自身价值的人，喜欢迎接挑战，且在每一个单位，都干出了骄人的成绩。现在已经成为教育部命名的领航校长。杏坛翘楚，誉满古城。因其丰富的行政经验和管理才干，以及豁达的性格，我私下尊为"师友"。

清平乐

长安春好，学苑春最娇。流金岁月醉春宵，青春绸缪老少。

杏坛同侪古城，牛耳南北西东。夙兴夜寐无怨，育才风雨兼程。

沁园春·聚欢

朝阳唤我，隔窗招手，融融暖床。慵懒舒臂展，腹忆华章；心事何向，慎思行长。素从初衷，敛芒销锋，不合时宜性乖张。间或叙，物我两相趣，几分猖狂。

傲骨细微可见，书生本色气轩昂。成败是非论，韫玉韬光；浮名足下，雨雪风霜。天朝古都，塞上明珠，儒雅才俊杏坛帮。樽前忆，杯频复痛饮，豪取大觞。

醉花阴·同窗席上见赠

经年学苑乐躬耕，美誉秀古城。同侪盟西苑，举座风流，樽前尽豪兴。

忆昔轻车共云岭，暮色还摘杏。归途满天星，盈盈笑语，而今更长情。

（本文作者史建奎就职于西安市第一中学）

王智魁：创造一片成长的天空

通过好友贺立仁先生，我有幸结识了西安高级中学辛军锋校长。因为我和辛军锋是同龄人，加之我们有着好几个共同的朋友，所以几次接触后就感到非常熟悉、亲切。辛军锋谈话平稳而富有激情，对学校管理很有探索的热情。他的办公室门口挂有"国家级卓越校长领航工程名校长领航班辛军锋名校长工作室"的牌子，他是校长成长的引领者，足见他在教育管理探索上的成就有多高。辛军锋送我了一份他准备出版的教育专著《创造成长的天空》的初稿。这些天，我一字一句地读完了这本书，从而走进了一位富有探索精神，富有进取心的中学校长的内心世界。

辛军锋从 1990 年在西安市第五十四中学任教，有三十几年的教学经历，近二十年的校长经历，先后出任过西安市第四十六中学、西安市第三十中学、西安市育才中学、西安高级中学的校长。

令我印象最深的就是，辛军锋治校总是能立足所在学校的实际，挖掘这个学校本就具有的传统优势，把他发扬光大，从而为学校文化塑造精神魂魄。比如，在育才中学任职期间，他充分挖掘育才中学的"红色文化资源"，因为育才中学的前身是延安保育小学，辛军锋就此引导学生，发扬先辈艰苦创业的奋斗精神。他在学校设立"特立园""育才亭""成长大道""延安石"等校园景观，也是一种隐性课程，对学生起着耳濡目染的作用。他还就势和延安那边建立关系，组织学生进行研学活动。

在西安市三十中任职期间，他针对学校地处西安市中心这个特点，决定打造一所"安静"的学校。因为地处繁华街区，学生能安静下来是关键，可以说辛军锋是抓住了问题的关键。地处市中心也有见识世界的优势，辛军锋便就此开发校本研修，组织编写《印象西安》《西安旅游英语》《关中民俗艺术》等校本教材。

立足本校实际，发扬学校各方面的优势，引导教师成长，鼓励学生奋进，可以说是辛军锋二十多年来形成的比较成熟的治校方略。西安高级中学历史悠久，学校经历过几次搬迁，百年风雨，历尽沧桑。辛军锋上任后，在学校历史文化的开发上，在校园建设上，在教师成长上，在校本研修上下了不少工夫，使得学校面貌得到彻底改观。

辛军锋是一个善于在实践中思考的人，他把他的思考成果总结起来，又用于新的教育管理之中。他真是一个善于钻研，在教育管理上用心良苦的人。

辛军锋是一个善于学习的人。在我们的印象中，校长一般应酬多，这是没有办法的事。但辛校长总会在百忙之中抽出大量的时间去学习，去读书看报，去听报告，去参加学习。因为有积极的学习态度，所以辛校长见多识广，视野开阔，有着丰富的教育学知识。这些都保证了他的许多做法经得起教育理论的考验。因为善于学习，辛军锋对教育最前沿的东西特别熟悉，对学校的发展能起到真正的引领作用。

辛军锋对素质教育的看法"于我心有戚戚焉"。我们教育界素质教育喊得震天响，可是应试教育却总是"涛声依旧"。因为教育文化有其惯性，改变起来非常难。我一直以来认为，教育要改革必须有"内生动力"。依我个人的观察，推动教育改革这么三股力量最积极，一是一些教育行政领导者，二是一些高校的所谓专家，三是一些关心教育的媒体人。可是这些人总还都是"旁观者"，他们常常对中小学教育缺乏切肤感受。而辛军锋却是教师出身，是在中学校园切切实实成长起来的一位教育领导者。"猛将必起于卒伍"，辛军锋因为是教育中人，所以对情况更为熟悉，所以他的许多做法都非常接地气，具有可行性。

读《创造成长的天空》这本书，可以说是走进了辛军锋的精神世界。这本书是一本很有价值的教育论著，可以说，这是一本作者用心写出来的书。这本书中记录了作者在教育管理实践中许多行之有效的做法，真是一本中小学校长的成长宝典。书中的许多案例都可以直接用来学习借鉴。辛校长是一位务实的理想主义者，书中闪烁着理想追求的光辉。有学者说，没有爱就没有教育，从这本书中，我们也可以看到辛校长的爱，他爱学校，爱老师，爱学生，爱教育事业。书中记录了许多教育生活中的小故事，非常生动。

和辛军锋交谈中，我感觉辛军锋对当下教育有着深透的理解，他勇于创新但又不盲目冒进。他是一个善于行动，具有坚韧不拔的意志品格的人。我们许多校长因为因循守旧，使得学校文化建设止步不前；有的校长盲目图新而打乱了前进的脚步，最终落个邯郸学步的下场，新步子没有学会，老步子又丢了。而辛军锋能立足实际，逐渐引进先进的教育教学方法，这样就使得大家容易接受。

辛军锋是一个教育探索者，一个教育管理者，也是一个活生生的有血性的汉子，这本书中有许多细节牵动我的情思：他在校园里和学生一起跑步做操；他听到一个学生说考不上大学就不活了，心惊不已，焦虑不安；在一所薄弱学校引进洋思教学模式的失败，让他痛苦深思；早期因为工作急躁和教师发生激烈争执等。这是多么鲜活的生活经历呀。在这沉重艰难的教育生活中，辛军锋从未放弃追求，从未熄灭心头理想的火苗。他在反思中成长，终于形成了自己的一套成功的管理经验。

在这本书中有关于学校文化发展的论述，既有理论，又有实实在在的实践案例。辛军锋名师工作室有十多位学习的中学校长，相信辛军锋的探索会优化这些学校的治理。辛军锋的探索成果会让更多的教育管理者受益。

辛军锋关于教师成长也有自己的看法，就是要改变一个教师的"精神信念"。教育是很有挑战性的职业，如果没有一定的教育信念，那一定难以应对艰难的教育变革实际。辛军锋以自己的热情，积极引领、带动教师成长。教师是教育改革最重要的力量，只要教师改变了，积极行动了，我们的教育就会不断朝好的方向发展。辛军锋心目中的理想校园，就是教师成长的乐园。

关于学生成长，辛军锋在重视学习成绩的同时，也非常重视学生的思想品德的教育，重视学生其他兴趣特长的发展。他是素质教育坚定的实践者。辛军锋领导的学校总是立足学生的全面发展。辛军锋关注课程改革，他们西安高级中学不断学习实践全新的课程理念，让学生身心都得到发展。

辛军锋的许多探索都是科学实用的，他把自己的这些思考成果、实践成果总结出来，这对我们教育管理者实在是一大好事情。辛军锋也切切实实地使得几个中学成长起来，他善于营造成长的校园环境，善于建构成长的校园文化。这本书也会引领更多的教育管理者继续探索实践，革新我们的教育理念。

辛军锋用心搞教育，用心著述，《创造成长的天空》这本书确实是作者用心良苦的一本教育著作，我想更多的朋友能从这本书中受益。

（本文作者王智魁就职于西北大学陕西文化产业研究院）